Botschaft für Deutsche

Das Handbuch für Menschlichkeit & Erfolg

Widmung

Dieses Buch widme ich allen Menschen, die sich auf den Weg machen oder gemacht haben, unsere Welt für ihre Mitmenschen und sich selbst zu einer besseren zu gestalten!

Claudius Fabig

Botschaft
für
Deutsche

Das Handbuch für Menschlichkeit & Erfolg

2. Auflage
Juni 2021

© 2014 / 2021 Claudius Fabig

ISBN: 978-3-9816828-1-6

Verlag: Spinout - the media production
               Ein Unternehmen der TCB Gruppe
               Trabener Strasse 25
               14193 Berlin - Grunewald
Telefon: +49 (0) 30 825 83 56
E-Mail: contact@spinoutmedia.de
Webpage: www.spinoutmedia.de
Textkorrektur: Petra Gilger
Druck: X Press, Berlin

Inhalt

Das Vorwort	15	Freundschaft	128
Prolog	17	Gebet	132
Angst	36	Glaube	134
Anstand	49	Glück	141
Ärger	53	Gott	145
Ausdauer	56	Großzügigkeit	150
Begeisterung	61	Harmonie	152
Beziehung	63	Herzlichkeit	155
Begrüßung	64	Hilfsbereitschaft	156
Bitte	68	Hinhören	158
Charme	70	Humor	160
Courage	72	Idealismus	162
Dankbarkeit	76	Intuition	165
Demut	82	Irrsinn	169
Dienstleistung	87	Ja	175
Ehre	93	Jetzt	178
Ehrlichkeit	96	Jugend	180
Eifersucht	101	Kinderstube	184
Erfahrung	104	Kommunikation	186
Entscheiden	107	Konsequenz	193
Enttäuschung	110	Kritik	196
Erfolg	112	Kunde	199
Freiheit	115	Lästern	208
Freundlichkeit	120	Leben	210
Fehler	124	Liebe	212

Loslassen	217		Versicherung	386
Meinungsfreiheit	223		Vergebung	390
Möglich	242		Wahrheit	395
Motivation	259		Wertschätzung	401
Nachrichten	269		Wir	406
Nächstenliebe	279		Zeit	419
Neid	280		Ziele	425
Nein	285		Epilog	428
Offenheit	289		Literatur	432
Optimismus	295			
Politik	301			
Probleme	309			
Qualität	315			
Ritterlichkeit	322			
Respekt	325			
Reformen	334			
Selbstbewusstsein	337			
Toleranz	342			
Träumen	348			
Umsicht	350			
Unmöglich	352			
Verantwortung	359			
Veränderung	365			
Vertrauen	369			
Verkauf	373			

> *„Alles, was mit unseren persönlichen Wünschen übereinstimmt, erscheint uns wahr. Alles andere macht uns wütend.“*

André Maurois

Das Vorwort

Liebe Unternehmer, Behördenleiter, Beamte, Politiker, Ärzte, Medienvertreter, Lehrer, Schüler, Polizisten, Richter, Soldaten, Studenten, Kirchenvertreter, Gewerkschaftsvertreter, Väter, Mütter, Brüder, Schwestern – Liebe Mitmenschen!

Dieses Buch ist auch ein Handbuch für Ihr Glück, Ihre Gesundheit, Ihr Wohlbefinden und Ihren Erfolg!

Gleichwohl kann ich Ihnen zusichern, dass Sie in diesem Leben nichts von all dem nachhaltig erhalten können, wenn Sie sich den Regeln des Universums, der Quantenphysik oder des Göttlichen Miteinanders verschließen!

Wenn Sie zugunsten von Macht, Geld und vermeintlicher gesellschaftlicher Anerkennung Ihre Mitmenschen betrügen, lügen, Ihr Wort nicht halten oder die Wahrhaftigkeit unterdrücken, dann zahlen Sie früher oder später einen sehr hohen Preis dafür!

In 100 Jahren sind wir alle tot. Mitnehmen können wir unsere Ehre und Liebe. Zurück bleibt bestenfalls die Erinnerung an unser Tun und Lassen. Wer feige und machtgeil seine Mitmenschen unterdrückt und die nächsten betrügt, wird früher oder später zur Rechenschaft gezogen!

Botschaft für Deutsche begleitet Sie gerne auf Ihrem Weg in ein mitmenschliches und erfolgreiches Leben!

Prolog

Als ich heute Morgen die Augen öffnete, schoss mir blitzschnell ein Gedanke in den Sinn, der sich dort seit März 2020 schon unzählige Male eingefunden hatte:

„Wir leben in einem Alptraum!"

Innerhalb von wenigen Tagen und Wochen wurde meine, unsere Welt zu diesem realen Alptraum. Deutschland wandelte sich von einer schläfrigen Demokratie zu einer hellwachen Hygiene-Diktatur. Im März 2020 entmachtete sich das Parlament der „Volksvertreter" und übergab die Macht des Volkes, des sogenannten Souveräns, in die Hand weniger selbsternannter Staatslenker.

Das viel zitierte und gepriesene Grundgesetz wurde dem neu definierten Infektionsschutzgesetz untergeordnet oder ehrlicherweise von ihm abgelöst. Bis auf eine konservative Partei stimmten alle Parlamentarier ihrer Entmachtung und damit der Entmündigung des Deutschen Volkes zu. Plötzlich war das Grundgesetz nur noch Makulatur und wurde gegen eine täglich neu definierte Pandemie-Gesetzgebung ausgetauscht.

Praktisch über Nacht mussten der Einzelhandel, Restaurants, Hotels, Fitnessclubs, Sonnenstudios, Kosmetikstudios, Nagelstudios, Tattoo- Studios, Bordelle, Friseure, Blumenläden, Bars,

Diskotheken, Theater, Konzerthallen, Kinos, Veranstaltungs-
agenturen, Reisebüros und unzählige andere Unternehmen „vo-
rübergehend" schließen. Die nunmehr NICHT vom Souverän
gewählten, sondern per „Ermächtigungsgesetz", im Namen der
Gesundheit diktierenden, Staatslenker bedienten sich ihrer neu
gewonnenen Macht skrupel- und hemmungslos.

**Dabei wurden ALLE Mittel der Massenmanipulation einge-
setzt. Vor allem aber das Mittel Nummer eins:
Das Mittel der Angst.**

Bereits in der ersten Auflage dieses Buches, das 2010 geschrieben und 2014 veröffentlicht wurde, habe ich das erste Kapitel der
Angst gewidmet. Damals ahnte ich nicht, welche Bedeutung meine Worte Jahre später bekommen würden. Ich habe es in dieser
zweiten Auflage nur teilweise ergänzt, da es erschreckenderweise
bereits 2010 unseren heutigen Alptraum indirekt skizzierte.

Grundlage für die totale Entrechtung des Volkes durch eine
Handvoll egomaner, eitler, einseitig informierter und empathielo-
ser Politiker wurde einzig das Instrument der Angst. Dabei wurde
gezielt unsere Sprache missbraucht und Statistiken, Zahlen und
wissenschaftliche Fakten sowohl sprachlich als auch inhaltlich
so lange verdreht, bis die Masse der Bevölkerung diese künstlich
forcierte Angst verinnerlicht hatte und zum willigen, devoten Er-
füllungsgehilfen dieses Systems wurde.
Praktisch über Nacht gewöhnten sich die Deutschen daran, mit ei-

nem Maulkorb auf die Straße zu gehen, zu denunzieren und Umarmungen, menschliche Nähe und soziale Kontakte zu unterlassen.

Aus Angst vor dem Tod nicht mehr zu leben!

Innerhalb von Wochen zeigte sich das wahre Gesicht, die hässliche Fratze der Majorität der Menschen in Deutschland: feige, angepasst und ergeben.

Vor allem aber gierig nach Sensationen, immer neuen Negativ-Nachrichten, Fallzahlen und angeblich einer Pandemie zum Opfer gefallenen Toten!

Gierig nach einem imaginären, zu bekämpfenden Feind. Einem unsichtbaren Virus und einem greifbaren Feindbild, den so genannten „Coronaleugnern": Menschen, die sich den diktatorischen Maßnahmen widersetzten und eine regierungskritische Meinung vertraten. Die Masse wurde dank neuer Wortkreationen wie eben dem „Coronaleugner" so gelenkt, dass die Spaltung der Gesellschaft im Sinne der Regierung einsetzen konnte.

Die „Notstandsregierung" zog alle Register der Manipulation und machte es sich zu Nutze, dass sowohl die Kirchen als auch Gewerkschaften, Mainstream-Medien, Verbände, Handelskammern und Großkonzerne in direkter oder indirekter Abhängigkeit vom System gehalten wurden.

Nun endlich zeigte sich, wie wichtig und gleichfalls „genial" es war, dass die „1968er"-Clique den langen Weg durch alle Instanzen gegangen und nun an den Schaltstellen der Macht angekommen war. Kindergärten, Schulen, Universitäten, Gerichte, Politik, Medien, Verwaltung und sogar bei der Polizei: Überall sitzt eine selbsternannte „Elite", kostet die süßen Früchte der staatlichen Rundumversorgung und genießt

das wohlig warme Gefühl, auf der vermeintlich „moralisch richtigen" Seite zu stehen.

Diese Ideologen scheinen unfähig zu sein, andere Meinungen zu hören oder gar zu achten. Einzig die Meinung „des Systems" scheint rechtmäßig. Negative Kritik an dem System wird ignoriert oder gelöscht, gesperrt, bestraft und sozial geächtet.

Während Bewegungen wie Fridays for Future, Extinction Rebellion, Black Live Matters oder die Antifa unbehelligt demonstrieren können, werden zeitgleich Demonstrationen für Frieden und Freiheit verboten oder mit Wasserwerfern, Pfefferspray, Knüppeln und Fußtritten niedergeschlagen.

Der geneigte Leser, der nun entsetzt aufschreit und widerspricht, hat Recht! Allerdings nur aus seiner Sicht, die sich dann auf den begrenzten Informationshorizont aus den Mainstream-Medien beschränkt. Eine Informationsquelle, die so objektiv berichtet, wie es der Schwarze Kanal in der DDR tat oder die Prawda in Moskau zu Stalins Zeiten.

Botschaft für Deutsche stellt die Deutsche Sprache in den Vordergrund. Es geht nicht um eine „völkische" oder „rechte" Sichtweise. Beides sind Wortkreationen dieses Systems, um Andersdenkende zu diskreditieren.

In diesem Buch geht es um ein besseres Miteinander aller Menschen und Lebewesen!

Alle Menschen sind gleich viel wert und haben die gleichen Menschenrechte! Egal, ob Hauttyp sechs oder Hauttyp eins, gleichgültig ob Jude, Christ, Moslem, Buddhist, Atheist, groß, klein, jung, alt, klug, dumm, reich, arm, politisch „links" oder „rechts", Veganer oder Fleischesser. Schwul, lesbisch, hetero oder Schnickischnackischwuppi!

Ich habe dieses Buch auch geschrieben, um aufzuzeigen, wie sehr wir durch Sprache manipuliert werden und wie subtil das gemacht wird. In der ersten Auflage konnte ich noch nicht erkennen, dass nur zehn Jahre später alles, was nicht systemkonform ist, zu „rechts" wird, Zivilcourage nur dann ein positiver Wert ist, wenn Systemkritiker sprachlich, wirtschaftlich, psychisch und physisch angegriffen oder gar vernichtet werden.

Toleranz, Meinungsfreiheit, Hass, Hetze, Demokratie, Bevölkerung, Schuld, Unschuld und unzählige andere Worte wurden inhaltlich inzwischen so massiv vergewaltigt oder tagesaktuell definiert, dass sie mit ihrer tatsächlichen Bedeutung nichts mehr gemein haben.

Der Duden wird dabei williger Gehilfe dieses Irrsinns und arbeitet tatkräftig an der Zerstörung unserer Deutschen Sprache mit. Schon im alten Ägypten wurde die Geschichte gefälscht und die Sprache zur Manipulation eingesetzt. In unserer Zeit und in diesem Land wird unter Zuhilfenahme von Schulen, Universitäten und vor allem den Mainstream-Medien eine verquaste, manipulative Sprache eingesetzt und propagiert.

Die gendergerechte Sprache zeigt, wie ideologisch verblendet vorgegangen wird. Inzwischen ist klar, dass die „Deutungshoheit" für Worte und deren Definition beim System liegt und fast stündlich neu festgelegt wird.

Wenn Antifa oder Fridays-for-Future-Jünger demonstrieren und Geschäfte und Autos demoliert werden, dann waren es engagierte Aktivisten.

Gehen Familien, Jung und Alt für Frieden und Freiheit auf die Straße, dann wird nicht demonstriert, sondern marschiert und es handelt sich nicht um Demonstranten, sondern um Rechte, Reichsbürger oder gar Neonazis.

Die Verantwortlichen für diese tatsächliche Diskriminierung weiden sich in der trügerischen Gewissheit der induktiven Kontinuität! Dem Glauben daran, dass es so weiter geht wie bisher. Doch ihnen rufe ich ganz deutlich zu:

Nein!

Die Deutsche Sprache, die Kultur dieses Landes und die sogenannte Volksseele sind unzerstörbar. Es mag noch einige Jahre dauern, aber früher oder später wird sich das Volk darauf besinnen, wie wichtig Zusammenhalt ist.

Wie wertvoll ein „WIR-GEFÜHL" ist.

Nicht das WIR kleiner, vom System kreierter Grüppchen wie Ostler oder Westler etc. Das WIR der Volksgemeinschaft, die im Sinne eines harmonischen Miteinanders und Füreinander Daseins und mittels einer klaren Sprache, klaren Handelns und klarer Werte dieses Land zu einer wundervollen Heimat aller gestaltet.

Ohne sich dabei über andere Nationen stellen zu wollen,

aber auch ohne sich mit einem eingeredeten Minderwertigkeitskomplex seines Potentials als Volk zu berauben.
Ich werde in dieser zweiten Auflage außer in dem Kapitel Angst und punktuell nicht weiter auf die gegenwärtige Pseudo-Pandemie eingehen. Davon ausgehend, dass die Zukunft noch nicht geschrieben ist und WIR gemeinsam die Zukunft unseres Landes, Europas und der Welt gestalten, möchte ich Sie einladen, die Botschaft für Deutsche auch als Motivationslektüre zu nutzen, als Wegweiser für ein gesünderes, erfolgreicheres und friedvolleres Leben zu betrachten.

Selbstverständlich möchte ich ALLE Nationalitäten ansprechen. Da es sich aber um die Deutsche Sprache handelt, mittels derer ich unsere Werte aufzeige und weil ich auch schon durch den Titel dokumentieren möchte, wie sehr viele von uns

beurteilen, bewerten, vergleichen

und schon des Buchcovers und Titels wegen, den Inhalt negativ bewerten, habe ich diesen provokanten Titel gewählt.

Spannend ist übrigens, dass mir der Titel den Buchhandel als Vertriebsquelle praktisch verschlossen hat.

Wenn Sie bereits in einer friedvollen, harmonischen und glücklichen Welt leben, mit allen Menschen kompromisslos auskommen, all Ihre Wünsche erfüllt haben, fehlerfrei sind, Bekanntes nicht zu rekapitulieren brauchen, Ihnen Geld, Macht, verkrustete Glaubenssätze, Vorurteile und starre Feindbilder wichtiger sind als alles andere, dann nutzen Sie Ihre Zeit besser, als an dieser Stelle weiterzulesen.

Es ist wunderbar, dass Sie mich nun auf dieser Reise durch unser Alphabet begleiten. Für Sie habe ich zahlreiche spannende, interessante, aufregende und fröhliche Worte, sowie deren lebens-, ja überlebensnotwendige Bedeutung zusammengetragen.

Sie benötigen für unsere gemeinsame Exkursion der Worte

kein „mentales Gepäck". Lassen Sie es jetzt los und leeren Sie Ihre „geistigen Taschen".

Sie können sich so unbeschwert auf den Weg machen. Auf diese Reise lade ich sowohl Frauen als auch Männer herzlich ein. Sie sind gleichberechtigt und können sich auf Augenhöhe angesprochen fühlen. Die feminine Endung denken Sie sich bitte an passender Stelle dazu.

Der Suche nach dem heiligen Gral gleich, leben wir unser Leben, in dem viele von uns nach Sinn, Erfolg, Harmonie und Erfüllung trachten.
Auf diesem, nicht immer klaren Weg, kann uns die Botschaft unserer Muttersprache nützlicher Wegweiser und Leitfaden zugleich sein. Begleiten Sie mich jetzt auf dieser Queste voller Wunder.

Je weiter ich im Alphabet vorgedrungen bin und mich den ausgewählten Worten widmete, desto klarer wurde das sich abzeichnende Bild - meine Ehrfurcht vor der Sprache, ihren Gestaltern und Anwendern. Denen gegenüber, die sich seit Jahrhunderten mit ihr beschäftigten und sie durch ihren praktischen Gebrauch am Leben erhielten und weiterentwickelten.

Bei aller Vielfalt, Ausdrucksstärke und den mannigfaltigsten Interpretationsmöglichkeiten erschien mir die Botschaft der Worte dabei immer klarer und einfacher.

Umso schmerzlicher ist der Umgang vieler mit ihr, vor allem durch die vermeintlichen Vorbilder unserer Zeit. Selbst in der Diktion von Lehrern, Politikern und Journalisten wird Hochdeutsch selten jene Achtung zugebilligt, die angebracht wäre. Worte werden entstellt und verfremdet, bis sie nur noch ein sinnentstelltes Zerrbild ihrer selbst sind.

Hier hat auch die 1968er-Generation ihre Spuren in den Lexika und dem Sprachgebrauch unserer Zeit hinterlassen. Vielleicht glauben einige dieser Generation, dass Veränderung nur im „Kleid" der Revolution daherkommen kann und negieren, ja neiden anderen und ihren Veränderungsansätzen das gesellschaftliche Reformpotential.
Mit dem Wort „Gutmensch" werden Idealisten so pauschal diffamiert. Das Wort „Gutmensch" gibt es aber nicht. Wer herzlichen Idealismus mit kleinbürgerlichem Spießertum verwechselt oder bewusst vertauscht, dem mangelt es an Aufmerksamkeit, möglicherweise aber auch an Intellekt und Herz.

Aus dem Wort Bürger (die Gemeinschaft aller in einem Staat lebenden Menschen) wurden, im Geiste der Pseudoemanzipation der Frau, die Worte Bürger und Bürgerin. Werbefirmen formten aus dem König und dem Bier „das König der Biere" und Medien berichten über Kindesmissbrauch. Der Spiegel schrieb darüber, dass in der Stadt Kiel Schillers Vers „Alle Menschen werden Brüder" umgetextet werden muss in „Alle Menschen werden Geschwister".

Es gibt keine Bürgerinnen! Auch die ständige Wiederholung dieses Kunstbegriffes erweckt ihn nicht zum Leben. Emanzipation und Gleichberechtigung zeigen sich in Taten, nicht in Worten.

Warum wird nicht schon längst Frauen der gleiche Lohn zugestanden wie Männern?

Es heißt der König und das Bier. Selbst wenn, wie hier, der Slogan sein Werbeziel erreicht haben mag und in das Bewusstsein der Massen eingepflanzt wurde, dem gesellschaftlichen „Auftrag", die Sprache zu pflegen und sie richtig anzuwenden, ist die Werbefirma nicht gerecht geworden.

Wer Kindesmissbrauch anprangert, sollte sich die Frage stellen, ob Kindesgebrauch gerechtfertigt ist und worin der Unterschied zwischen beiden Begriffen besteht. Die Wichtigkeit der präzisen Anwendung unserer Sprache kann an kaum einem anderen Beispiel besser dokumentiert werden als dem der sexuellen Gewalt gegen Kinder. Kindesmissbrauch gibt es nicht! Wer diese Diktion nachplappert, schadet zunächst den Opfern, den unschuldigen Kindern und dann unserer Sprache.

(Sollte dieses Buch an dieser Stelle zitiert werden, so bitte ich um ein vollständiges Zitat.)

Auch wenn wir täglich mit Worten und Begriffen konfrontiert werden, die ein jeder im Munde führt, rechtfertigt dies noch lange nicht immer deren Anwendung. Die Sprache sollte von uns allen mit der Ehrfurcht und Achtung verwendet werden, die ihr zusteht. Dabei sind wir aufgefordert, aufmerksam hinzuhören und zu erkennen, wann uns Sprache gezielt manipulieren soll.

Wird von Steuergeschenken des Staates gesprochen, müsste es in Wahrheit Steuerentlastung der Steuerzahler heißen, und wenn wir als Steuerpflichtige angeschrieben werden, sollten wir uns fragen, weshalb wir nicht als Steuerzahler bezeichnet werden. Die Pflicht, in die wir als Bürger hier gerne genommen werden, wünschte sich so mancher von uns dort, wo es darum geht, unsere Steuern pflichtbewusst zu verwalten und in unser aller Interesse auszugeben.

Unsere Stimme, die wir bei der Wahl abgeben, um sie in der Wahlurne verschwinden zu lassen, sollte eine Stimme sein, die wir behalten, um sie lediglich einer Partei zu leihen. Denn in Urnen verschwindet nicht nur in unserem Kulturkreis die Asche Verstorbener. Wobei die Asche der Toten oft mit größerer Wertschätzung behandelt wird als unsere Stimme nach der Wahl.

Wenn in TV-Sendungen gesagt wird „diesen Beitrag sehen Sie jetzt", dann kommt in aller Regel erst einmal der große Werbeblock. Statt „später" zu sagen oder „gleich", wird der Zuschauer stattdessen mit der dreisten Sinnentfremdung des Wortes „Jetzt" zum Weiterschauen genötigt.

Unsere Sprache ist spannend und eindeutig.

Ich bin mir sicher, dass Sie die Botschaft unserer Sprache erkennen und wertschätzen. Sie offenbart sich in voller Klarheit und Reinheit, wenn man sich der ursprünglichen Definition und Anwendung der Worte und Begriffe zuwendet.

Erinnern Sie sich noch an Ihren ersten Schultag? Ich erinnere mich genau! Voller Tatendrang, Pioniergeist und Vorfreude stand ich mit meiner Schultüte und den anderen Kindern vor dem übermächtigen Schulgebäude. Erwartungsschwanger spürte ich instinktiv, dass ich an der Schwelle einer neuen Welt angekommen war. Endlich konnte das Leben losgehen. Die letzten bzw. ersten sechs Jahre meines Lebens kamen mir zu diesem Zeitpunkt bereits wie eine Ewigkeit vor.

Da stand ich nun. Die Schultüte in der einen, meine Mutter an der anderen Hand. Die Hand meiner Mutter war mir in diesem so bedeutungsvollen Moment meines noch jungen Lebens vertraut und in wohlig warmer Weise angenehm. Zugleich jedoch stand diese Hand als Synonym für den Augenblick des Loslassens, der jetzt unweigerlich gekommen war.

Alle waren fröhlich, glücklich und unbeschwert. Es gab neben der Schultüte noch andere Geschenke, die Lehrer schienen, ebenso wie die Klassenkameraden, mehr Freunde als mit Misstrauen zu betrachtende Fremde zu sein. Der erste Schultag war ein wichtiger Schritt und sicher erging es den meisten Kindern ähnlich an diesem bedeutungsvollen Tag. Um der Wahrheit die Ehre zu geben, hat sich, zumindest bei mir, die Vorfreude auf die Schule und die in diesem Kontext erwartete Lebensfreude nicht erfüllt.

Wer erwartet, wartet.

Und so wartete ich vergebens darauf, in der Schule die Antworten auf die Fragen des Lebens zu finden und Freude am Lernen und Leben zu empfinden. Glücklicherweise war es meine Mutter, die mich die Schulzeit und ihre Prüfungen hat überstehen lassen. Dank ihr habe ich schlagende Lehrer, prügelnde Klassenkameraden, die Herzlosigkeit intellektueller Inkompetenz und das Konkurrenzdenken vieler Lehrkräfte halbwegs schadlos überstanden. Mein letzter Schultag fühlte sich für mich so an, als käme ich nach Jahren der Entbehrung von einer einsamen Insel zurück in die Zivilisation. Oder genauer: Als würde ich aus der Gefangenschaft in die Freiheit entlassen. Das schmiedeeiserne Tor meiner Schule war mein Tor zur Welt. Ich durchschritt es ein allerletztes Mal und ließ mit ihm eine Welt der Ignoranz, Dummheit und Lieblosigkeit hinter mir.

In den Jahren seit diesem, für mich denkwürdigen, letzten Schultag, habe ich mir immer wieder die Frage gestellt, weshalb Schule, zumindest zu meiner Zeit, mehr Qual, Langeweile und Demütigung als Freude und Vergnügen bedeutete.

Der Mensch ist neugierig. Die Lust auf Neues ist menschlich, natürlich und vor allem eins, überlebensnotwendig. Nur aufgrund dieser uns Menschen angeborenen Neugierde machten sich unsere Vorfahren vor rund 250.000 Jahren in Afrika auf den Weg nach Europa und in den Rest der Welt. Wäre der Homo sapiens nicht neugierig gewesen, gäbe es heute weder verschiedene Hauttypen noch die Zivilisation, derer wir uns so gerne bedienen und rühmen (Wenn wir an die Theorien von Darwin glauben).

Wie wird mit der Neugierde in der Schule umgegangen? Immer mehr Kinder gelten als hyperaktiv und werden mit pharmazeutischen Produkten ruhiggestellt. Fragen, die fachfremd oder unangebracht scheinen, bleiben unbeantwortet. Am schlimmsten ist jedoch die gängige Praxis, wissbegierigen und offenen Kindern die Freude am Lernen zu vergällen. Die meisten Eltern machen es zunächst richtig. Das erste Wort ihres Kindes, und sei es noch so falsch ausgesprochen, wird in Windeseile der gesamten Verwandtschaft mitgeteilt. Sagt das Kind dann erstmals „Pala" statt „Papa", ist das derart sensationell, dass auch gleich alle Nachbarn dazu gerufen werden. Kaum jemand käme auf den Gedanken, das kleine Kind anzublaffen: „Das heißt Papa! Sprich gefälligst richtig!" Nein, in diesem Stadium ermuntern wir unsere Kinder, weiterzusprechen, Fehler zu machen, neugierig zu sein und sich zu entwickeln.

Allerdings sind als Folge der 1968er-Generation viele Eltern dazu übergegangen, nicht nur die ersten verbalen Äußerungen ihrer Kleinen und seien sie noch so unverständlich, mit Lob und Anerkennung zu honorieren, sondern auch spätere Halbherzigkeiten und Stümpereien oder gar Gestammel als besondere Leistung zu bejubeln. Da wird das unverständliche, völlig unmusikalische Gebrabbel einer Dreieinhalbjährigen schnell als kreativer Umgang mit der Sprache deklariert.

Hier bedarf es des Umdenkens und einer anderen Handlungsweise. Lernen wir doch von unseren Kindern! Schauen wir zu und erfreuen uns an ihrer Neugier, am Lernen und am Ausprobieren. Geben wir ihnen die Chance, Neues zu erfahren. Loben wir in ihrer Kleinkindphase nicht nur die halb richtig gemachten Dinge, sondern ermuntern wir sie, die andere Hälfte ebenfalls richtig zu machen. Führen wir dieses einfache Mittel zur Motivation in den späteren Entwicklungsjahren unserer Kinder fort! Niemand möchte zum Bowling gehen und gesagt bekommen: „Hey! Da stehen ja noch zwei Kegel, ganz schlecht!". Wir mögen es, wenn man uns sagt, was wir gut gemacht haben und wo wir uns noch steigern können. Gestehen wir unseren Kindern das Recht zu, mit diesem Motivationsansatz das Leben zu erleben.
Gleichwohl bedarf es auch auf der Elternseite des Umdenkens. Viele Eltern erziehen nicht ihre Kinder, sondern lassen sich von Ihren Kindern erziehen. Nach dem Motto:
„Mein Kind hat so einen starken Willen, das lässt sich von mir nichts befehlen. Und das ist auch gut so! Wir wollen ja kein angepasstes Befehlsempfängerkind".
Diese „Erziehungsweise" ist ebenso verbreitet wie fatal. Zum einen entwickeln Kinder erst mit etwa neun Jahren eine eigene Persönlichkeit. Zum anderen kann und darf ein kleines Kind nur wenig entscheiden. Hier sind die Erziehungsberechtigten gefragt,

um nicht zu sagen gefordert! Wer dem kleinen Kind überlässt, wie und wo es langgeht, macht es lebens- und überlebensunfähig. Die Aufgabe der Kinder ist es, Grenzen zu suchen. Die Aufgabe der Eltern ist es, Grenzen zu setzen!

Bei Rot an der Ampel stehen zu bleiben, entscheidet über Leben und Tod! Woher soll das Kind wissen, dass hier Regeln einzuhalten sind und an anderer Stelle Regeln vernachlässigt werden können?

Werden wir hier unserer Aufgabe nicht gerecht, wird unser Kind spätestens in der Schule Grenzen falsch interpretieren und kläglich scheitern.

Haben wir unsere Kinder zu selbstbewussten, mündigen Menschen erzogen, die Grenzen ebenso erkennen, wie sie sie, wenn nötig akzeptieren, und ist es uns gelungen, die Flamme der Neugierde über den ersten Schultag hinweg zu retten, dann wünschen wir uns für unsere Kinder Lehrer, die sie als gleichberechtigte, menschliche Wesen verstehen. Lehrer, deren Aufgabe nicht darin besteht, den Rahmenplan unkritisch zu erfüllen, sondern gemeinsam mit den Kindern die Fragen des Lebens zu erarbeiten.

Wünschen wir uns Lehrer, die unsere Kinder nicht als Konkurrenten und ihren Tatendrang nicht als störende Schwäche, sondern als wertvolles Entwicklungspotential begreifen.

Wünschen wir unseren Kindern Lehrer, die an sich zweifeln, wenn die Schüler etwas nicht verstehen. Lehrer, die Schöpfer sind und deren Ziel es ist, die fröhlichsten, neugierigsten und lernbegeistertsten Kinder zu unterrichten. Lehrer, die unsere Kinder erziehen und nicht umgekehrt. Pädagogen, die eine klare Linie zwischen Lehrer und Schüler ziehen und denen bewusst ist, dass Ihre Arbeit gesellschaftlich höchst anspruchsvoll ist.

Wünschen wir uns Politiker, die erkennen, dass unsere Gesellschaft nur bestehen kann, wenn sie die Wichtigkeit von Bildung nicht nur behauptet, sondern durch aktives Handeln in die Tat umsetzt.

Nur kluge, offene, glückliche und freundliche Menschen werden den Herausforderungen der Zukunft gerecht. Und nur ein Volk, das den Mut hat, Grenzen zu suchen und die Kraft, sie zu setzen, wird in einer globalisierten Welt seiner Aufgabe anderen Völkern und damit sich selbst gegenüber gerecht.

Einem individuellen Kochrezept gleich, beinhaltet die Botschaft für Deutsche eine kleine Wortselektion, deren Zusammenstellung Appetit machen, aber nicht sättigen soll.

So wie bei jedem Rezept wird auch die Botschaft für Deutsche nicht allen schmecken und das ist auch gut so.

Das Buch mag Ihnen - lieber Leser- helfen, auf dem Weg Ihres Lebens und dem Ihrer Kinder, Freunde, Verwandten, Nachbarn und all denen, die Sie noch kennenlernen werden, entspannter, glücklicher und offener voranzukommen. Von Herzen viel Freude!

Frage: Haben Sie jetzt Ihr „mentales Gepäck" geleert?

Angst

Die Botschaft für Deutsche beginnt aus gutem Grund mit dem Wort „Angst". Denn der Mensch ist seit Urzeiten angstgesteuert. Schon unsere Vorfahren bezogen den Großteil ihrer Lebensmotivation aus der Angst.

Die Angst davor, von wilden Tieren gefressen zu werden, war so allgegenwärtig wie die Angst, von der Gruppe verstoßen oder von bösen Geistern befallen zu werden.

Jede Weltreligion hat sich der Angst der Menschen bedient. Sünder konnten gegen Entgelt Abbitte leisten und sich ihrer Fehltritte entledigen. Regeln, häufig den Eigeninteressen der hohen Geistlichkeit geschuldet, wurden aufgestellt und die Menschen schleppten immer mehr Ängste als Ballast mit sich herum.

Der ausgelassene Kirchgang wurde ebenso zur Last, wie homosexuelle Gefühle und sexuelle Begierde. Die Angst vor Repressalien im Jenseits bestimmte über Jahrhunderte die christliche Welt.

Angst ist ein starker Motor zur Massenmotivation - negativ und effektiv.

Regierungen und Medien steuern gezielt die Ängste der Menschen. Wer Angst hat, ist leicht zu lenken und einfach zu manipulieren. Angst vor anderen Religionen, anderen Rassen, anderen Meinungen, Minderheiten und die Angst vor Neuem und vor Veränderungen.

Der Mensch strebt nach Sicherheit! Ein sicheres Zuhause, Einkommen, Auto, Altersvorsorge, Partnerschaft, Lebensmittelversorgung und die Sicherheit, dass morgen noch die Gewohnheiten und Glaubenssätze von gestern ihre Gültigkeit haben.

Die Angst vor Veränderungen und dem Verlassen einer vermeintlichen Komfortzone lässt viele von uns in einer Art Dauerstarre verharren.

Nur keine Experimente! Es ist doch bis heute alles gut gegangen!? Der Job irgendwie ganz in Ordnung und auch sicher!? Die Partnerschaft zwar oft langweilig, ohne Begeisterung und Liebe, aber bequem und gewohnt!? Das Bankkonto ohne Zinsen, aber besser als nichts!? Und die Glaubenssätze über den Staat, die Gesellschaft, Gut & Böse, Richtig und Falsch und vor allem über Sicherheit und Kontinuität so gewohnt und vertraut!?

Die Wahrheit ist, dass es keine absolute Sicherheit gibt!
Das einzig Sichere ist der Tod!

Ebenso sicher ist, dass jeder von uns die Möglichkeit hat sich zu entscheiden, ob er als ehrloser Feigling lebt und stirbt oder als aufrechter Mitmensch, dessen Lebensaufgabe, neben dem eigenen Glück, das seiner Mitmenschen war.

Wer sich der Angst hingibt, der hat sich ergeben.
Angst steuert, behindert, schwächt, hemmt und zerstört uns!

Als die Regierung den Menschen auftrug, sich einen Maulkorb ins Gesicht zu pflanzen, um sich vor einem Virus zu schützen, haben die Wenigsten diese Maßnahme hinterfragt. Erst reichte ein Schal oder Tuch. Die Masse spielte mit. Angstgesteuert und ergeben gingen die braven Bürger mit ihren selbstgebastelten Mundlappen einkaufen, den sogenannten „Alltagsmasken".

Gibt es den Alltagskaffee, Alltagstee, Alltagssex, Alltagspullover, die Alltagszigarette? Bestenfalls gibt es Alltags-Irrsinn.
Exakt dazu zählen solche menschen- und intelligenzverachtenden Wortkrüppeleien!
Was für eine unmenschliche Wortkreation!

Dann musste es eine medizinische Maske sein. Schließlich befahl die Regierung den Menschen sogenannte FFP2-Schutzmasken zu tragen. Das Volk dachte weder nach, noch erhob es sich. Es machte artig mit. Die Angst und der Drang nach Sicherheit spielten der Regierung in die Hände, um diese perfide Unterdrückungsgeste durchzusetzen.

Die Masken schützen nicht vor Viren!

Doch, auch wenn auf den Verpackungen deutlich lesbar steht, dass die FFP2-Maske nicht gegen Radioaktivität und Viren schützt, wird sie von den braven Menschen aufgesetzt. Von vielen sogar dort, wo es keine Tragepflicht gibt. Im Wald, allein beim Autofahren und im eigenen Haus.

Die Angst und der Wunsch nach Sicherheit schalten bei den meisten den sogenannten gesunden Menschenverstand aus. So er denn zuvor überhaupt vorhanden war. Kaum einer scheint sich die Frage zu stellen, wie es die Menschheit bis heute geschafft hat, mit dem körpereigenen Immunsystem auf acht Milliarden anzuwachsen und dabei keinen Maulkorb zu tragen, ohne ausgestorben zu sein.

Die Regierung *befiehlt* und die Masse folgt. Sicher ist sicher!

Plötzlich sieht man Leute, die bei Rot auf der Hauptverkehrsstraße über die Ampel gehen und dabei fast schon trotzig stolz ihren Maulkorb tragen.

Die Maske gibt Sicherheit!

Man kann miterleben, dass angsterfüllte Menschen in Geschäften Mitmenschen ohne Maske anschreien, anspucken, angreifen und anzeigen.

Eine simple Verordnung, deren Nichteinhaltung eine banale Ordnungswidrigkeit ist, wird von Polizei und Ordnungsamt mit teils äußerster Gewalt durchgesetzt. Die Angst und der Drang nach Sicherheit gehen hier bei vielen Staatsbediensteten und selbsternannten Hilfssheriffs eine Symbiose mit ihrer blinden Obrigkeitshörigkeit ein.

Möglicherweise konnte die Menschheit niemals zuvor so deutlich vor Augen geführt bekommen, wie ängstlich, unsicher und leicht zu lenken die Majorität ist.

Ein Maulkorb im Gesicht wurde innerhalb weniger Wochen für viele ein Teil ihres Lebens und ganz offensichtlich auch eine neue Art Sicherheitsinstrument.

Freiheit, gesunde Atemluft und eine ungehemmte Kommunikation mit den Mitmenschen wurden zugunsten vermeintlicher Sicherheit aufgegeben.

Dabei zeigte sich auch, wie sehr Angst, Sicherheitsdrang und Dummheit einander ergänzen können. Eltern stülpen ihren Babys Masken über die Gesichter, ließen es zu, dass in Kindergärten und Schulen Maskenpflicht umgesetzt wurde und die Kinder zudem keine Kontakte zueinander pflegen durften.
Großeltern wurden isoliert und auch nachdem sie mehrfach geimpft wurden, mussten sie mit Maulkorb und Abstand in asozialer Isolation verharren.

Derweil veranstalteten Regierungsparteien Parteitage ohne Maske und Abstand und mehr als 20 Regierungspolitiker waren in millionenschwere Maskendeals verwickelt. Der Ehemann des Gesundheitsministers machte neben seinem Job in der Mainstream- Presse noch schnell ein Maskengeschäft und die Ehefrau eines Ministerpräsidenten produzierte sogenannte Face Shields, um an den, von ihrem Ehemann veranlassten, Gesetzen zu partizipieren.

Derweil widmete sich die uninformierte Masse den Mainstream-Medien und der darin propagierten Angst und Panik!

Angst zeigt das wahre Gesicht der Menschen und so wurde der Maulkorb zum idealen Accessoire für angepasste Feiglinge, die nicht erkannt haben, dass sie Schöpfer und nicht Opfer sind.

Der Mundschutz wurde gleichermaßen zum Erkennungszeichen einer neuen Bewegung der Systemlakaien.

Aus Angst vor Ausgrenzung wird lieber konform dahinvegetiert als frei gelebt!

Auch wenn Politiker und Mainstream-Medienvertreter unzählige Male dabei gefilmt wurden, wie sie sich selbst nicht an die, dem gemeinen Volk verordnete, Maskenpflicht hielten.

Die Maskenträger haben ihr Gesicht nicht nur verloren, sie versteckten es. Sie ordneten sich einer schweigenden Masse von ängstlichen Feiglingen unter und scheuten nicht davor zurück, Menschen, die nicht in Angst leben und frei atmen wollten, zu diskriminieren. Unbewusst neideten sie dabei den Freidenkern und Maskenverweigerern ihren Schneid und ihre Angstfreiheit.

Die Maske wurde schon im alten Ägypten und bei fast allen Sklaven dieser Welt als Unterwerfungsinstrument eingesetzt. Selbst in Guantanamo Bay müssen die Insassen mit einem Stofflappen leben. Dessen waren sich die Masken-Fetischisten der Neuzeit aber mangels Bildung nicht bewusst.
Sie trugen ihre Maske aus Überzeugung und zur „Sicherheit".

Naheliegend ist, dass die Masken-Fetischisten intuitiv wussten, dass es keine unmittelbare Gefahr gab. Hätte es tatsächlich diese lebensbedrohliche Situation gegeben, würde jeder halbwegs vernünftige Mensch zuhause bleiben und sein Leben nicht einem Schal, Mundlappen oder einer FFP2-Maske anvertrauen. Ähnlich wie kleine Kinder ihre Augen zuhalten, um nicht gesehen zu werden, wenn sie sich schämen, ist der Maulkorb so unbewusst auch ein Schameslappen, der den Träger und sein feiges Handeln zumindest halbwegs zu verbergen vermag.

Nach der Maskenpflicht kamen die Testpflicht, der grüne Gesundheitspass und die Massenimpfungen mit unerprobten, experimentellen Pseudo-Impfstoffen. Wieder waren es die Angst und der Wunsch nach Sicherheit, die dazu führten, dass fast alle mitmachten. Dabei traten vor allem die in die erste Reihe, die sonst großen Wert darauf legten, keine genveränderten Lebensmittel zu essen, Bio zu kaufen und sich vegan ernährten. Es waren die angeblich gut informierten Intellektuellen, die an vorderster Front und der Angst ergeben alle Maßnahmen der Regierung mittrugen.

Diejenigen, die beim Smartphone-Kauf oder der Planung einer Urlaubsreise stundenlang auf YouTube recherchierten, abwägten, verglichen und verschiedene Meinungen einholten, verließen sich bei der Impfung und den anderen Maßnahmen einzig auf die Regierung und deren Sprachrohr, die Mainstream-Medien.

Die Angst, das System, die Presse und alte Glaubenssätze in Frage zu stellen, ist durchaus berechtigt! Denn in dem Moment, wo wir erkennen, dass es eben keine Sicherheit gibt, weder die Geschichte noch unsere Nachrichten frei von Lug und Trug sind und all unsere Ängste gezielt gesteuert werden, in diesem Moment müssen wir uns auf den Weg machen, unsere vermeintliche Komfortzone zu verlassen.

Diese, für viele gravierende, Veränderung ist aber der erste Schritt in ein tatsächlich angstbefreites Leben.

Begrüßen wir die notwendige Veränderung!

Durch Veränderungen, das Anpassen an neue Gegebenheiten haben sich die Menschen zu dem entwickelt, was sie heute sind.

Durch die biologischen Auswahlmechanismen Mutation und Selektion und die intellektuelle Fähigkeit zur Offenheit und Bereitschaft für Neues, ist aus dem Urmenschen der Mensch von heute entstanden. Es gibt unzählige Beispiele für Angststeuerung in unserer Zeit!

Als ich in der 10. Klasse war, hielt ich ein Schulbuch in den Händen mit einem Foto, auf dem ein Mann eine Zeitung las. Die Schlagzeile der Zeitung war deutlich zu erkennen. Das Foto war 1981 mit einem Satelliten aus dem Weltall aufgenommen worden. Der geneigte Leser fragt sich in diesem Zusammenhang, weshalb es im 21. Jahrhundert mehr als 10 Jahre dauerte, bis ein international gesuchter Terrorist wie Osama Bin Laden ausfindig gemacht wurde: termingerecht zum Auftakt des Präsidentschaftswahlkampfes. Der Gedanke, dass hier Ängste in der Bevölkerung künstlich geschürt und forciert wurden, ist ebenso wenig abwegig wie die Frage, weshalb Osama bin Laden zunächst sechs Monate observiert wurde, bis man ihn umbrachte.

Letztlich war die Angst vor Osama bin Laden ein Garant für Kontrollmechanismen, die wir größtenteils widerspruchslos über uns ergehen lassen: Telefon-, MMS-, SMS-, WhatsApp-, Google-, Amazon-Überwachung, Körperscanner, Bankdatenaustausch u.v.m. In diesem Zusammenhang muss man auch hinterfragen, weshalb es NSA & Co zwar trefflich gelingt, jeden und alles zu überwachen und unsere Daten zu speichern, es aber nicht möglich sein soll, den Verlauf des Fluges von Malaysia Air MH 370 zu rekonstruieren und festzustellen, wo das Flugzeug zu finden ist.

Im Winter 2009/2010 war es die Angst vor der Schweinegrippe, die der Pharmaindustrie in Deutschland Milliardenumsätze einbrachte. BSE, Vogelgrippe und EHEC sind weitere Ängste, die geschürt wurden und zielgenau bei den Bürgern ankamen. Die Angst vor Terrorismus ermöglichte es im 21. Jahrhundert Überwachungsmechanismen zu installieren, von denen die Stasi in der DDR nur träumen konnte. Jeder und alles kann und wird inzwischen abgehört. Bis hin zur Bundeskanzlerin. Anstatt konsequent im Sinne des Grundgesetzes unsere Daten und Bürgerrechte zu schützen, wird nichts dergleichen getan. Im Gegenteil!

Die Angst vor Terror wird zunehmend instrumentalisiert und ließ weder Bürger noch Politiker entsetzt aufschreien, als gegen den erbitterten Widerstand der CIA herauskam, dass tausende Terrorverdächtige von den US-amerikanischen Geheimdiensten und einigen ihrer Partner massiv gefoltert wurden. Unsere Angst wird zielgerichtet geschürt und für immer mehr Kontrolle, Überwachung und Menschenrechtsverletzungen missbraucht.

Der Blick in die noch weniger rühmliche Geschichte der Menschheit lässt erkennen, dass neben der Gier auch Angst die Motivation war, die Indianer in Amerika beinahe auszurotten, Kriege zu beginnen, verfolgte Minderheiten zu denunzieren und vermeintliche Hexen und Zauberer zu verbrennen.

Solange es Menschen gibt, wird es Ängste geben. Wenn wir uns ihnen stellen und sie als das entlarven, was sie häufig sind, nämlich unbegründete Trugbilder, werden wir vom hilflosen Opfer zum allmächtigen Schöpfer.

Viele haben Angst vor dem Tod und stellen sich die Frage, ob es ein Leben nach dem Tod gibt.

Es stellt sich aber weniger die Frage, ob es ein Leben nach dem Tod gibt, sondern eher, ob es ein Leben vor dem Tod gab.

Angst ist nicht gottgegeben. Angst ist anerzogen. Erziehen wir unsere Kinder zu selbstbewussten Menschen, die ihre Ängste annehmen und sich ihnen offen und mutig stellen, um zu erkennen, dass es wenig gibt, was uns Angst machen kann. Außer sich seinen Ängsten zu ergeben, statt sich ihnen zu stellen und sie zu überwinden.

Es gibt eine Regel, die lautet: Die Dinge, vor denen wir Angst haben, treten auch ein. Haben wir Angst vor Arbeitslosigkeit, drehen sich unsere Gedanken unentwegt um das Thema Arbeitslosigkeit. So ziehen wir intensiv und kraftvoll das in unser Leben, wovor wir Angst haben. Die Arbeitslosigkeit. Menschen, die Angst davor haben, von ihrem Partner betrogen zu werden, stellen den Betrug des Partners in den Mittelpunkt ihres Denkens und Handelns. Auch hier gibt es eine Regel:

Eifersucht schafft Betrug.

Gehen Sie geradlinig durch Ihr Leben und Ihre Welt. Ein aufrechter Gang und eine gerade Körperhaltung machen Sie auch innerlich gerade und stark. Ihre Energie fließt besser und wird nicht mehr abgebremst. Stellen Sie sich Ihren Ängsten! Schreiben Sie auf, wovor Sie Angst haben und finden Sie heraus, wie es zu Ihrer Angst gekommen ist. Ich kann Ihnen versichern, dass Ihre Angst unbegründet ist.

Das sicherste Verkehrsmittel der Welt ist das Flugzeug. Verstandesgemäß wissen wir, dass es so ist. Trotzdem sind Millionen Menschen Gefangene ihrer Flugangst. Hilft diese Angst? Macht diese Angst die Menschen glücklicher? Macht sie das Fliegen für sie sicherer? Kaum.

Viele Ängste äußern sich in der Form, die eine therapeutische Behandlung notwendig macht. Ob Platzangst, Prüfungsangst, Klaustrophobie oder Flugangst, Ängste führen zu körperlichen Reaktionen: erweiterte Pupillen, starke Muskelanspannung und Herzfrequenz und damit verbunden ein höherer Blutdruck, eine flachere Atmung, häufig verbunden mit Schweißausbrüchen. Diese Angstreaktionen waren uns in grauer Vorzeit bei der Jagd dienlich. In der modernen Zivilisation sind sie schädlich und lebensverkürzend. Scheuen Sie sich nicht, um Hilfe zu bitten, wenn Sie mit Ihren Ängsten allein nicht fertig werden. Keine Angst!
Unter Z finden Sie eine Alternative zur Lebenssteuerung: Ziele. Viele hätten ein schöneres Leben, wenn sie von angstgesteuerten Opfern zu zielorientierten Schöpfern würden!

Frage: Wo liegen Ihre Ängste und wie begegnen Sie ihnen?

Der folgende Begriff klingt zunächst banal und ein wenig angepasst. Ein Wort, das in seiner Anwendung, wie viele andere Begriffe, oft und gerne negativ besetzt und somit diskreditiert wurde. Trotzdem funktioniert eine gesunde Gesellschaft, selbst im
Mikrokosmos der Familie oder Partnerschaft, nur einwandfrei,
wenn diesem Wort der Wert zugestanden wird, den es verdient
hat.

Anstand

*„Die Gefährlichkeit des Bösen wächst
mit der Anständigkeit seiner Gegner."*

Sigmund Graff

Anstand bezeichnet zunächst die „gute Sitte" im Benehmen. Anstand ist das Instrument, mit dem individuelle Bedürfnisse einzelner dem Wohl einer harmonisch funktionierenden Gesellschaft „untergeordnet" werden.

„Benimm Dich anständig" mag viele mit Schaudern an eine möglicherweise zu autoritäre Kindheit erinnern. Deshalb verwundert es wenig, dass der Begriff Anstand von der 1968er-Bewegung als Synonym für Anpassung, Gleichschaltung und Obrigkeitshörigkeit diffamiert wurde.

Fairness hat das Wort Anstand nicht nur verbal abgelöst. Auch im täglichen Miteinander scheint sich der verständliche, deutsche Ausdruck einem englischen ergeben zu haben. Das Verständnis der englischen Sprache stößt hier bei vielen an seine Grenzen.

In einer Gesellschaft, die sich rühmt, der englischen Sprache mächtig zu sein und sich ihrer inflationär bedient, verkommt „Anstand" zur sprachlichen Leerformel und „Fairness" zum Füllwort ohne moralische Verpflichtung.

In einer anspruchsvollen, anständigen Gesellschaft ist Doping im Sport ebenso ungewöhnlich, wie ein lügender Politiker oder ein Unternehmer, der seine Kunden betrügt. In einer anständigen Welt sind Freunde loyal, treu und ehrlich und helfen einander unaufgefordert, anständig und bedingungslos.

Anstand ist das Rückgrat eines entspannten, glücklichen und fröhlichen Miteinanders.

Mit „Anstand verlieren" heißt, dem Gewinner den Sieg von Herzen zu gönnen und ihm zu gratulieren.
Mit „Anstand gewinnen" bedeutet, dem Verlierer den Respekt zu zollen, den er verdient hat.

Anstand bedeutet, einen Fehler zu machen und ihn revidieren zu können, Verzeihung zu sagen, wenn es angebracht ist und um Vergebung zu bitten. Anstand gebietet auch zu vergeben, wenn es nötig ist. Anstand ist nicht Fairness, dafür ist Anstand zu kraft- und bedeutungsvoll!

Anständige Menschen helfen ihren schwächeren Mitmenschen. Sie ermuntern andere, ihre Ziele zu verfolgen, weiterzumachen, aufrecht zu gehen und Anteil an dieser Gesellschaft zu haben.

Anstand verbietet das Ausnutzen Hilfloser und Schwächerer und das Missachten der Gesetze der Natur.

Anständige Menschen sind umsichtig, dankbar und nehmen Rücksicht auf ihre Umwelt.

Anständige Menschen lästern nicht, sondern sprechen miteinander und nicht übereinander.

Lästern geht immer zu eigenen Lasten.

Alle Lebensformen auf unserem Planeten haben es verdient, dass wir sie mit Anstand behandeln. Spätestens jetzt erkennen wir, wie unpassend und ausdrucksschwach Fairness klingt. Fairness kann Anstand in keinem Punkt ersetzen. „Zieh Deine Schuhe anständig an" hat eine andere Bedeutung als „Zieh Deine Schuhe fair an".

Anständiger Sex ist möglicherweise auch spannender als fairer Sex.

Sie sehen also, abgesehen davon, dass Ihnen spätestens jetzt klar wird, kein religions- oder sektengesteuertes Buch in den Händen zu halten, wie wichtig und bedeutungsvoll Anstand in jeder Lebenslage ist. Ohne Anstand hätte es keinen Jesus Christus, Mahatma Gandhi, Oskar Schindler, Prof. Dr. Sucharit Bhakdi oder Albert Schweitzer gegeben.

Der anständige Mensch respektiert andere und anderes und ist darauf bedacht, seine Mitmenschen nicht bloßzustellen.

Anständige Menschen missverstehen ihr Gegenüber nicht absichtlich, um sich moralisch über sie zu erheben.
Wer Anstand besitzt, sucht Gemeinsamkeiten und gibt Verständnis. Anstand bedeutet auch, anderen Menschen eine andere, konträre Meinung zu gestatten. Anstand gebietet den Respekt vor der Lebenseinstellung anderer.

Anständige Menschen sind ebenso sorgfältig im Miteinander, wie bei ihren persönlichen Angelegenheiten und der Ordnung ihrer Dinge und Lebensgewohnheiten.

Frage: Wie wichtig ist Ihnen der Anstand in Ihrem Leben? Was tun Sie dafür?

Wenn Sie auf Menschen treffen, die Sie nicht anständig behandeln, dann ärgern Sie sich vielleicht.

Ärger

*„Ärger ist eine Säure, die ihren Behälter stärker
zerfrisst als das, worüber man sie ausgießt."*
Das Beste 1968

Jeder kennt die folgenden Situationen: Wir fahren mit dem Auto
gut gelaunt und fröhlich durch die Stadt. Die Sonne scheint und
wir vermuten nichts Böses. Plötzlich schneidet uns ein anderer
Verkehrsteilnehmer. Unsere einzige Reaktion, neben der Verhin-
derung des Unfalls durch Bremsen, besteht aus einem hilflosen
und wenig nützlichen Hupen. Der andere zeigt uns den Mittel-
finger und fährt davon. Zurück bleibt bei uns der Ärger über das
Geschehen.

Wem nützt der Ärger? Glauben wir, dass der andere an unserem Ärger Anteil nimmt und ihn sich zu Herzen nehmen würde?
Bringt uns der Ärger etwas? Ja! Eine erhöhte Herzfrequenz, einen schnelleren Atem und die Produktion von Magensäure. Sie
sehen also, wir sind im täglichen Leben mit Ärger konfrontiert.
Wenn wir ihn an uns heranlassen, dann ergreift er Besitz von uns.
Hier gilt eine Regel:

Ärger macht alles nur noch ärger.

Die Frage, der wir uns stellen können, bevor wir uns ärgern, ist nicht, warum tut jemand etwas, das uns ärgert, sondern warum ärgern wir uns! Es kann davon ausgegangen werden, dass andere Menschen uns nicht bewusst ärgern. Sollten Sie aber erkennen, bewusst geärgert worden zu sein, können Sie entscheiden, ob Sie sich ärgern lassen wollen. Die Abwägung, was der Ärger dem anderen bringt und uns nutzt, führt zu der Erkenntnis, dass wir uns besser nicht darauf einlassen und gelassen bleiben.

> *„An Zorn festhalten ist wie Gift trinken und erwarten,*
> *dass der Andere dadurch stirbt."*
> Buddha

Wenn wir eine Liste der Dinge aufstellen, die uns ärgern, stellen wir fest, dass es meist Banalitäten sind, derentwegen wir uns emotional dem Ärger ausliefern. Jemand drückt bei uns einen imaginären Knopf und wirre Gefühle überwältigen uns. Wir reagieren wie eine Marionette, statt selbst zu agieren. Die Ursache des Ärgerns liegt häufig bei uns selbst. Warum ärgern wir uns über den Raser auf der Straße? Weil er rast oder weil wir selbst gerne ein schnelleres Auto zum Rasen hätten? Weshalb ärgert uns der unfreundliche Mitarbeiter der Telefongesellschaft? Liegt es an ihm oder an unseren zu hohen Erwartungen, einen kompetenten Dienstleister von der Gesellschaft geschickt zu bekommen. Nicht er, sondern unsere falschen Erwartungen lösen diese Gefühle aus.

Entspannen wir uns. Erkennen wir Ärger als das, was er zumeist

ist, ein Zeit- und Nervendieb, der uns schadet, krank macht und aufhält im wundervollen Spiel des Lebens, das es zu spielen und nicht zu gewinnen gilt. In diesem Spiel gibt es eine Grundregel:

Mensch ärger Dich nicht.

Frage: Worüber ärgern Sie sich immer wieder? Hat Ihnen das Ärgern etwas Positives gebracht?

Einen der wichtigsten Unterschiede zwischen Siegern und Verlierern markiert das nächste Wort.

Ausdauer

„Das Beginnen wird nicht belohnt,
einzig und allein das Durchhalten. "
Katharina von Siena

Ausdauer wird, wissenschaftlich betrachtet, als die Widerstands-
fähigkeit des Körpers gegen Ermüdung definiert und von den
meisten Menschen mit Sport assoziiert.

**Ausdauer ist jedoch in allen Lebenslagen ein wichtiger Be-
standteil des menschlichen Potentials.**

Die Natur kann uns an dieser Stelle eindrucksvolle Beispiele geben. Bambus ist die am schnellsten wachsende Pflanze und wird
bis zu 38 Meter hoch. Die Bauern, die Bambus anpflanzen, sind
sich der Bedeutung des Wortes Ausdauer bewusst. Bambus wird
nach dem Pflanzen vier Jahre gedüngt und bewässert. Ausdauernd hegen und pflegen die Bauern das Saatgut, nicht wissend, ob
sich der Aufwand tatsächlich lohnt und die Saat aufgeht. Erst im
vierten Jahr kommt die Bambuspflanze aus der Erde und wächst
nun mit einer Geschwindigkeit von bis zu einem Meter pro Tag.

Der weiteste Weg beginnt immer mit dem ersten Schritt. Wer
Ausdauer hat und einen Schritt auf den anderen folgen lässt, wird
eines Tages sein Ziel erreichen.

Ausdauer ist unabdingbar, wenn wir im Leben unsere Ziele erreichen möchten.

Die Evolution zeigt, dass nur Ausdauer zum Ziel führt. Das Thema Übervölkerung wäre ad acta gelegt, hätte der erste Mensch nach seinem ersten „Korb" bei der Partnerwahl aufgegeben und keine Ausdauer bewiesen!

Das dokumentiert den Zusammenhang zwischen Willen und Ausdauer. Wenn der Mensch etwas erreichen möchte, dann hat er auch die Ausdauer dazu. Paarung und Fortpflanzung sind hier ebenso eindrucksvolle Beispiele wie der Überlebenswille der Opfer von Naturkatastrophen.

Es ist die Ausdauer, die im Sport wie in anderen Lebensbereichen die Spreu vom Weizen trennt.

Die herausragende Leistung und Ausdauer von Jogi Löw und seiner Mannschaft beim Erringen der Fußball Weltmeisterschaft 2014 ist beispielhaft für Ausdauer. Übrigens auch für Anstand und Glaube.

Leider geben viele zu schnell auf, etwa bei der Partnerwahl, Jobsuche oder der Lösung persönlicher Probleme. Häufig wird nach den ersten vermeintlichen Fehlschlägen resigniert.
Edison hatte bereits zahlreiche Fehlversuche mit der Erfindung der Glühlampe hinter sich, als ihn ein Mitarbeiter fragte, ob er

nicht aufgeben wolle. Edison erwiderte sinngemäß:

Ich habe 1.263 Wege entdeckt, wie es nicht geht. Nun finde ich bald den Weg, der geht.

Auch wenn inzwischen hinlänglich bekannt ist, dass der Schotte James Bowman Lindsay in Dundee bereits 1835 ein beständiges elektrisches Licht erzeugte, war es die Ausdauer, die Edison mit seiner Glühlampe berühmt machte.

Eine Gabe, die den alten Ägyptern beim Bau der Pyramiden ebenso dienlich war wie Wernher von Braun bei der Entwicklung der Apollo Rakete, die 1969 den ersten Menschen zum Mond brachte. Ausdauer hat die große chinesische Mauer entstehen lassen, den Talmud, die Bibel, den Koran, und sämtliche Höchstleistungen aus dem Guinness Buch der Rekorde.

Ausdauer ist eines der elementaren Worte des Lebens. Vermitteln wir unseren Kindern, dass Ausdauer positiv und notwendig ist. Wer bei der ersten Niederlage aufgibt, wird bei weiteren Aufgaben des Lebens ebenso schnell die Flinte ins Korn werfen. Je schneller wir aufgegeben, desto unterentwickelter bleibt das Selbstbewusstsein. Ein Teufelskreis.

Ermuntern Sie Ihre Kinder, Dinge anzufangen und zu beenden.

Leiten Sie sie dazu an, Ausdauer als das zu verstehen, was es ist – ein notwendiges Instrument im wunderbaren Spiel des Lebens. Lassen Sie nicht zu, dass Ihre Kinder Dinge beginnen, ohne sie zu Ende zu führen. Diese trügerische Freiheit ist der erste Schritt auf dem Weg zur Unfähigkeit, Dinge ausdauernd anzupacken. Eines der häufigsten Zitate unserer Zeit „Rom wurde auch nicht an einem Tag erbaut", lässt erkennen, wie sehr Ausdauer und deren Notwendigkeit im Bewusstsein der Gesellschaft verankert ist. Die praktische Anwendung dieses Bewusstseins hat dabei noch großes Entwicklungspotential.

Als Deutschland 1945 kapitulierte, Städte und Industrieanlagen zu 90 Prozent zerstört waren, Hunger und Not das Leben bestimmten, war es die Ausdauer der Trümmerfrauen, die Deutschland aus den Ruinen erwachen und in weniger als zehn Jahren das Wirtschaftswunder erblühen ließ!

Können Sie sich einen Leistungssportler ohne Ausdauer vorstellen?

Beim Sport zählt das tägliche Training mit Ausdauer und eisernem Willen zu den elementaren Grundlagen des Erfolges. Niederlagen bei Wettkämpfen werden bei Sportlern als Ansporn zu noch mehr Ausdauer und Tatendrang verstanden. Leistungssportler sind Vorbilder für Ausdauer!

Ob Sie abnehmen möchten, Muskelzuwachs wünschen, eine erfüllte Partnerschaft anstreben, Ihre Kinder erziehen wollen oder andere Ziele verfolgen – Ausdauer wird Sie zum Erfolg führen. Geben Sie niemals auf! Denken Sie daran, dass der Weg zum Ziel mit dem ersten Schritt beginnt, aber Ihr Ziel allein dadurch nicht Wirklichkeit wird. Wenn Sie bei der Partnerwahl oder im Verkauf zwanzigmal ein Nein zu hören bekommen, dann steigt mit jedem weiteren Versuch Ihre Chance auf das ersehnte Ja oder den erwünschten Verkauf.

Stimmen die Erfolgsparameter nicht, so hilft auch keine Ausdauer (siehe auch „Erfolg").

Seien Sie ausdauernd. Jeden Tag. Schreiben Sie sich Ihre Ziele auf und arbeiten Sie jeden Tag ein kleines Stück daran. Mit jedem Tag, jeder Woche, jedem Monat werden Sie erleben, wie nützlich die praktische Anwendung der Ausdauer ist!

Frage: Welchen positiven Erfolg im Leben haben Sie Ihrer Ausdauer zu verdanken? Wobei möchten Sie ausdauernder sein?

Natürlich hilft Ausdauer nur marginal, wenn ein weiterer bedeutungsvoller Begriff bzw. dessen Verinnerlichung fehlt.

Begeisterung

„Nichts Großes ist je ohne Begeisterung geschaffen worden.“
Ralph Waldo Emerson

Das Wort allein ist schon ausdrucksstark und positiv. Welcher Satz könnte mit Begeisterung beginnen und nicht mit einer positiven Botschaft enden? Begeisterung weckt Assoziationen zu Begriffen wie Enthusiasmus, Entzückung, freudige Euphorie, helle Freude, glühender Eifer, starke positive Motivation oder positiver Fanatismus.

Begeisterung ist für die Ziele in unserem Leben unerlässlich. Begeisterung stellt sich ein, wenn wir geistige Kraft in eine positive Vorstellung von Menschen oder Dingen investieren. Die Schöpfungsgeschichte begann mit Begeisterung. Jede Schöpfung, sei es der Entwurf eines Gebäudes, die persönlichen Lebensplanung oder eine glückliche Partnerschaft beginnt mit Begeisterung.

Gott hauchte Adam seinen Geist ein. Er „begeisterte“ ihn.

Die Dinge, die wir mit unserem Geist erfüllen – also mit Begeisterung betreiben – erwecken wir zum Leben. Der weiter oben genannte Begriff Enthusiasmus leitet sich von dem altgriechischen Wort „theos“ für Gott her. Enthusiasmus bedeutet also „das von Gott Erfüllte sein“.

Hier wird klar, wie wichtig es ist, mit Begeisterung zu leben. Die Dinge, die wir mit Geist erfüllen, können uns als Schöpfer glücklich und zufrieden machen. Kein Plan wird uns zum Vorteil gereichen, wenn wir ihn nicht mit positivem Geist erfüllen und damit zum Leben erwecken.

Frage: Wann haben Sie sich das letzte Mal für etwas begeistert? Wer hat Sie begeistert?

Das auf unserer Queste ebenfalls erwähnte Wort Partnerschaft habe ich bewusst gewählt. Noch vor wenigen Jahren wäre meine Wahl auf das Wort Beziehung gefallen. Schon wären wir beim nächsten Wort in unserem ABC.

Beziehung

*„Eine Beziehung ist etwas, was sich zwischen zwei Menschen
abspielt, während sie warten, dass sie was Besseres finden."*
Gerhard Reichel

Beziehung kommt von ziehen und beziehen. In Deutschland wird
jede dritte Ehe geschieden. Das liegt vielleicht daran, dass keine
Partnerschaften geführt und erlebt werden, sondern Beziehungen.
Da häufig unklar ist, wer in der Beziehung welchen Part übernehmen möchte, wird nur eine unausgewogene Beziehung daraus.
Der gesunde Bezug zueinander bricht auseinander oder kommt
erst gar nicht zustande. Ein Ziehen und Zerren beginnt und endet
mit dem Zerwürfnis.

**Leben Sie Partnerschaften und Sie ersparen sich und Ihrem
Partner ein schmerzhaftes, kräftezehrendes Ziehen und Zerren.**

Frage: Leben Sie in einer Partnerschaft oder in einer Beziehung?

Die Worte sind zu wichtig, namentlich im Deutschen, um nur eines davon im ABC auszulassen. Da Sie aber den entspannten,
schnellen Wegweiser durch unsere Sprache in den Händen halten, freuen Sie sich auf die Begrüßung.

Begrüßung

„So wie wir den Tag begrüßen, so wird er auch".

Während der letzten Eiszeit vor rund 10.000 Jahren war es um den Fortbestand der Menschheit beinahe geschehen. Die widrigen Witterungsverhältnisse machten es unseren Vorfahren schwer zu überleben. Nur gemeinsam, in Gruppen, war ein Überleben möglich. Schon damals gab es enge soziale Verhaltensstrukturen. Zu ihnen gehörte der Respekt vor den anderen Gruppenmitgliedern. Auch heute lebt der Mensch ungern allein und fühlt sich von Gruppen angezogen. Verblüffenderweise sind uns in unserer Zivilisation einige grundsätzliche Umgangsformen fast verloren gegangen.

Bereits bei kleinen Kindern können wir beobachten, dass einst selbstverständliche Umgangsformen wie die höfliche, gegenseitige Begrüßung nicht mehr stattfinden.

Die Kleinen kommen gleich zur Sache. Letztlich erscheint auch vielen Eltern eine Begrüßung nicht mehr so wichtig.

Die Achtung vor anderen Menschen beginnt bei deren achtungsvoller Begrüßung.

Was aus Kindern wird, denen der Wert der Begrüßung nie vorgelebt wurde, kann man im Telefonalltag hören. Telefonanrufe werden selten begonnen mit „Peter Charmant, guten Tag!" Vielmehr wird ein lustloses, kaum wahrnehmbares „Ja" in den Hörer gegrunzt.

Wer möchte schon so achtlos begrüßt werden? Wie viel schöner ist es, in ein Geschäft zu kommen und anstatt eines „Hi!" ein freundliches, herzliches, von einem Lächeln untermaltes: „Guten Tag! Schön Sie zu sehen!" zu hören?

Lassen Sie uns die Begrüßung eines Mitmenschen wieder zelebrieren.

Stellen Sie sich vor, wie viel schöner, freundlicher und positiver Ihre nächste Busfahrt wäre, wenn Sie der Busfahrer beim Einsteigen mit den Worten begrüßen würde: „Guten Morgen! Willkommen an Bord!"

Nun könnte ja der eine oder andere Busfahrer sagen, dass dies zu viel Arbeit wäre, jeden Fahrgast einzeln zu begrüßen. Ihm erwidere ich: Die Anzahl der am Tag zur Verfügung stehenden Worte ist nur durch den Intellekt und Wortschatz begrenzt. Fünfhundertmal „Guten Morgen, willkommen an Bord" zu sagen, bewirkt fünfhundert erstaunte und positiv berührte Fahrgäste. Diese positive Energie geht nicht verloren und kommt zu dem Busfahrer zurück. Im Übrigen kann jeder Busfahrer die Begrüßung mit jedem Gastkontakt variieren. Geistige Flexibilität und

Wortschatzerweiterung sind, neben einer wachsenden Fahrgast- und Kundenfangemeinde, weitere bereichernde Effekte. Begrüßung ist neben der kulturellen Selbstverständlichkeit auch eine wichtige Form von Höflichkeit und dokumentiert Selbstachtung. Wer andere Menschen nicht höflich begrüßt und behandelt, mag dies für sich von anderen einfordern, sendet aber seinerseits keine positive Botschaft in die Welt um ihn herum!

Wenn ich bei mir im Fitnessstudio in die Sauna gehe und den anderen Gästen ein entspanntes „Guten Abend" entbiete, liegt die Resonanz bei 6:1. Und jedes Mal, wenn ich durch den Wald jogge und dabei alle 20 Minuten andere Wanderer, Spaziergänger oder Jogger treffe, grüße ich fröhlich. Häufig wird der Gruß nicht erwidert. Herzerwärmend aber werden die Glückgefühle, wenn ich gelegentlich auf meinen Gruß ein fröhliches und von einem Lächeln untermaltes „Hallo" eines Joggers zurückbekomme. Hier bringt positive Aktion positive Reaktion. Eine Wechselwirkung der positiven Impulse.

Begrüßen Sie den Tag fröhlich und freundlich, jeden Morgen.

So wie wir den Tag begrüßen, so wird er auch.

Begrüßen Sie sich im Spiegel enthusiastisch und schmettern Sie Ihrem Partner, dem Nachbarn oder einem Wildfremden ein launiges „Guten Morgen" entgegen. Sie werden verblüfft sein, wie schnell die von Ihnen ausgebrachte Saat der freundlichen Begrüßung aufgeht und in Form von Zufriedenheit und Fröhlichkeit zu Ihnen zurückeilt!

Bei der Rekultivierung der Begrüßung sind es wieder die Lehrer, Eltern, Medien und Politiker, die gesellschaftliche Pionierarbeit leisten könnten.

Als ich vor einigen Jahren krank im Bett lag und ausnahmsweise um neun Uhr morgens im Fernsehen die Eröffnung einer Bundestagsdebatte sah, verblüffte mich der Bundestagspräsident nicht nur durch sein ungepflegtes Kopfhaar und seinen zotteligen Bartwuchs, sondern auch durch seine Begrüßung der Kollegen und der Fernsehzuschauer. Er begann die Eröffnung der Debatte mit den Worten: „Ich eröffne hiermit ...“. Obwohl ich krank im Bett lag, wusste ich, dass es nicht an meiner Mandelentzündung lag, dass die Begrüßung so ausfiel. Es fehlte schlichtweg ein Mindestmaß an Höflichkeit, das der Bundestagspräsident hier vermissen ließ.

Wenn TV-Sendungen im Zeitgeist der antiautoritären Auswüchse mit den Worten „Hallo, heute geht's um ...“ beginnen und Lehrer ihre Schüler in der Klasse mit „Darf ich mal um Ruhe bitten“ begrüßen, dann können wir uns beruhigt zurücklehnen und uns der Gewissheit hingeben, dass in unserer Gesellschaft noch viel Entwicklungspotential steckt.

Frage: Geben Sie der Begrüßung Wertschätzung?
Ich begrüße jetzt das Zauberwort!

Bitte

„Ihr werdet mich anrufen und hingehen und
mich bitten und ich will euch erhören."
Jeremia 29, Vers 12

Ein B-Wort liegt mir besonders am Herzen – das Wort „bitte". Die meisten von uns können im Zusammenhang mit diesem Wort auf viele kleine Anekdoten aus der Kindheit zurückblicken. Einige davon begannen mit der Frage, „Wie heißt das Zauberwort?" Bitte hieß und heißt es.

Bitte ist mehr als die höfliche Unterstreichung eines Wunsches.

Ein ehrliches „bitte" hat Zauberkraft.

Die Anwendung des Wortes hat etwas mit Stil und Charme zu tun. Wer bitte sagt, macht sich weder krumm, noch erniedrigt er sich. Wer bittet, dokumentiert Ehrerbietung seinem Wunsch gegenüber.

Teilen wir „bitte" den Wert zu, den es verdient. Kinder können nicht früh genug mit der Zauberkraft dieses Wortes vertraut gemacht werden. Zeigen wir ihnen, dass es ohne bitte nichts gibt. Ohne Ausnahme. Vermitteln wir, dass es nicht um den verbalen Einsatz des Wortes geht, sondern um die vom Herzen kommende gefühlte Energie, die wir in das bitte legen.

Bitte ist mehr als nur eine kulturelle Höflichkeitsfloskel. Die Bitte ist ein Instrument zur Erreichung unserer Ziele und Wünsche.

Die Kraft der Bitte kennt jeder vom Umgang mit Tieren. Hunde beherrschen die nonverbale Fähigkeit, durch Mimik und ein paar bittende Geräusche, das zu bekommen, was sie möchten.
Bitte ist der sympathische Wortzwilling von danke. Mit jeder notwendigen Anwendung beider Worte kommen wir unseren Wünschen und anderen Menschen näher. Bitte lesen Sie weiter.

Frage: Kennen Sie das Gefühl, einem anderen Menschen eine herzliche Bitte zu erfüllen?

C möchte ich gerne mit folgendem Wort beginnen.

Charme

„Schönheit vergeht, Charme bleibt. "
Französisches Sprichwort

Dean Martin sang:

„Style and charm go arm in arm. "

Was macht Charme aus? Die entscheidenden Begriffe zum Verständnis sind gewinnend und bezaubernd. Wer die Fähigkeit hat, andere Menschen zu bezaubern, sie gewinnend für sich einzunehmen, ist der Sprache des Charmes mächtig.

Charmante Menschen scheinen zu einer elitären, vom Aussterben bedrohten Minderheit zu gehören. In unserer Zeit wird charmante Höflichkeit oft als Anbiederung oder neudeutsch „Einschleimen" diffamiert. Das liegt daran, dass derjenige, dem Charme entgegengebracht wird, den Liebreiz, der ehrlichem Charme innewohnt, aus Unsicherheit oder weil ihm Charme schlicht fremd ist, nicht wahrnehmen kann. Übrigens ohne die Körpersäfte, den Schleim funktioniert kein menschliches Leben.

Charme kann man üben. Treffen Sie auf andere Menschen, dann machen Sie es sich zur Gewohnheit, an ihnen etwas Positives zu finden. Die Krawatte, der Anzug, die blauen Augen, irgendetwas, das positive Erwähnung finden kann (Achtung, bei fremden Frauen sollten vor allem Männer die große Oberweite nicht zwingend mit einem charmanten Kompliment bedenken.). Wichtig dabei ist, dass Sie das Kompliment von Herzen ehrlich meinen und Ihrem Gegenüber eine Freude machen möchten. Charme kostet nichts und wird Ihnen in allen Lebenslagen ein dienlicher Wegbegleiter sein.

Ohne charmante Menschen wäre unsere Welt farblos und einfältig.

Bringen Sie mehr Farbe in Ihre und unsere Welt!

Frage: Wie fühlt es sich an, wenn jemand von Herzen charmant zu Ihnen ist?

So wie wir das klangvolle Wort Charme den Franzosen verdanken, so auch den folgenden, nicht minder melodischen und bedeutungsvollen Begriff.

Courage

„Das Rechte erkennen und nicht tun, ist Mangel an Mut. "
Konfuzius

Worte wie Mut, Schneid und Tapferkeit umschreiben, worum es bei Courage geht. Es sind zeitlose Werte, die couragierte Mitmenschen auszeichnen. Nur mit Courage, dem Mut, Missstände auszusprechen und anzugehen, hat sich die Menschheit seit Urzeiten weiterentwickelt.

Luthers Courage hat die Menschen des Mittelalters aus der Abhängigkeit von der katholischen Kirche befreit.

Galileo, Muhamed Ali oder Edward Snowden sind gute Beispiele für couragierte Menschen.

Ein gutes Beispiel für Courage ist der US-Soldat Bradley Manning. Er hat Videoaufnahmen von der gezielten Erschießung eines Journalisten durch US-amerikanische Soldaten, sowie von Zivilisten und Kindern im Irak an Wikileaks weitergeleitet. Für diese couragierte Tat wurde er in den Vereinigten Staaten von Amerika nicht etwa ausgezeichnet, sondern unter strengsten Haftbedingungen ins Gefängnis gesteckt.

Wenn ein uniformierter Polizist meint, über einem nicht uniformierten Bürger zu stehen, zeigen wir Courage und weisen ihn in die Schranken. Erkennen wir Ungerechtigkeit und Gewalt in unserer Nähe! Besteht für uns die Möglichkeit einzuschreiten, dann tun wir dies. Wenn Sie eine hochschwangere Frau sehen, die genüsslich eine Zigarette raucht, dann ist dies nicht allein deren persönliche Angelegenheit. Es ist die Angelegenheit des ungeborenen Kindes und damit stellvertretend Ihre. Sprechen Sie die rauchende Mutter ruhig und freundlich an. Erklären Sie ihr freundlich, aber couragiert, dass das Nikotin und Hunderte andere Giftstoffe das ungeborene Wesen schädigen und bereits im Mutterleib abhängig machen. Hier ist nicht nur Ihre Courage gefragt, sie ist ein Muss! Nicht zuletzt deshalb, weil Sie die gesundheitlichen Folgeschäden des Kindes mit Ihren Sozialbeiträgen mitfinanzieren müssen.

Mangelnde Courage hat das Potential, unsere Demokratie in der Bevölkerung in Frage zu stellen und so unser gesamtes System ins Wanken zu bringen.

Das Kunstwort „Zivilcourage" wurde geschaffen um tatsächliche Couragierte Mitmenschen die ein krankes System kritisieren in eine vermeintlich rechte Ecke zu stellen und Systemlakeien die diese Mitmenschen bekämpfen als engagierte „zivilcourageierte" Elite auszuzeichnen.

Ein System, das die Gleichheit aller in seinem Grundgesetz verankert hat, muss sich entsprechend verhalten und diese Gleichheit auch couragiert verteidigen. Doch wenn aus Rücksicht auf die Beziehungen zu den USA der Generalbundesanwalt Range von einem Ermittlungsverfahren gegen den US-Geheimdienst absieht, kann von couragiertem Handeln kaum gesprochen werden. Dies, nachdem Millionen Bundesbürger über Jahre abgehört und bespitzelt wurden und selbst die Bundeskanzlerin en Detail überwacht wurde. Wer von seinen Bürgern Steuerehrlichkeit, soziales Engagement und Beteiligung an den Wahlen verlangt, sollte zumindest selbst die juristischen Grundsätze achten.

Jeder von uns hat die Kraft und Fähigkeit, couragiert, tapfer und mutig zu sein. Berauben wir uns nicht dieser allgegenwärtigen Tugenden. Setzen wir sie ein. Mit jedem couragierten Nein – in Wort und Tat - setzen wir ein Zeichen für Menschlichkeit und Liebe. Jeder von uns ist von der Courage anderer abhängig.

Edward Snowden ist ein weiteres treffliches Beispiel für couragiertes Handeln im Interesse vieler. Snowden lebte im Paradies auf Hawaii. Eine Partnerin, ein wunderschönes Haus, ein gutes Gehalt und die Sicherheit für den US-Geheimdienst zu arbeiten. Doch die eklatante Verletzung unzähliger Bürgerrechte wollte Edward Snowden nicht tatenlos hinnehmen. Er opferte sein sicheres, bequemes Leben auf dem Altar seiner Courage und teilte mit der internationalen Presse und damit mit uns allen die Überwachungsmethoden der NSA und ihrer gefälligen Handlanger. Dank der Courage Edward Snowdens erfuhr die deutsche Kanzlerin, dass ihr Telefon abgehört wird und jeder einzelne von uns, dass weder SMS-, MMS- noch Google-Aktivitäten unbeobachtet bleiben. Snowden hat mit seiner Courage persönliche Interessen denen der Gemeinschaft untergeordnet.

Immer und überall profitieren wir davon, dass andere Menschen Courage zeigen. Nehmen wir Anteil. Sagen wir Nein, wenn Mitmenschen diskriminiert werden. Schreiten wir ein, wenn Behörden, Finanzbeamte oder Politiker Willkür walten lassen und zeigen wir Courage, wenn Lehrer unsere Kinder nicht pflichtbewusst und gesetzestreu bilden, sondern machtvoll verbiegen.

Courage ist mehr als ein kraftvolles Wort, sie ist das Lebenselixier einer freien Welt.

Frage: Wo zeigen Sie Courage?

Verlassen wir mutig das C und stoßen zum D vor. Auf diesen Buchstaben und dessen erstes Wort habe ich mich schon seit Beginn der Arbeit an diesem Buch gefreut!

Dankbarkeit

„Dankbarkeit ist das Gedächtnis des Herzens. "
Jean-Baptiste Massilon

Dankbarkeit ist eine der wundervollsten, menschlichen Eigenschaften und zugleich eine der seltensten. Hier macht ein Blick in die Kindheit deutlich, wie wichtig Dankbarkeit und die Anleitung dazu sind.

Kinder sind auf ihre Weise und in ihrem intellektuellen Mikrokosmos entsprechend dankbar für Dinge, die ihnen entgegengebracht werden. Die Muttermilch, das Wechseln der Windeln, die „Bespielung" und „Bespaßung" und die nicht enden wollende Liebe der Eltern, die mit einem zauberhaften Lächeln erwidert wird. Gleichwohl achten wir spätestens mit Beginn der Sprachentwicklung darauf, dass nicht nur „Papa" und „Mama", sondern auch „bitte" und „danke" gesagt wird.

An dieser Stelle erinnere ich mich an die Geschichte von einem Zweijährigen, der nach jedem Windelwechsel danke zu seiner Mutter sagte. Der entsetzte Aufschrei bei meiner damaligen Freundin, die der Meinung war, dies sei die Folge von militärischem Drill und anormal, mag von vielen Eltern geteilt werden. Ich meine, dass es auch hier um Dankbarkeit geht. Wenn sie zudem von einem dankbaren, glücklichen Lächeln mimisch untermalt wird, trägt die kleine Geschichte an dieser Stelle durchaus etwas zum Thema bei.

Dankbarkeit kann man nicht erzwingen. Dankbarkeit ist ein Gefühl und eine Lebenseinstellung. Wir können unsere Kinder nicht früh genug dazu anhalten, dankbar zu sein und dieses Gefühl in sich zu entdecken und zu kultivieren.

Es entsteht der Eindruck, dass immer weniger Menschen danke sagen können oder Dankbarkeit empfinden.

Im Zeitgeist der Fastfood-Restaurants, des Flatrate-Saufens und der sozialen Rundumabsicherung hat man den Eindruck, dass immer weniger Menschen Dankbarkeit empfinden können.

In unserer Gesellschaft konzentrieren sich viele vor allem darauf, was sie alles nicht haben, statt zu erkennen, was ihnen schon alles an Gutem zuteilwurde.

Dabei ist die schönste Einschlafhilfe nicht das imaginäre Auflisten der vermeintlichen Probleme, die es zu bewältigen gilt, sondern der Dinge, derer wir dankbar sein können. Dank für die „Segnungen" des Tages hilft nicht nur bei Existenzängsten, sondern auch wunderbar beim entspannten Einschlafen.

Die glücklichsten Menschen der Welt leben in der, von uns so genannten, Dritten Welt! Dort, wo es kaum TV und Radio gibt.

In Gegenden, wo die einzigen Fahrzeuge, die vorbeifahren, nicht Schulbusse, sondern gepanzerte Kettenfahrzeuge sind oder UN-Truppentransporter auf dem Weg zum nächsten Krisenherd. Die glücklichsten Menschen der Welt haben häufig kein sauberes Trinkwasser, kein regelmäßiges Essen und sie verfügen selten über eine medizinische Grundversorgung.

Rente, Urlaub, Spielzeug für die Kinder oder Handys sind ebenso selten wie der Truthahn zu Weihnachten.

Unsere Gesellschaft wirkt angesichts ihrer Undankbarkeit regelrecht abstoßend.

(Es wird von Jahr zu Jahr immer unerträglicher, wie in Deutschland ob des vermeintlichen Mangels gejammert und geklagt wird.

Seien wir dankbar für die Freiheit, in der wir leben dürfen. So sehr es in Westeuropa noch Entwicklungs- und Verbesserungspotential gibt, so sehr können wir für das bereits Erreichte dankbar sein. Niemand muss Hunger leiden, auf der Straße leben oder ohne medizinische Hilfe auskommen. Wir können offen und frei unsere Meinung sagen. Wir haben Wahlrecht, fließendes Wasser und wir genießen seit 1945 Frieden mit unseren Nachbarstaaten.)

Diese Textpassage habe ich in der Ihnen vorliegenden Zweiten Auflage in Klammern gesetzt, weil sie inhaltlich gut dokumentiert, wohin sich unser Land in nur zehn Jahren entwickelt hat. Die von mir noch in der ersten Auflage gepriesene Freiheit, vor allem die der Meinung, wurde längst auf einem imaginären Altar der politischen Korrektheit geopfert. Auch deshalb habe ich der Meinungsfreiheit in dieser zweiten Auflage ein eigenes und neues Kapitel gewidmet!

Seien wir dankbar für unser Leben. Einem Leben voller Wunder der Technik, wissenschaftlicher Sensationen und Mitmenschlichkeit.

Zeigen wir unsere Dankbarkeit! Sagen wir nicht nur danke, wenn uns der Kellner das Essen bringt, sondern auch, wenn uns der Nachbar die Tür aufhält, der Briefträger die Post bringt, Lehrer unsere Kinder begeistern, Politiker idealistisch, ehrlich und korrekt ihre Arbeit verrichten, unser Arzt uns bei der Genesung hilft und ein Freund dabei zur Seite steht.

Vermitteln wir Dankbarkeit durch unsere Taten. Dankbarkeit kann nicht erzwungen werden. Sie wird erlebt oder nicht.

Es scheint so, als wäre das Wort danke und dessen Anwendung streng rationiert und jedem stände zu Lebzeiten nur eine begrenzte Anzahl an Danksagungen zur Verfügung. Fehlende Dankbarkeit ist der Mangel an Respekt dem Leben gegenüber.

Dankbarkeit ist eine nie versiegende Quelle.

Und mit offenen Augen und offenen Herzen erschließen sich uns mannigfaltige Gelegenheiten zur Dankbarkeit. Gehen Sie abends zu Bett und zählen Sie die Segnungen des Tages auf, derentwegen Sie dankbar sein können. Dabei ist es weder lebensfremd noch naiv sich auf seinen Besitz zu konzentrieren, immateriell wie materiell.

Wenn Ihr Kind etwas von Ihnen haben möchte und den Wert des Wortes „bitte" erkannt hat, dann ist es auch reif genug, danke zu sagen. Dankbarkeit zu empfinden und mit dem einfachen Wort „danke" zum Ausdruck zu bringen, ist von hoher kultureller Bedeutung und elementarem, moralischem Wert.
Fordern Sie von Ihren Kindern ein „Danke" und erklären Sie ihnen die Wichtigkeit und Zauberkraft dieses Wortes und des sich dahinter verbergenden Gefühls der Ehrerbietung.

Im Fitnessstudio erlebe ich jeden Tag Beispiele für Undankbarkeit par excellence. Glauben Sie, dass die Gäste an diesem Ort des Luxus und der Entspannung lachend und fröhlich durch die Anlage laufen? Nein! Nicht wenige zeigen ein betrübtes, uninteressiertes Gesicht und schaffen es nicht, zurückzugrüßen, geschweige denn eigenständig „guten Tag" zu sagen. Motto: Die morgens kommen – grüßen, die mittags kommen – nicken, die abends kommen – schauen weg. Dankbarkeit für den Service erfährt man selten. Nun würden an dieser Stelle einige sagen: „Wieso? Ich zahle doch dafür". Stimmt. Doch wäre die Dienstleistung kostenfrei, würden dieselben Menschen ebenso wenig dankbar sein. Denn auch hier gilt:

Was nichts kostet, ist nichts wert.

Vor kurzem habe ich zwei ehemaligen Geschäftspartnern einen Blumenstrauß zum Geburtstag geschickt. Beide haben sich nicht bedankt. Allerdings:

Machen wir Geschenke selbstlos, ohne etwas damit zu bezwecken, dann ist es gleichgültig, ob wir Dank dafür erhalten.

Bezwecken wir etwas, kommt das Geschenk weniger vom Herzen und ist nur zweckgesteuert. Hier kann kein herzliches Dankeschön in Erscheinung treten. Wie bei allen Dingen im Leben gilt auch beim Dankeschön eine feste Regel: Alles, was wir tun oder lassen, setzt eine Ursache und zeigt eine Wirkung.

Lassen Sie einem Verkehrsteilnehmer höflich den Vorrang und er bedankt sich nicht, dann seien Sie gelassen. Sie waren nicht für ihn, sondern für sich höflich. Der Dank für Ihr freundliches und anständiges Verhalten wird Ihnen an einem anderen Tag, an anderer Stelle völlig unverhofft zukommen.

An der Länge dieses Kapitels erkennt der geneigte Leser, wie wichtig mir Dankbarkeit ist, und ich bin dankbar, dass Sie sich die Zeit nehmen, an meinen Überlegungen teilzuhaben.

Frage: Wofür sind Sie dankbar?
Der Wegbegleiter der Dankbarkeit ist die Demut.

Demut

„Demut soll nie etwas anderes sein als die Verneinung
von Hochmut. Sonst wird sie Kleinmut."
Ludwig Marcuse

Demut kommt aus dem Mittelhochdeutschen muat (dienen). Demut verlangt Mut.

Mut ohne Demut mutiert leicht zu Hochmut.

Die mutigen Menschen bewegen unsere Welt. Wo bei allem Mut der Mangel an Demut hinführt, kann man in den Geschichtsbüchern dieser Welt zu Genüge nachlesen.

Demut wird als Tugend definiert, die sich aus dem Bewusstsein speist, niemals die angestrebte menschliche Vollkommenheit zu erreichen. Demut ist die Essenz der Erkenntnis, ewig unvollkommen zu bleiben und die angestrebte göttliche Perfektion zu verfehlen.

Intuitiv wissen wir, dass in dem Moment, wo wir uns unserer Fehler entledigt haben und perfekt geworden sind, wir uns auch unserer Menschlichkeit entledigt haben.

Menschen sind dann menschlich, wenn Sie Fehler machen. Der

Mangel an Demut drückt sich darin aus, dass nur wenige ihre Fehler erkennen und zu ihnen stehen. Doch nur wer Fehler macht, aus ihnen lernt und mit ihnen und durch sie die nächste Stufe seiner persönlichen Entwicklung erklimmt, wird dem Schöpfungsgedanken der Natur gerecht.

Es gibt ganze Berufsgruppen, die mit diesem kostbaren Wort selten etwas anzufangen wissen!
Richter, Politiker, Lehrer, Journalisten, Staatsbeamte, Polizisten, Ärzte, Statistiker, Unternehmenslenker etc.

Viele der aufgezählten Gruppen wissen nicht, was Demut bedeutet. Aber auch nicht Achtsamkeit, Ehre, Anstand, Ehrlichkeit und Liebe! Viele Richter urteilen von oben herab! Ohne demütig die Position des Delinquenten zu würdigen. Ohne Empathie, Herz und Gewissen. Oft nur nach dem Gesetzestext oder gar der eigenen politischen Überzeugung.

Viele Politiker lassen sich wählen und treten als Volksvertreter an, um dann nach ihrer Wahl alles zu vertreten, nur nicht das Volk, dessen Interessen es einzig zu vertreten galt und gilt. Frei von Demut, dem Souverän gegenüber, werden egomane, nicht selten auch materielle Eigeninteressen umgesetzt, ideologisch verblendete Pseudo-Visionen dem Interesse des Volkes untergeordnet.

Viele Lehrer lassen die Demut dafür vermissen, wie wertvoll die kleinen Kinderseelen sind, die ihnen anvertraut wurden! Oft wird unnachgiebig, herz- und hirnlos der Rahmenplan durchgezogen, ohne den Wert der Individualität der Kleinen zu würdigen und sich demütig dem Kindeswohl „unterzuordnen".

Die Majorität der Journalisten scheint mit Demut überhaupt nichts anfangen zu können. Dass die Gehälter ausschließlich von den Lesern bzw. Zuschauern generiert werden und es der Demut bedarf, diese Einnahmequelle adäquat mit objektiver, ehrlicher und ausgewogener Berichterstattung zu würdigen OHNE elementare Informationen wegzulassen oder gar falsche hinzuzufügen scheint vielen nicht bewusst zu sein.

Auch wenn die massive Steuerfinanzierung der Medien, direkt oder indirekt durch gigantische Werbeanzeigen, die Existenz des Mainstreams sichert, wird der Mangel an Demut sie alle eines Tages tief fallen lassen.

Die Finanzbeamten, die ihre Arbeit als Kampf gegen Unternehmer verstehen und nicht begreifen, dass es ohne Unternehmer nichts zu prüfen gäbe, lassen Demut ebenso vermissen wie die unzähligen Polizisten, die auf Demonstrationen für Frieden und Freiheit Frauen, Kinder, alte, gebrechliche und ganz normale Bürger mit Knüppeln, Wasserwerfern, Pfefferspray, Fußtritten und teils gezogener Waffe drangsalieren. Polizisten, die Bürger in Uniform sind! Polizisten, die weder über dem Grundgesetz noch über den Bürgern ohne Uniform stehen. Polizisten, die EINZIG zum Schutz der Demonstranten, aber keinesfalls zu deren Gängelung antreten dürfen. Die Demut den unbewaffneten Menschen gegenüber, die auch für den Frieden und die Freiheit der Bürger in Uniform demonstrieren, sollte nicht nur angedacht, sondern ausgelebt und für alle Beteiligten erlebbar werden!

Statistiker, die nicht die Realität darstellen, sondern eine vom Auftraggeber geforderte Arbeit abliefern, sind unanständig, unaufrichtig, gewissenlos und besitzen keine Demut vor der Schöpfung.

Wer als Unternehmer nicht die Interessen seiner Kunden und Mitarbeiter in den Focus stellt, sondern einzig seinen persönlichen wirtschaftlichen Erfolg im Blick hat, der schöpft zum einen bei weitem nicht sein Potential aus und zeigt sich zum anderen nicht demütig seinen Auftraggebern, den Kunden und Mitstreitern sowie seinen Mitarbeitern gegenüber.

Demut hilft uns in der Entwicklung. Bei allem Tatendrang und Optimismus kann sich ohne Demut Erfolg kaum nachhaltig einstellen. Demut ist direkt mit dem Gefühl der Dankbarkeit verknüpft.

Es sind die kleinen und großen Lebenskrisen, die uns Demut lehren. Nehmen wir dieses Gefühl dankbar an und erfreuen uns an der Gewissheit, unendliches Entwicklungspotential unser Eigen zu nennen.

Frage: Wofür empfinden Sie Demut?

Demut ist ein wunderbarer Übergang zum nächsten Begriff. Es handelt sich um ein deutsches Wort, das in seinem eigentlichen Ursprungsland vielerorts als „Fremdwort" verstanden wird.

Dienstleistung

„ Wirklich abhängig sind wir heute von den perfekten Dienstleistern. Dienen ist nicht Unterwerfung. Dienen ist Macht. "
Peter Hohl

Laut Definition wird Dienstleistung im Sinne der Volkswirtschaftslehre als ökonomisches Gut betrachtet, bei dem kein materielles Wirtschaftsgut als Endprodukt im Vordergrund steht, sondern die von einer Person erbrachte Leistung zur Befriedigung der Bedürfnisse anderer Personen. Der Erbringer dieser immateriellen Leistung wird als Dienstleister bezeichnet.

Dienstleistung kommt von dienen und leisten.

Auch wenn mir bewusst ist, dass ich an dieser Stelle erneut auf die Spätfolgen der 1968er-Generation zurückkomme, kann ich Ihnen den Hinweis nicht vorenthalten. Im Geist des antiautoritären Gleichheitswahns wurde der Dienstleistende als unterjochter Sklave einer dekadenten Gutsherrengesellschaft verstanden.

An deutschen Schulen wurden die Schüler aufgefordert, alles zu hinterfragen. Anweisungen waren grundsätzlich zu kommentieren. Das hat bis heute volkwirtschaftlich und gesellschaftlich enormen Schaden verursacht. Arbeitsanweisungen wurden von Arbeitnehmern als Diskussionsgrundlage missverstanden und ließen so manchen Chef zum Kumpel seiner Belegschaft werden. Eine fatale Entwicklung, da die freie Gesellschaft zwar kritische Bürger voraussetzt, ein Arbeitsplatz aber durch seine Wirtschaftlichkeit und die wiederum durch die Arbeitsleistung des Mitarbeiters gesichert wird. Grundsatzdiskussionen über Sinn und Unsinn von Arbeitsanweisungen, besonders in der Dienstleistungsbranche, haben enormen Schaden angerichtet. Mitarbeiter, die mit Vorgesetzten, Gästen und Kunden offene Diskussionen führen, sind die Folge dümmlicher, pseudo-intellektueller Gleichmacherei.

Einst war in Deutschland der Dienstleistungsgedanke allgegenwärtig.

Zu Beginn des 19. Jahrhunderts, zur Zeit der Postkutschen, war es üblich, dass der Wirt das Haus aufschloss, die Betten machte und den späten Gästen ein frisches Nachtmahl bereitete, wenn eine Kutsche des Nachts an einem Gasthof ankam.

Heute, im 21. Jahrhundert, mögen wir uns des Fortschritts der mobilen Gesellschaft rühmen. Dienstleistungstechnisch haben wir jedoch eine negative Mutation durchlaufen.

Der Gasthof, in dem 1830 der Wirt bereitwillig und dem Dienstleistungsgedanken folgend, Tag und Nacht dem Gast zu Diensten war, existiert heute nicht mehr. Zum einen, weil der Postkutschenweg durch eine Autobahn ersetzt und die Abfahrt Wirtshaus vergessen wurde, zum anderen, weil viele Kellner den Gästen vorschreiben, wann und was sie zu essen haben. So muss der Gast heutzutage akzeptieren, dass Restaurants, die Frühstück anbieten, dies nur bis zu einer bestimmten Uhrzeit tun. Fragen Sie ab 12 Uhr nach einem Frühstück, ernten Sie häufig ein mitleidiges Lächeln. Selten aber bekommen Sie Ihren Wunsch erfüllt. Selbst wenn Sie nur nach ein paar Spiegeleiern mit Brot fragen.

Dienstleistung beinhaltet aus gutem Grund die Worte dienen und leisten. Dienstleister sind nicht nur gastronomische Betriebe. Auch Postämter, Finanzämter oder Sonnenstudios sind Dienstleister. Obgleich Letztere aufgrund ihres jahrzehntelangen Ignorierens des Dienstleistungsgedankens wahrscheinlich bald dort zu finden sind, wo unser Wirtshausbesitzer aus dem Jahr 1830 schon heute ist: im Wald ohne Autobahnanschluss.

Besonderes Augenmerk gilt im Dienstleistungsgewerbe der Geschäftsleitung, den sogenannten Führungskräften. Führen durch Vorführen bedeutet nicht, sich im Büro zu verstecken, sondern am Gast und für den Gast zu dienen und zu leisten.

Wer als Geschäftsführer eines Restaurants, Sonnenstudios, Hotels, Freizeitparks oder Fitness-Studios den Begriff Dienstleistung begriffen hat, der lebt und liebt ihn auch.

Wer das Management eines Unternehmens übernimmt, hat sich gefälligst bei seinen Gästen vorzustellen und „Flagge zu zeigen".

Ebenso besteht die Notwendigkeit, das Team für sich und den Dienstleistungsgedanken zu gewinnen. Wer seine Gäste und die Mitarbeiter nicht im ständigen Dialog und direkten Kontakt an sich bindet und Angst vor Menschen hat, sollte als Buchhalter beim Finanzamt oder als Lagerist arbeiten.

Dienen ist positiv. Diener ist ein ehrenwerter, verkannter Beruf.

Nicht der Beruf eines Menschen ist gut oder schlecht.

In Deutschland gibt es kaum Schuhputzer. Ein wichtiger und ehrenwerter Beruf. Da es viele Menschen gibt, die das Schuhe putzen nicht wertschätzen und ihre mangelnde Wertschätzung auf den Schuhputzer übertragen, wird diese Dienstleistung kaum angeboten.

Erst vor kurzem sagte eine deutsche Politikerin (Mitbegründerin der 1968er-„Elite"), sie fände es schrecklich, dass Menschen an den Rand der Gesellschaft gedrängt würden und im Dienstleistungsgewerbe arbeiten müssten. Darüber gehört der Mantel der Scham gedeckt. Wie despektierlich wird hier über einen wichtigen Berufsstand gedacht? Und nebenbei werden zehntausende Dienstleister diffamiert.

Behandeln wir unsere Dienstleister mit Achtung und Respekt. Zollen wir ihnen Wertschätzung und Anerkennung.

Der Umgang mit Menschen ist aufregend, spannend, abwechslungsreich und immer eine Bereicherung. Trotzdem ist er anspruchsvoll und kräftezehrend. Besonders dann, wenn der Gast glaubt, den Dienstleister mit der Dienstleistung mitgekauft zu haben. Ein Trugschluss.

Verlangen wir von Dienstleistungsanbietern, dass sie gastorientiert sind. Auch hier kommt das Gehalt nicht vom Chef, sondern von den Gästen. Fordern wir 100 Prozent Dienstleistung, denn wir sind ja auch verpflichtet, 100 Prozent des Preises zu bezahlen. Der Trend in vielen Branchen, Dienstleistung immer billiger anzubieten, entbindet die Anbieter nicht davon, freundlich, kompetent und qualifiziert zu sein.

Unverständlich wirkt in diesem Zusammenhang die Ignoranz unzähliger Verkäufer und Dienstleister, die bei der Arbeit lieblos rumstümpern und dabei weder dienen noch leisten, obwohl sie an anderer Stelle Dienstleistung sehr wohl für sich einfordern.

Die vielfach gerühmte Dienstleistungsqualität in Amerika ist allerdings auch nicht mehr das, was sie einmal war. In dem Maße, in dem es mit dem Dienstleistungsgedanken besonders in Ostdeutschland bergauf gegangen ist, haben die Amerikaner vielerorts nachgelassen.

Resümierend bleibt festzuhalten: Dienstleistung ist eine Kombination von Kundenwunsch, Befriedigung, Leistung und Dienen.

Wer diese Symbiose beherzigt, zieht Gäste und Kunden an, die dies zu schätzen wissen. Denn die beste Speise im edelsten Lokal wird nicht wieder bestellt, wenn der Gastgeber nicht dient und nichts leistet.

Frage: Honorieren Sie gute Dienstleistung?

Ein Dienstleister, der seine Arbeit als Berufung versteht, spricht auch von seiner Berufsehre. Ein Wert, den so manch populärer Beruf vermissen lässt und der mit diesem Wegweiser jetzt einen Ehrenplatz bekommt!

Ehre

„Es ist besser, in Ehren zu versagen,
als durch Betrug erfolgreich zu sein. "

Sophokles

Ehre bezeichnet die Achtungswürdigkeit eines Menschen. Wer sich unehrenhaft benimmt, bringt Schande über sich und seinen Namen, verliert also seine Achtungswürdigkeit.

In unserem Kulturkreis wird Ehre immer weniger Bedeutung beigemessen. Unehrenhaftes Verhalten wie Wortbruch, Ehebruch und schlechte Zahlungsmoral sind einige Beispiele für den Mangel von Ehrgefühl in unserer Gesellschaft.

Interessanterweise gibt es das Wort „Ganovenehre" und nicht selten wird der Ganovenehre ein höherer Stellenwert beigemessen als bei so manchem „gesellschaftlichen Vorbild".

Heute ist es eher ungewöhnlich, Verträge per Handschlag zu schließen. „Ein Mann, ein Wort" zählt kaum noch. Verträge ersetzen ehrenvolles Verhalten und selbst diese werden nach Gutdünken gebrochen und verletzt. Viele Menschen treiben ihre Ehrlosigkeit so weit auf die Spitze, dass sie nicht nur ihre Partner, Geschäftsfreunde und Mitmenschen belügen, sondern schließlich auch sich selbst. Solange, bis sie in einer Welt des Lugs und

Trugs verharren, in der weder für die Wahrheit noch für deren liebste Begleiterin, die Ehre, Platz bleibt.

Wie Courage ist Ehre etwas, das uns über den Tod hinaus begleitet. Überall auf der Welt findet man Denkmäler von Menschen, die ihrem Namen und der Sache, für die sie standen, Ehre gemacht haben.

Wer seinen Partner hintergeht, Rechnungen nicht bezahlt, Zusagen nicht einhält, lügt und betrügt und sein Wort nicht hält, ist unehrenhaft. Der Schaden, den er anrichtet, ist für andere häufig geringer als für ihn selbst. Letztlich muss er ehrlos mit sich bis ans Ende seiner Tage leben.

Diese energetische Tatsache darf uns nicht nur beruhigen, wenn sich mal wieder ein Geschäftspartner ehrlos verhalten und eine mündliche Zusage gebrochen hat oder ein vermeintlicher Freund geliehenes Geld nicht zurückgezahlt oder uns eines Missverständnisses wegen blockiert hat.

Diese Gesetzmäßigkeit von Aktion und Reaktion betrifft auch die so genannten Volksvertreter, die uns vor der Wahl Dinge versprechen, die sie nach der Wahl nicht einhalten. Politiker, die nicht begriffen haben, dass sie unsere Angestellten sind! Politiker, die den Beruf nicht als Berufung zum Wohle des Volkes, sondern einzig zur Selbstbereicherung, Machterweiterung und sadistischen Drangsalierung derer, die sie einst gewählt haben, nutzen.

Diese ehrlosen Vasallen des Satans müssen sich eines Tages dafür verantworten, was sie den ihnen einst vertrauenden Wählern und Mitmenschen angetan haben.

Das Universum beurteilt, bewertet und vergleicht nicht. Gleichwohl geht Plus und Minus immer auf!

Jede Tat, jede Aktion, jedes Handeln, jedes Unterlassen hat Folgen!

Wer Ehre nur von anderen fordert und dabei selbst ehrlos lebt und handelt, wird früher oder später einen hohen Preis dafür zu zahlen haben. Dabei sind Krankheiten, soziale Ächtung, Einsamkeit und Depressionen zu Lebzeiten die kleinsten Übel!

Zum Leidwesen einer gesunden Gesellschaft empfinden Ehrlose Zeitgenossen ihr Wirken nicht als ehrlos!

Herz- und empathielos werden Familien, Freundschaften, Geschäftsbeziehungen, Partnerschaften und ganze Volksgemeinschaften zerrüttet und zerstört, derweil die ehrlosen Verantwortlichen häufig weder merken, was sie angerichtet, noch wieviel Schuld sie auf sich geladen haben. Das Karma wird auch sie erreichen. Früher oder später!

Frage: Ehren Sie die Ehre?
Auch das Wort Ehre hat einen nahen Verwandten!

Ehrlichkeit

„Ziehe einen Verlust einem unehrlichen Gewinn vor;
das eine bringt augenblicklich Schmerzen mit sich,
das andere für alle Zeit. "
Chilon von Sparta

Das E in dem Wort Erfolg könnte für Ehrlichkeit stehen. Ähnlich wie Ehre verliert auch dieser Begriff immer mehr an Bedeutung. Dabei verlangt jeder, dass ehrlich mit ihm umgegangen wird. Menschen wünschen sich ehrliche Partner, Kunden und Volksvertreter. Ehrlichkeit wird bei anderen vorausgesetzt, ihnen abverlangt und häufig nicht erwidert.

Die Anzahl der Lügen, im täglichen Miteinander soll zwischen 70 und 200 liegen. Die Lüge ist der Zement, der unsere Gesellschaft zusammenhält. Er setzt sich aus den pro-sozialen Lügen zusammen. Werden wir gefragt: „Wie geht es Dir", antworten wir: „Prima", fühlen uns aber nicht so. Hier kommt die pro-soziale Lüge ebenso zum Einsatz wie beim Zubettbringen unserer Kinder: „Wenn Du nicht schnell ins Bettchen gehst, kommt der Sandmann nicht!" Glatt gelogen! Pro-sozial! Diese Form der Unehrlichkeit macht unser Miteinander einfacher bzw. erst möglich.

Es gibt Menschen, die versuchen, immer die Wahrheit zu sagen. Mit gnadenloser Offenheit wird jedem gefragt oder ungefragt die

Wahrheit entgegengeschmettert: „Du hast Mundgeruch!", „Dein Parfum stinkt!", „Deine Haare sind total schuppig!"

Diese Beispiele zeigen, wie notwendig pro-soziale Lügen sind und wie sie unsere Gesellschaft zusammenhalten. Wer möchte mit jemandem zu tun haben, der einem direkt ins Gesicht sagt: „Hey! Du bist total fett geworden, treib mal Sport!"

Im Gegensatz zu den anerkannten, gebräuchlichen, pro-sozialen Lügen steht die dreiste Lüge. Gepaart mit bewusster Unaufrichtigkeit richtet sie großen Schaden an. Oberflächlich nur bei dem Belogenen, in Wirklichkeit aber schadet jede Lüge vor allem dem Lügner und dessen Selbstachtung. Mit jeder Lüge verstrickt er sich mehr in eine Scheinwelt und je größer das Lügengeflecht ist, desto mehr verliert er sich darin.

Lügen haben kurze Beine. Und da helfen dem Lügenden auch keine High-Heels und Strapse zur Verschönerung.

Wer einmal lügt, dem glaubt man nicht, auch wenn er stets die Wahrheit spricht.

Beide Sprichworte zeigen, wie sich der Lügende selbst schadet. Er macht sich unglaubwürdig und verliert das Vertrauen der Gemeinschaft, zudem sinkt mit jeder Lüge seine Selbstachtung. Ehrlichkeit bedingt Mut. Ehrlichkeit macht stark und aufrecht. Sie tut der Seele gut.

Ein Verkäufer, der dem Kunden ehrlich vom Kauf einer Sache abrät, weil sie nicht gut für ihn ist, handelt richtig. Der Kunde wird diese Ehrlichkeit direkt oder indirekt honorieren und den Verkäufer weiterempfehlen und beim nächsten Mal wieder zu ihm kommen. Ein Superverkäufer ist nicht jemand, der den Eskimos Kühlschränke verkauft, sondern dies eben nicht tut. Ehrlichkeit ist die Quelle des Erfolges im Verkauf. Ob wir Waren oder Dienstleistungen anbieten, uns um einen Arbeitsplatz bemühen oder einen Partner suchen. Mit Ehrlichkeit senden wir die kraftvollste Energie für unseren Erfolg.

Wenn Sie nur einen One-Night-Stand möchten, dann seien Sie ehrlich und heucheln Sie keine Liebe vor! Das würden Sie auch für sich selbst einfordern. Wenn Sie einen Job bekommen möchten, zu dem Sie eine Fremdsprache benötigen, derer Sie sich perfekt bedienen können und Sie beherrschen nur deren Grundkenntnisse, dann sagen Sie dies ehrlich. Ihr zukünftiger Arbeitgeber wird von der Kraft der Wahrheit begeistert sein (Wenn das nicht so ist, wäre er auch nicht Ihr Wunsch-Arbeitgeber). Die Sprache können Sie perfektionieren, Ihr Lügengeflecht wird früher oder später auseinanderbrechen und Sie werden Ihren neuen Job verlieren.

Den Mut zur Ehrlichkeit sollten wir auch honorieren, wenn er uns entgegengebracht wird. Bestrafen wir Ehrlichkeit nicht. Selbst wenn uns die Wahrheit nicht gefällt und viele von uns lieber angelogen werden, als ihr ins Auge zu schauen. Viele Tyrannen sind an der Unehrlichkeit ihrer Feldherren zugrunde gegangen. Wissend, dass die Schlacht oder der Krieg nicht zu gewinnen war, haben sie ihren Führern nicht die Wahrheit gesagt, weil sie deren Zorn fürchteten. Aussichtslose Schlachten wurden geschlagen, Menschen getötet und Kriege verloren, weil das Sagen und Anhören der Wahrheit leider oft im Widerspruch zueinander steht (siehe auch „Wahrheit").

Andre Maurois schrieb einst:

„Alles, was mit unseren persönlichen Wünschen übereinstimmt, erscheint uns wahr. Alles andere macht uns wütend."

Als in den 80er Jahren ein deutscher Politiker Plakate kleben ließ mit der Aufschrift „Die Rente ist sicher", war dies zwar zu diesem Zeitpunkt sachlich richtig, zugleich aber auch eine bewusste Täuschung. Die Wähler sollten nicht erfahren, dass sie in absehbarer Zukunft zu wenig Rente bekommen würden. Es wollte auch keiner diese unbequeme Wahrheit hören. Also wurde geschickt gelogen, statt zu sagen: „Die Rente ist sicher, aber wird zum Leben in dieser Höhe nicht ausreichen, bitte sorgen Sie dringend privat vor."

Haben wir Mut zur Wahrheit und erkennen wir sie und ihren Überbringer an. Würdigen wir Menschen, die uns die Wahrheit sagen, so unbequem sie auch sein mag. Nur auf dem tugendhaften Weg der Wahrhaftigkeit findet sich Erfüllung.

Frage: Wie wichtig ist Ihnen die Ehrlichkeit Ihrer Mitmenschen?

Widmen wir uns nun einem Grundübel, dem intimen Partner des Neides.

Eifersucht

Eifersucht ist eine weitverbreitete Unsitte, ein Zeichen von Unsicherheit und Selbstzweifel, die Angst, nicht attraktiv genug zu sein, seinen Partner langfristig an sich zu binden und halten zu können. Diese Angst entsteht, wenn man einen einseitigen Anspruch auf die Körperlichkeit des Partners hat. Der Partner wird Eifersucht als Schwäche deuten und so schafft Eifersucht vor allem eines: Betrug!

Viele Beziehungen sind von der Angst befallen, der Partner könne sich weiterentwickeln und einen selbst zurücklassen, einem aus den Händen gleiten.

Es heißt nicht ohne Grund: bedingungslose Liebe. Liebe ohne Bedingungen. Wer seinen Partner bedingungslos liebt und ihm zugleich Freiheit lässt, ihm damit die Möglichkeit zur Selbstentfaltung und Selbstverwirklichung gibt, der kann eine eifersuchtsfreie, glückliche Partnerschaft leben.

Eifersucht gibt es nicht nur in Ehen oder Partnerschaften. Auch in Freundschaften und Geschäftsbeziehungen ist Eifersucht und dessen Bruder, die Missgunst, allgegenwärtig. Geschäftspartner werden ausgebotet, auch wenn es eigenen wirtschaftlichen Interessen schadet, nur weil man dem Partner oder Mitarbeiter den Erfolg nicht gönnt.

Wahre Freunde werden verstoßen, weil ihre vermeintliche Überlegenheit zu übermächtig geworden ist und es leichter ist, sich zu trennen als an den eigenen Schwächen zu arbeiten.

Eifersucht und Missgunst sind neben Hass und Neid möglicherweise die Charaktereigenschaften, von denen behauptet werden kann, dass sie aufgrund der Masse derer, die sie ihr Eigen nennen, zu den Grundzügen unserer „Zivilisation" gehören.

Wer eifersüchtig, missgünstig, neidisch und hasserfüllt ist, beraubt sich all seiner göttlichen Kräfte.

Wer sich von diesen Gefühlen leiten lässt, hat sich auf einen Weg gemacht, der ihn mit jedem Schritt von wahrem Erfolg, Glück, warmer Harmonie und Liebe entfernt.

Nur wer anderen ihre Erfolge und Stärken von Herzen gönnt und sie beim Erreichen ihrer Ziele unterstützt, ihnen vertraut und nur das Beste wünscht, der kann in Frieden und Harmonie mit sich selbst und seinen Nächsten leben!

Frage: Sind Sie eifersüchtig?

Eines der meistzitierten Worte in der Politik und Wirtschaft ist das folgende Wort.

Erfahrung

Gerne rühmen sich Politiker, besonders vor Wahlen, ob ihrer reichen Erfahrung, die sie besonders qualifiziert.
Wenn in diesem Zusammenhang Erfahrung den ihr zugesprochenen Wert tatsächlich hätte, weshalb gelingt den erfahrenen Politikern nicht die Bewältigung der anstehenden Probleme? Vielmehr wird nach dem Motto agiert: „Das haben wir schon immer so gemacht" oder „Was gestern ging, geht auch morgen noch". Man nennt diese Haltung induktive Kontinuität.

Der Glaube daran, dass es so weitergeht wie bisher.

Dieser Glaube vermittelt ein trügerisches Gefühl von Sicherheit. Induktive Kontinuität gaukelt vor, dass es immer so weitergeht wie bisher. Geht es auch. Bis es nicht mehr weitergeht.

Der Krug geht so lange zum Wasser, bis er bricht.

Die Erfahrung sagt uns, dass der Krug (trotz täglicher Benutzung), die Partnerschaft (trotz täglichen Verschleißes), der Frieden (trotz ständiger Konflikte) die letzten Jahre gut gehalten hat.

Staatsverschuldung, Klimaveränderung, Arbeitslosenquote, Gesundheits- und Steuerreform – keines der Probleme wurde bisher erfolgreich gelöst, trotz aller behaupteten Erfahrungen der Politiker.

2008 stand die Welt der Wirtschaft und damit ganze Volkswirtschaften am Abgrund. Wie wurde agiert? Gar nicht! Es wurde reagiert. Bürger zahlten und bürgten mit ihren schwer verdienten Steuergeldern für die Inkompetenz vieler Bänker und Politiker. Danach wurde weiter gemacht, wie bisher, weil die Erfahrung der Verantwortlichen nichts anderes kannte.

Was bedeutet Erfahrung? Welchen Wert hat Erfahrung? Welcher Bereich in unserem Körper ist für die Erfahrung und deren Bearbeitung zuständig? Unser Verstand!

Dort wird Erfahrung ver- und bearbeitet. Der Verstand stützt sich auf Erfahrungen. Dies sind aber längst vergangene Ereignisse. Verlassen wir uns einzig auf unseren Verstand, bleiben wir in dessen Grenzen, und da der Verstand aus den Erfahrungen der Vergangenheit genährt wird, bestimmt unsere Vergangenheit unsere Zukunft. So sieht die Zukunft dann aus. Um Neues möglich zu machen, lösen wir uns am besten von unseren Erfahrungen. Lassen wir die Vergangenheit los, um nicht länger die Aufgaben von morgen mit den Werkzeugen von gestern bearbeiten zu müssen. Kurt Tucholsky hat geschrieben:

„Erfahrung heißt gar nichts! Man kann seine Dinge auch 35 Jahre lang falsch machen."

Aus Erfahrung kann Wissen erwachsen. Wissen ist aber nicht zwangsläufig Erfahrung. Sie können Ihr Leben lang mit dem Rad um einen See fahren. Sie erfahren den See. Damit hilft Ihnen Ihre Erfahrung aber nicht zu wissen, wie die ganze Welt aussieht.

Damit Sie in Zukunft alles möglich machen können, vertrauen Sie auf Ihre Intuition und Ihren Glauben, nicht allein auf Ihren Verstand. Denn der Verstand ist ein guter Diener, aber ein schlechter Herr!

Die Ingenieure und der Kapitän der Titanic verfügten auch über viel Erfahrung.

Deren praktischen Wert können wir seit dem 15. April 1912, als sich das Passagierschiff um 2 Uhr 20 vom Meeresspiegel verabschiedete und auf den Weg zum Meeresboden machte, wunderbar ermessen.

Erfahrung hat ihren Wert nur so lange, wie wir sie regelmäßig auf die aktuelle Anwendbarkeit prüfen.

Damit Sie sich nicht mehr zum Sklaven Ihrer Erfahrungen machen, verlassen Sie sich mehr auf Ihre Intuition.

Frage: Wie sehr richten Sie sich nach Ihrer Erfahrung?
Schon wären wir beim nächsten bedeutungsvollen Wort.

Entscheiden

„Wenige Menschen denken
und doch wollen alle entscheiden. "
Friedrich der Große

Wenn wir uns für oder gegen etwas entscheiden, dann scheiden wir von etwas. Wir lassen etwas los und nehmen Abschied. Der Mutige, Aktive, Positive, Innovative entscheidet. Der Feige, Passive, Inaktive und Konservative schiebt Entscheidungen auf. Häufig so lange, bis es für Aktionen zu spät ist und er aus der Position des Reagierenden handeln muss.

Der Ritter, der sein Schwert aus der Scheide zog, um eine Entscheidung herbeizuführen, war aktiv und siegessicher. Entscheidungen sind etwas für Macher, Unternehmer und tatkräftige Ritter (siehe auch „Ritterlichkeit").

Entscheidungen (oder auch der Entschluss dazu) sind die Attribute der Sieger. Neudeutsche Looser zaudern und hadern mit notwendigen Entscheidungen so lange, bis es nichts mehr zu entscheiden gibt und ihr Leben von anderen entschieden wird.

Wer sich nicht entscheiden kann, hat Angst loszulassen. Wer nicht loslassen kann, schleppt im Leben unnötigen Ballast mit sich herum.

Loslassen und Trennungen gehören zum Leben wie Geburt und Tod.

Fragen Sie sich doch einmal, was Sie in Ihrem Leben einfach so laufen lassen. Wo Sie schon lange die Entscheidung, loszulassen, aufschieben?

Entscheiden Sie Dinge sofort. Schieben Sie Entscheidungen nicht auf die lange Bank. Wenn Sie bei Entscheidungen ein mulmiges Gefühl haben und ihnen die Entscheidung schlaflose Nächte bereitet, dann entscheiden Sie sich dagegen. Eines sollten Sie jedoch immer tun: sich entscheiden. Dazu gehört auch, sofort nein zu sagen, wenn Sie etwas nicht wollen.

Es bedeutet allerdings nicht, ein Angebot auszuschlagen, das Sie gar nicht kennen, nur um eine Entscheidung zu fällen. Möglicherweise um den Schreibtisch oder ihre imaginäre Festplatte im Gehirn zu entlasten.

Entscheiden Sie sich – nach Kenntnis der Sachlage - für ja oder nein, aber stehlen Sie sich und anderen nicht die Lebenszeit!

Die Angst vor Neuem und Unbekanntem fesselt an Vergangenes. Befreien Sie sich und entscheiden Sie sich für ein freies Leben in der Gegenwart. Wenn Sie sich dazu entschließen, dann ist das Schloss der Fesseln alter überkommener Gewohnheiten geöffnet und Sie werden ein Stück freier und glücklicher.

Frage: Können Sie sich entscheiden?

Sich für oder gegen etwas zu entscheiden, bedeutet manchmal auch, dass wir uns oder andere enttäuschen. Doch jede Enttäuschung ist ein unschätzbarer Schatz auf unserem Weg zur Erfüllung.

Enttäuschung

„Unterstellt man von vornherein,
dass man von einem Menschen wohl enttäuscht wird,
so wird einen dieser auch enttäuschen."
Johann Heinrich Pestalozzi

Mit jeder Enttäuschung ist eine Täuschung zu Ende. Enttäuschungen sind befreiend. Wir unterlagen bis zum Enttäuscht werden einem Trugbild. Wir wurden bisher getäuscht. In dem Wort Täuschung ist der Begriff Tausch enthalten. Die Täuschung bestand möglicherweise darin, dass ein Tauschhandel mit uns selbst oder einem anderen Menschen geplant war, der so nicht zustande kam.

Es wurde von uns etwas unter einer nicht ausgesprochenen Bedingung gegeben und nun sind wir enttäuscht, dass das im Gegenzug Erwartete nicht eingetroffen ist. Möglicherweise war mir oder dem anderen überhaupt nicht klar, was ich erwartet hatte. Lag eine Verwechslung vor, wurde etwas vertauscht?

Täuschung und Tausch laufen im Verborgenen ab, so ist die Enttäuschung immer auch eine Enttarnung.

„Du hast mich enttäuscht." Wie oft sagen wir diesen Satz in unserem Leben? Wie sehr kann uns eine Enttäuschung kränken und verletzen?

In wirtschaftlich angespannten Zeiten stellen viele fest, dass treue Freunde nur Trugbilder sind und sich entfernte Bekannte als echte Freunde entpuppen. Nichts ist so, wie es scheint und deshalb können wir für jede Enttäuschung dankbar sein. Die Täuschung ist zu Ende und wer keiner Täuschung mehr unterliegt, kann glücklicher und zufriedener nach vorne blicken. Das funktioniert am besten dann, wenn wir die Enttäuschung als Chance zum Neubeginn verstehen und nicht als einen Vorwurf einem anderen Menschen gegenüber, den wir für unsere Täuschung verantwortlich machen.

Frage: Haben auch Sie eine Enttäuschung schon einmal als Chance erlebt?

Von den Täuschungen des Lebens befreit, ist der Weg zu beruflichem und persönlichem Erfolg geebnet.

Erfolg

„Jeder Erfolg, den man erzielt, schafft uns einen Feind.
Man muss mittelmäßig sein, wenn man beliebt sein will."

Oscar Wilde

Erfolg kommt von folgen. Die Folge ist die Wirkung einer Ursache. Wenn etwas erfolgt, dann kommt dies von Folgen, Folgsamkeit und Gehorsamkeit. Gehorsam im Sinne von Gehörsam.

Schärfen wir unsere Sinne, unseren Instinkt, steigen die Chancen, erfolgreich zu sein.

Egal, was wir tun oder lassen, wir sind immer erfolgreich. Das klingt paradox, doch an einem kleinen Beispiel wird verständlich, weshalb Handeln immer Erfolg zeigt: Werfen Sie einen Ball in einen Korb, haben Sie Erfolg. Werfen Sie daneben, haben Sie ebenfalls Erfolg.

Es ist in beiden Fällen etwas erfolgt. Jede Handlung zeigt Erfolg. Wir machen uns zuvor klugerweise deutlich, welchen Erfolg wir erzielen wollen, also in diesem Beispiel, nicht daneben zu werfen. Dazu bedarf es der Übung und Ausdauer (siehe auch „Ausdauer").

Wer sein Ziel konsequent im Auge behält und zielorientiert und ausdauernd agiert, wird den erwünschten Erfolg ernten.

Viele Jahre habe ich darüber nachgedacht, wie man die Erfolgsparameter in wenige Worte fassen kann. So, dass es zu jedem Buchstaben des Wortes Erfolg ein erfolgsrelevantes Wort gibt. Am Pool des Sahara Hotels in Las Vegas hatte ich 2003 die Lösung:

Ehrlichkeit

Respekt

Freundlichkeit

Offenheit

Liebe

Glaube (Geduld)

Erfolg stellt sich dann ein, wenn wir **ehrlich** uns selbst und anderen gegenüber sind. Wenn wir nicht nur einander, sondern auch die universellen Gesetze **respektieren**. Wenn wir **Freundlichkeit** im zwischenmenschlichen Umgang walten lassen und **offen** für die Wünsche unserer Mitmenschen und Partner sowie die Veränderungen des Lebens sind.

Wenn wir uns selbst achten und **lieben**, können andere Menschen uns achten und lieben. Unser Erfolgspotential, ganz gleich in welchem Bereich, schöpfen wir am besten aus, wenn wir das, was wir tun, von Herzen gerne tun, es also lieben. Nur wenn wir an uns und unsere Ziele **glauben**, können wir sie erreichen.

Zielorientierter Erfolg schafft uns Freiräume - macht uns frei.

Frage: Schöpfen Sie Ihr Erfolgspotential im Sinne der Erfolgsparameter voll aus?

Das nächste Wort ist ein perfektes Beispiel dafür, wie unterschiedlich wir Worte definieren. In praktisch jeder Talkshow, besonders in denen mit Politikern unterschiedlicher Couleur, wird über die Definition von Worten gestritten. Häufig dienen diese Diskussionen einzig dem Zweck, den politischen Gegner zu erniedrigen und sich moralisch über ihn zu stellen. Häufig finden die Diskussionen in Unkenntnis der korrekten Definition des strittigen Wortes statt. Darin liegt eine der Ursachen, weshalb jeder Mensch Worte individuell versteht und assoziiert. Ein Beispiel ist das nächste Wort.

Freiheit

„Wer Freiheiten aufgibt, um Sicherheiten zu gewinnen,
verdient weder Freiheit noch Sicherheit."
Benjamin Franklin

Fragen Sie einen 85-jährigen Menschen in Deutschland, wie er Freiheit definiert. Möglicherweise würde er Freiheit mit folgenden Attributen versehen:
(2010 dachte ich bei diesem Beispiel an bestehende Werte. 2021 sind es verlorene Freiheiten).

* Meinungsfreiheit
* Wahlfreiheit
* Reisefreiheit

Fragen Sie nun dessen 15-jährigen Enkel. Sicher würde dieser Freiheit völlig anders verstehen:

* Die Freiheit, Schularbeiten nicht mehr machen zu müssen.
* Die Freiheit, abends so lange aufzubleiben, wie er möchte.
* Die Freiheit, die Filme im Fernsehen anzuschauen, die er nicht sehen darf.

Ein und dasselbe Wort, zwei völlig verschiedene Definitionen. Es ist sinnvoll, sich vor einer Diskussion über Dinge und Begriffe mit den Gesprächspartnern auf die exakte Definition der Diskussionsgrundlage – der zu diskutierenden Worte – zu verständigen.

Freiheit hat für jeden einen hohen Wert. Freiheit kommt von frei. Frei hat seine Wurzel im indogermanischen „präi". Präi bedeutet, gern haben, lieben, schützen. Ein freier Mensch lebt mit dem Gefühl, geliebt und beschützt zu sein. Vertrautheit, Vertrauen, Liebe und Geborgenheit sind das Fundament unserer mentalen (geistigen) Freiheit. Ohne Liebe und Sicherheit ist unser Geist mit der ständigen Organisation der Unfreiheit beschäftigt. Der unfreie Geist beschäftigt sich mit der Verteidigung vor vermeintlichen Angriffen oder ist auf der Suche nach Anerkennung.

Dessen ungeachtet ist Freiheit nur eine Momentaufnahme in unserem Leben. Dinge oder Lebenssituationen, die wir heute als Freiheit empfinden, mögen uns morgen zur Last werden.

Der Traumwagen, den wir uns in wirtschaftlich prosperierenden Zeiten leisten, macht uns frei und glücklich. Derselbe Wagen kann bei plötzlicher Arbeitslosigkeit oder dem Bankrott der eigenen Firma kurze Zeit später zum Ballast werden. Der Wagen macht uns plötzlich unfrei.

Freiheit hat nur dann ihren Wert, wenn sie nicht auf Kosten anderer und im Einklang mit der „Schöpfung" gelebt wird.

Freiheit ist eines der wertvollsten Güter. Sie ist weder selbstverständlich noch gibt es sie umsonst. Freiheit muss jeden Tag aufs Neue erarbeitet werden. Goethe schrieb:

„Nur der verdient sich Freiheit wie das Leben, der täglich sie erobern muss"

In unserer Partnerschaft wie im gesellschaftlichen Miteinander.

(Wer tief Luft holt, sich zurücklehnt und einen Augenblick in Gedanken an seine Freiheit innehält, wird zu dem Schluss kommen, dass er in unserer Welt die größte Freiheit aller Zeiten genießt. Wer sich in der freien westlichen Gesellschaft unzufrieden durchs Leben schleppt und voller Selbstmitleid ob der Dinge ist, an denen es ihm vermeintlich mangelt, wer ein Gefühl der Unfreiheit empfindet, der hat sich von der Realität schon so weit entfernt, dass er tatsächlich unfrei und gefangen ist. Er wurde zum Gefangenen einer medialen Gehirnwäsche.

Die freiheitlichen Werte, für die in unzähligen Kriegen Menschen gestorben sind und für die heute noch weltweit Millionen Menschen in Gefängnissen und Internierungslagern festgehalten werden, diese Werte sind für uns so selbstverständlich geworden, dass wir sie kaum noch wahrnehmen. Viele fühlen sich unfrei, weil sie den Traumwagen, das Traumhaus oder die Traumreise nicht haben.)

Den Textblock habe ich in Klammern gesetzt, weil ich zu dem, was ich 2010 schrieb, heute nicht mehr unkommentiert stehen kann. Hin und wieder finde ich bei der Bearbeitung meines Buches für die zweite Auflage Textpassagen, bei denen ich nicht weiß, ob ich lachen oder weinen soll. Die Freiheit, die ich 2010 noch zu sehen glaubte, ist 2021 nur noch in meiner Erinnerung zu finden.

Unfreiheit wird empfunden, wenn wir früh aufstehen und zur Arbeit gehen müssen oder unser Chef uns unbequeme Anweisungen erteilt. Wie viele Menschen würden sich mit unserem Job freier fühlen? Oder gerne für einen Arbeitgeber Anweisungen ausführen und dafür die Freiheit eines festen Arbeitsplatzes erhalten?

Sie sehen, Freiheit wird von jedem anders empfunden und immer tagesaktuell definiert. Die Freiheit im Sinne des großen Ganzen in unserer Gesellschaft bedarf des Schutzes. Um unser aller Freiheit zu sichern, sind einige Parameter zu beachten.

Das Wahlrecht ist eine der Freiheiten, über die wir frei verfügen können. Meinungsfreiheit behält nur solange ihren Wert, wie wir sie tagtäglich anwenden können. Sagen wir couragiert unsere Meinung.

Geben wir unseren Mitmenschen die Freiheit, zu denken und zu sagen, was sie möchten, und verurteilen wir niemanden dafür, sich die Freiheit genommen zu haben, anderer Meinung als wir zu sein und andere Werte zu leben. Freiheit ist

wahre Freiheit, wenn wir sie uns und niemals zu Lasten anderer nehmen.

Diese Zeilen sollten sich vor allem jene Politiker und Medienvertreter zu Herzen nehmen, die immer von Toleranz schwafeln und gegen Hass und Hetze schwadronieren! Sie sind es häufig, die weder andere Meinungen tolerieren noch erkennen, wie hasserfüllt sie gegen andere Gedanken, Lebenseinstellungen und Meinungen agieren. Tief verwurzelt in dem Irrglauben, ihre Meinung sei die einzig wahre und sie stünden damit auf einer moralisch überlegenen Seite.

Doch Freiheit obsiegt langfristig immer und schon Sartre schrieb:

„Wir sind verdammt zur Freiheit".

Frage: Wie frei sind Sie?

Nehmen wir uns die Freiheit, die Freundlichkeit zu begrüßen.

Freundlichkeit

„ Vergiss Kränkungen,
aber nie Freundlichkeiten. "
Konfuzius

Mark Twain sagte über die Freundlichkeit:

„*Freundlichkeit ist die Sprache, die Taube hören und Blinde lesen können. "*

Deshalb ist Freundlichkeit so wichtig auf der Reise durch unser Leben. Mit Freundlichkeit erreichen wir die Herzen anderer, praktisch kein Wunsch bleibt unerfüllt, den wir mit herzlicher Freundlichkeit vortragen. Manchmal wird unserem Wunsch nicht direkt an Ort und Stelle entsprochen, aber dank der positiven Energie unserer Freundlichkeit setzen wir an anderer Stelle die Voraussetzung für die Erfüllung unseres Wunsches.

Freundlich sind wir nicht für andere, sondern zunächst für uns selbst. Unfreundlichkeit ist ein Zeichen von Unsicherheit, Unverständnis oder Ignoranz. Wer sein Gegenüber unfreundlich behandelt, strahlt negative Energie aus und die fällt meist schnell auf den Sender zurück.

Wie es in den Wald hineinschallt, so schallt es heraus.

Wie wir anderen Menschen begegnen, so verhalten sie sich uns gegenüber.

Traurigerweise wird Freundlichkeit häufig als Schwäche gedeutet und Unfreundlichkeit als vermeintliche Stärke.

Wer selbstbewusst ist und in sich ruht, kann freundlich und stark zugleich sein. Herzliche Freundlichkeit ist Stärke. Mit ihr öffnen wir, wie mit einem unsichtbaren Schlüssel, die Tür zu den Herzen der Menschen. Die Tür, dessen Schloss wir mit Herzlichkeit nicht öffnen können, sollten wir auch nicht mit unfreundlicher Gewalt aufbrechen. Hinter ihr verbirgt sich bestenfalls kalte Leere.

Stellen Sie sich vor, ab heute würden sich alle Menschen freundlich begegnen, Unfreundlichkeit mit einem Lächeln honorieren und Geschrei und Gezeter mit ruhigen, wohlwollenden Worten erwidern. Wie viel friedvoller und harmonischer würden wir leben? Wir wären entspannter und gelassener und diese Aura übertrüge sich automatisch auf unser Umfeld. Wie bei vielen Dingen ist auch konsequente Freundlichkeit trainierbar. Nur tägliche Übung macht den Meister. Gelegentlich allerdings fehlt so manchem die Kraft und Lust zum Sport oder eben zur gelassenen Freundlichkeit. Seien Sie weder anderen noch sich selbst gegenüber zu streng. Sie wissen nicht, weshalb Ihr Gegenüber unfreundlich ist. Dazu eine Geschichte:

Ich fuhr vor ein paar Jahren mit der Bahn von Warschau nach

Berlin. In meinem Abteil befand sich ein Vater mit seinen zwei Kindern. Die ganze Zeit schrien die Kinder, sie tobten, hüpften auf den Sitzen hin und her und ihr Vater blickte teilnahmslos aus dem Fenster. Nach einigen Stunden verlor ich meine Gelassenheit und fuhr ihn harsch an: „Können Sie Ihren Kindern nicht bitte mal sagen, dass das hier kein Spielplatz ist?"

Der Mann sah mich zornig an und sagte betont unfreundlich und lakonisch in gebrochenem Deutsch: „Halts Maul!"

Es gibt selten Momente in meinem Leben, in denen ich sprachlos bin. Dies war so einer. Verblüfft verließ ich gemeinsam mit meiner Sprachlosigkeit das Abteil.

In den darauffolgenden Stunden ärgerte ich mich, dass ich wegen des unfreundlichen Vaters die Contenance verloren hatte. Kurz vor Berlin kam der Mann zu mir und entschuldigte sich. Er tat dies mit Tränen in den Augen und stockender Stimme. Er berichtete mir, dass in der Nacht zuvor seine Frau, die Mutter der Kinder, überraschend gestorben sei und er nicht ganz bei Sinnen gewesen war.

Die Geschichte zeigt, dass wir Unfreundlichkeit nicht persönlich nehmen sollten. Sie ist nur eine Momentaufnahme und unsere Situationseinschätzung kann unangemessen sein.

Frage: Mögen Sie freundliche Menschen?

Es wäre ein Fehler, Unfreundlichkeit mit Unfreundlichkeit zu begegnen. Und schon wären wir bei einem neuen, wunderbaren und bedeutungsschweren Wort.

Fehler

Fehler sind etwas Wundervolles und für jeden neuen Fehler, den wir begehen, sollten wir dankbar sein. Durch Fehler, die Einsicht in diese Fehler und die sich daraus ergebenden Lernprozesse entwickeln wir uns weiter. Es gibt Zeitgenossen, die sagen: „Endlich habe ich ausgelernt". Wow! Mit 19 Jahren ausgelernt! Toll! Ist das erstrebenswert, in so jungen Jahren ausgelernt zu haben? Bei genauerer Betrachtung der Probleme dieser Welt kann als bewiesen gelten, dass die meisten wirklich mit 19 ausgelernt haben. Und wer ausgelernt hat, macht keine Fehler. Er hat alles gelernt und nichts vergessen.

Wenn wir uns die weltpolitischen Probleme seit 1970 anschauen, erkennen wir, dass die politisch Verantwortlichen seit langem fest davon überzeugt zu sein scheinen, nichts dazulernen zu müssen.

- Hat die Ölkrise zum intelligenteren Umgang mit fossilen Brennstoffen geführt?
- Hat sich zwischen Israel und den Palästinensern ein vertrauensvolles und friedliches Miteinander entwickelt?
- Wurden Hungersnot und Trinkwassermangel für Milliarden Menschen beseitigt?

- Kennt man die Ursachen für den internationalen Terrorismus und hat ihn besiegen können?
- 2020 wurden weltweit 1.2 Billionen Euro für Rüstung ausgegeben. Wurde die Welt dadurch friedlicher?
- Gehen die Weltreligionen sensibler miteinander um?

Dies sind nur Fußnoten aus den Nachrichten dieser Welt, die sich seit Jahrzehnten nicht oder nur marginal verändert haben. Hier entscheiden Regierungen, Gruppen und Einzelne über die Geschicke ganzer Nationen und der ganzen Welt. Selbst wenn das Handeln dieser Mächtigen nachweislich falsch ist, wird kaum um- oder weitergedacht. Es scheint bei vielen Politikern die Meinung vorzuherrschen, man brauche Fehler nur oft genug zu wiederholen, um aus ihnen nichts lernen zu müssen.

So gut Fehler sind, so wichtig ist es, sie zu erkennen und aus ihnen zu lernen.

Wer sich nicht eingesteht, etwas falsch gemacht zu haben, kann sich nicht entwickeln und wird weder sein Potential entwickeln noch seine Ziele erreichen. Wobei sich in der Weltpolitik die Frage stellt, ob die Volksvertreter überhaupt das Ziel haben, Frieden zu schaffen, Alternativenergien zu forcieren oder Juden und Moslems miteinander auszusöhnen. Es ist en vogue, auf einen Fehler sofort und reflexartig mit „Ja, aber" zu reagieren. „Wir" verstehen negative Kritik anderer „häufig" als persönliche Beleidigung, wenn nicht als Angriff (siehe auch „Kritik" / „Wahrheit" / „Kommunikation").

Wenn wir auf einen Fehler aufmerksam gemacht werden, können wir danke sagen.

Das hilft uns bei der Korrektur des Fehlers und damit bei unserer Entwicklung auf dem Weg durch das Leben. Haben wir etwas falsch gemacht, sagen wir danke und entwickeln uns weiter. Hat sich unser Kritiker geirrt und wir haben keinen Fehler gemacht, dann grollen wir ihm nicht. Freuen wir uns und seien wir dafür dankbar.

Wer einen Fehler begeht und zu ihm steht, ist stark.

Schwäche zeigt sich im Verdrängen und Negieren von Fehlern. In unserer Gesellschaft wird alles bis zum sprichwörtlichen Erbrechen ausdiskutiert, anstatt einfach mal zu sagen: „Ja, ich habe einen Fehler gemacht!"

„Wir" sehen die Fehler gerne bei anderen, aber selten dort, wo es naheliegend wäre. Bei uns selbst. In Matthäus 7, Vers 3 steht:

Warum kümmerst Du dich um den Splitter im Auge deines Bruders und bemerkst nicht den Balken in deinem eigenen.

Wer Fehler macht, aus ihnen lernt und bereit ist, zu ihnen zu stehen, wird sich im Spiel des Lebens auf der Gewinnerseite wiederfinden.

Große Achtung können wir vor Menschen haben, die zu ihren Fehlern stehen.

Ihnen sollten wir Respekt und Anerkennung zollen und nötigenfalls Vergebung und Vertrauen (siehe auch „Vergebung" / „Vertrauen") schenken.

Frage: Können Sie zu Ihren Fehlern stehen?

Vertrauen ist die Grundlage für den nächsten Begriff.

Freundschaft

„Freundschaft ist die Blüte eines
Augenblicks und die Frucht der Zeit. "
Friedrich Nietzsche

Als Freundschaft wird gegenseitige Sympathie und Vertrauen zweier Menschen zueinander bezeichnet. Freundschaft unterscheidet sich von der Liebe zweier Menschen durch die Abwesenheit der Sinnlichkeit.

Kaum ein Begriff wird so häufig missverstanden und vergewaltigt wie das Wort Freundschaft. Besondere Aufmerksamkeit können wir denjenigen entgegenbringen, die uns sofort als ihre Freunde bezeichnen, denn Freundschaft ist wie eine zarte Pflanze. Sie bedarf der Zeit, Pflege und Aufmerksamkeit, um zu dem heranzuwachsen, was es verdient, als wahre Freundschaft bezeichnet zu werden.

Die Vorstufe ist die als positiv empfundene Bekanntschaft. Der Bekannte wird zum guten Bekannten und dann zu einem Freund, um schließlich mein Freund zu werden.

Die Bezeichnung mein bester Freund oder meine beste Freundin eröffnet die Frage, wie sich das für den zweit- oder drittbesten Freund, die viertbeste Freundin anfühlt?
Wahre Freundschaft gibt es nur bedingungslos. Ein Freund ist ein

Freund und derer haben wir im Leben bestenfalls eine Handvoll. Den Wert eines Freundes erkennen wir nicht in den guten, satten Jahren. Der wahre Freund zeigt sich, wenn es uns schlecht geht, wir krank sind, depressiv sind oder wirtschaftliche Sorgen haben. Hier gilt vor allem eines:

Bei Geld hört Freundschaft nicht auf. Bei Geld zeigt sie sich.

Freundschaft ist keine Einbahnstraße. Für Geben oder Nehmen wird nichts verlangt. Freundschaft bedingt Loyalität. Echte Freunde verhalten sich deshalb auch loyal, wenn sie geschäftlich miteinander zu tun haben.

Denn gerade Freundschaft, die über den privaten Kontakt hinaus geht und mit monetären Interessen einherkommt, verlangt nach unbedingter Loyalität. Diese Loyalität zeigt sich im Besonderen dann, wenn uns ein Freund enttäuscht oder wir von Dritten Dinge erfahren, die unsere Freundschaft in Frage stellen. Wahre Freunde sprechen aber nicht übereinander, sondern miteinander. Missverständnisse können nur im direkten Gespräch geklärt werden und Fehler werden nur durch ihre Offenbarung erkannt und können so beim nächsten Mal vermieden werden.

Wer einen Freund aufgrund eines Fehlers oder wegen des Hörensagens „ausschaltet" wie ein Elektrogerät, der hat sich dem Geist wahrer Freundschaft nicht würdig erwiesen. Denn wahre Freundschaft kennt keinen Ausschalter.

Ehrliche Freundschaft zeigt sich in den Lebenskrisen und Stimmungsschwankungen.

Das wohlig warme Gefühl echter, bedingungsloser Freundschaft ist dem Gefühl der Liebe artverwandt und wie die Liebe bedarf auch Freundschaft des Hegens und Pflegens. Freundschaft ist ein Gut, dessen Wert viele erst dann zu schätzen wissen, wenn sie es nicht mehr besitzen, die Freundschaft erkaltet ist.

Bei manchen Freundschaften handelt es sich aber nicht um selbige, sondern um verquaste Geschäftsverhältnisse. Einer gibt immer und der andere nimmt nur. Hier sollte sich der Gebende fragen, ob er es nötig hat, Freunde zu kaufen. Diese Form der „Freundschaft" ist möglicherweise gängiger als die meisten glauben würden. Sie hat aber mit dem Begriff der Freundschaft weniger zu tun als mit dem der käuflichen Liebe, nur ist letztere für den Zahlenden oft befriedigender, günstiger und ehrlicher.

Ein gekaufter Orgasmus kann zudem nachhaltiger Freude spenden als eine bezahlte Enttäuschung

Der inflationäre Einsatz des Wortes Freundschaft ist, ähnlich wie der Begriff Liebe, dem Zeitgeist geschuldet (wer hat die meisten „Freunde" auf Facebook?).
Die deutsche Sprache wird immer schlampiger, liebloser und oberflächlicher benutzt. In einer Zeit, in der dasselbe und das gleiche nicht mehr unterschieden werden, wundert es nicht, dass

Weggefährten oder Kumpel zu besten Freunden ernannt werden, nur um sich nach einiger Zeit als das herauszustellen, was sie tatsächlich sind: falsche Freunde. Was man häufig schon daran erkennt, wie sich diese Freunde selbst achten. Aristoteles hat über die Freundschaft gesagt:

„Wie jeder zu sich selbst, so verhält er sich auch zu seinem Freunde."

Frage: Sagen oder zeigen Sie Ihren Freunden von Zeit zu Zeit, dass Sie deren Freundschaft wertschätzen?

Die korrekte Benutzung unserer Sprache schützt uns vor Missverständnissen. Wer den Begriff Freund vorschnell und inflationär anwendet, begründet Ansprüche bei anderen und an andere, denen weder die in Anspruch Genommenen noch die in Anspruch Nehmenden gerecht werden.

Hier findet dann ein Wort wieder seinen Einsatz: Enttäuschung! Ersparen wir uns und anderen die Täuschung und hüten unsere Freunde als das, was sie sind: als einen Schatz, dessen Qualität durch die Quantität nicht steigt.

Nach dem F kommt das G und hier gibt es ein Wort, dessen täglicher Gebrauch weltweit milliardenfach betrieben wird.

Gebet

„Niemand unter den Sterblichen ist so groß, dass er nicht in ein Gebet eingeschlossen werden könnte."

Bertold Brecht

Abgeleitet vom deutschen Verb bitten gehört beten, also das Gebet, für viele zum täglichen Ritual.

Als Verb mit der Betonung auf der ersten Silbe fordert das Gebet zum Geben auf.

Beten kann auch eine Form des Dankens sein. Im christlichen Sinn war Beten ein Flehen und Betteln um Dinge, an denen es dem Betenden mangelte. Bei dieser Form des Gebets wurde sich auf den Mangel konzentriert und so das Gegenteil von Fülle erreicht. Konzentrieren wir also unsere Gebete auf Erfüllung, Reichtum und Positives, wird uns Erfüllung, Reichtum und Positives zuteil. Die Regel könnte lauten: Loben, bitten und danken! Das Gebet ist für viele der Abschluss des Tages. Noch einmal werden vor dem Schlafengehen der Tag und dessen Segnungen rekapituliert und dafür gedankt.

Gebetet wird traditionell in allen Weltreligionen. Das Gebet wird von gläubigen Christen ebenso praktiziert, wie von einigen bekennenden Atheisten.

Frage: Ist für Sie das Gebet eine Fürbitte oder Danksagung?

Es gibt Studien, die feststellen, dass Betende gesünder und länger leben. Hier lässt sich ein Zusammenhang zwischen positiven Glaubenssätzen und Gebet vermuten. Womit wir, passend zum Gebet, beim Glauben wären.

Glaube

„Glaube ist eine Art von sechstem Sinn, der wirksam wird, wenn die Vernunft versagt."
Mahatma Gandhi

Mit Glauben können Sie in Ihrem Leben alles möglich machen. Können Sie sich das vorstellen? Sie erreichen in Zukunft alles, was Sie möchten. Sie können zum Beispiel Ihren Traumpartner finden, Ihre Traumreise antreten, und wenn Sie möchten, einen Beruf ausüben, zu dem Sie sich tatsächlich berufen fühlen und bei dem Sie täglich Freude an Ihrer Arbeit haben. Alles, was Sie möchten, können Sie mit Ihrem Glauben erreichen. Allerdings mit einer kleinen Einschränkung. „Aha", werden Sie jetzt vielleicht denken, „wusste ich es doch", da musste ja ein Haken sein. So einfach kann es ja nicht sein, dass plötzlich alles möglich ist. Und doch ist es einfach. Um alles zu erreichen, was Sie sich wünschen, hilft ein Blick in die Bibel.

Selbst für Menschen, die sich keiner oder einer anderen Religion als der Christlichen zugehörig fühlen, ist die Bibel eine spannende und lehrreiche Lektüre. Hier steht bei Markus 9, Vers 23:

Alle Dinge sind möglich dem, der da glaubt.

Der Glaube ist ein Schlüssel zum Erfolg. Ein Weg, um die Dinge, die wir uns wünschen, möglich zu machen. Nur wenn wir an unsere Ziele und Wünsche ernsthaft glauben, können wir sie erreichen.

Die meisten Menschen glauben zu sehr an den praktischen Wert des Wissens und wissen zu wenig vom praktischen Wert des Glaubens.

Man sollte Glauben nicht mit für–wahr–halten verwechseln. Ein Beispiel: Sie warten auf den Bus und glauben, dass er wie immer pünktlich an der Haltestelle ankommen wird, weil er zwei Straßen zuvor losfährt und noch nie zu spät gekommen ist. Das ist jedoch nur eine Vermutung und hat mit Glauben nichts zu tun. Der Bus kann pünktlich kommen oder nicht. Glauben hingegen ist die unerschütterliche Gewissheit, dass etwas so oder so kommen wird. In diesem Kontext ist es spannend zu hören, was Jesus Christus dazu gesagt hat:

„Dir geschehe nach Deinem Glauben."

Und jedes Mal, wenn er jemanden geheilt hatte und dieser sich dafür bedanken wollte, sagte er: „Dein Glaube hat Dich geheilt."

Wie kraftvoll unser Glaube, unsere Gedanken sind, beweist das Phänomen des Placebos! Darüber gibt es unzählige wissenschaftliche Studien und viele von uns kennen Geschichten aus dem Freundes- und Bekannten-Kreis, die die Wirksamkeit von Placebos belegen. Ich hatte vor kurzem eine spannende Unterhaltung mit einer Frau, die mit ihrer Mutter in den Urlaub fliegen wollte. Leider war ihre Mutter noch nie in ihrem Leben geflogen, weil sie panische Flugangst hatte. Die Tochter stellt sie aber vor vollendete Tatsachen, weil sie den Urlaub als Überraschung gebucht hatte. Als die Mutter erklärte, sie könne nicht in ein Flugzeug steigen, gab die Tochter ihr eine große Tablette. Ein sehr starkes Beruhigungsmittel.

Die Mutter nahm die Tablette und schon nach wenigen Minuten war sie ganz ruhig und gelassen. Der Hin- und Rückflug waren entspannt und angstfrei. Nach der Reise bedankte sich die Mutter bei ihrer Tochter für die Reise und erklärte, dass sie ohne diese starken Beruhigungsmittel die Flüge sicher nicht überstanden hätte. Sie noch nie so gelassen und entspannt gewesen wäre.

Die Tochter nahm ihre Mutter in den Arm und lächelte. Danach erklärte sie ihr, dass sie lediglich 1.000mg biologisches Vitamin C zu sich genommen hätte.

Aus den USA wird eine Geschichte erzählt, die uns besonders eindrucksvoll die Macht und Kraft unserer Gedanken, unseres Glaubens dokumentiert!

Ein zum Tode Verurteilter sollte auf dem elektrischen Stuhl hingerichtet werden, keine sonderlich schmerzfreie Todesart. Zu ihm kam aber ein Wissenschaftler und bot ihm an, ihn völlig schmerzfrei ins Jenseits zu befördern. Er erklärte dem Delinquenten, dass er ihm einen kleinen Schnitt an dessen Pulsader setzen würde und er so langsam und schmerzfrei ausbluten würde. Der zum Tode Verurteilte willigte ein und wurde tags darauf auf einer Liege fixiert.

Dann setzte der Arzt einen kleinen, flachen Schnitt an der Pulsader. Deutlich hörte man wie das Blut in eine große Metallschale unter der Liege tropfte. Der zum Tode Verurteilte konnte jeden einzelnen Tropfen mitzählen. Mit jedem Tropfen wurde er blasser. Schließlich beschleunigte sich der Puls mehr und mehr und als das Tropfen nachließ und schließlich stoppte, hörte auch das Herz des Verurteilten auf, zu schlagen. Er starb völlig schmerzfrei, wie es ihm versprochen wurde.

Allerdings hatte der Wissenschaftler gar nicht die Vene geöffnet. Er hatte nur einen kleinen Schnitt in die Epidermis, die Oberhaut gemacht. Das tropfende Blut war in Wahrheit Wasser, welches unter der Liege durch einen Schlauch in die Schale tropfte und mittels eines Ventils vom Arzt reguliert wurde.

Der zum Tode Verurteilte starb deshalb, weil seine Gedanken Realität erschaffen hatten. Ihm geschah nach seinem Glauben! Placebo at its best.

Derlei Geschichten gibt es zuhauf, manche sind erfunden und viele sind tatsächlich so geschehen. Fakt ist: Wir entscheiden mit unseren Gedanken und unseren Glaubenssätzen darüber, ob wir gesund, glücklich, erfolgreich und geliebt sind.

In diesem Kontext zeigt sich auch, wie unverantwortlich und fast schon verbrecherisch die Schockbilder auf Zigarettenschachteln sind oder die Propaganda zur „Pandemie" 2020/ 2021.

Auf dem Höhepunkt der Aids-Welle in den 1980er-Jahren, als uns in allen Medien das Aussterben der menschlichen Rasse durch Aids prognostiziert wurde, gab es dutzende Fälle in denen Patienten aids-typische Symptome ausbildeten, aber in Wirklichkeit völlig gesund waren. Die Macht unseres Glaubens macht alles, was denkbar ist, möglich! Allerdings nur für diejenigen, die daran glauben!

Es handelt sich um ein geistiges Gesetz! Jeder fügt sich in das Schicksal, an das er glaubt, von dem er innerlich zutiefst und unerschütterlich überzeugt ist. Wenn wir von einer Sache fest überzeugt sind, dann stellen wir uns den Zustand, an den wir glauben, so intensiv vor, dass er sich früher oder später manifestiert und aus der Vision Realität wird. Einfach gesagt:

Wissen stellt Tatsachen fest. Glaube schafft Tatsachen.

Wenn Sie von Ihrem Ziel unerschütterlich überzeugt sind, dann haben Sie das Bild dieses Endzustandes vor Augen. Damit setzen Sie permanent eine Ursache dafür und so muss das Außen in Erscheinung treten. Umgekehrt gilt: Wenn Sie dieses innere Bild nicht haben, dann kann das Angestrebte außen trotz aller Intelligenz, allem Fleiß, Engagement und Willen nicht in Erscheinung treten. Deshalb ist es klug zu überlegen: Wovon sind Sie innerlich wirklich überzeugt? Dieser innere Glaube arbeitet für Sie oder gegen Sie. Ihr Zweifel ist dabei auch eine Art von Glauben.

Der Zweifel arbeitet immer gegen Sie.

Sie sollten Ihren Glauben bestimmen, denn Ihr Glaube ist das zuverlässigste Mittel gegen Misserfolg.

Nehmen Sie sich heute Abend Zeit und überlegen Sie in Ruhe, wann Sie das letzte Mal wirklich von Herzen an etwas geglaubt haben! Nicht an eine Sache oder ein Ziel, das Sie einfach nur für wahrscheinlich hielten, sondern wovon Sie aus tiefster Überzeugung und ohne jeden Zweifel wussten, dass es sicher so kommen wird.

Bestimmt fallen Ihnen Situationen in Ihrem Leben ein, wo Sie Ihr Glaube nicht enttäuscht hat, und das eintraf, wovon Sie von Anfang an überzeugt waren. Aber wie lernt man glauben? Vor langer Zeit glaubten die Menschen noch an vieles. Heute tun wir so, als habe Glauben nichts mit unserem realen Leben zu tun, sondern gehöre einzig in den Bereich der Religion.

Wir denken, dass glauben ausschließlich etwas für religiös Gläubige sei. Damit hat der Glaube, von dem ich spreche, nichts zu tun. Er bestimmt unseren Alltag. Wenn wir ihn wieder erlernen wollen, dann brauchen wir dafür jeden Tag ein paar kleine Schritte und viel Übung im Glauben. Wenn wir alles auf einmal erreichen und sofort an all unsere Ziele glauben wollen, wird dies kaum funktionieren. Wir werden zunächst nicht daran glauben, haben deshalb Misserfolg und sagen uns: „Ich wusste ja, dass es bei mir mit dem Glauben nicht funktioniert, dass es ein Misserfolg werden würde, war doch klar!"

Frage: Woran glauben Sie?

Viele Menschen glauben an etwas, das gar nicht existiert. Trotzdem geschieht ihnen nach ihrem Glauben, und so tritt in ihr Leben, was vor ihrem Glaubensbekenntnis überhaupt nicht vorhanden war. Kurz und knapp: Die meisten glauben, sie seien unglücklich und werden es dann auch. Dabei könnten sie glücklich und zufrieden sein. Schon wären wir beim nächsten G-Wort.

Glück

„Wenn Ihr glaubet, glücklich zu
sein, so wäret ihr es auch."
Voltaire

Glück hat für jeden eine andere Bedeutung. Als Glück kann die
kühle Wasserquelle im Wald empfunden werden, wenn man während eines langen Waldlaufs Durst verspürt. Glücksgefühle kann
das Lächeln eines Fremden auslösen oder der Blick eines geliebten Menschen. Albert Schweitzer hat dazu einmal bemerkt:

***Viele Menschen wissen, dass sie unglücklich sind. Aber noch
mehr Menschen wissen nicht, dass sie glücklich sind.***

Wer glücklich ist, gehört zu denen, die ihr Leben selbst gestalten. Das Leben in die eigene Hand nehmen. Nicht als Opfer der
Umstände dahinvegetieren, sondern als Schöpfer anpacken und
optimistisch, positiv und fokussiert im Hier und Jetzt leben.

**So wie es keinen Dauerorgasmus oder eine Dauererektion gibt,
kann auch Glück nicht als Dauerzustand erreicht werden.**

Glück als Normalzustand wäre selbstverständlich und nicht mehr
als Glück wahrzunehmen.
Wie glücklich kann ein Stück trockenes Brot nach einer zehntägi-

gen Fastenkur machen? Nur durch Entbehrungen lernen wir das offensichtliche Glück in unserem Leben wieder zu schätzen. Das Glück, medizinisch versorgt zu sein, glücklich in ein Zuhause zu kommen. Das Glück, Essen und Trinken zu haben oder einen guten Freund. Glücksmomente sind allgegenwärtig. Wir brauchen sie nur aufzunehmen.

Ramin Raygan hat ein Glückstagebuch entwickelt. Hier trägt man am Abend drei Glücksmomente des vergangenen Tages ein und zudem drei gewünschte Glücksmomente für den nächsten Tag. Auf wunderbare Weise wird man so der glücklichen Momente des Lebens gewahr. Plötzlich stellt man abends fest, dass es mehr als drei glückliche Momente am Tag gab. Ebenso schnell lernt man mit dem Glückstagebuch, glückliche Momente für den nächsten Tag zu kreieren und dann entspannt einzuschlafen. Wissend, dass das Glück bereits am nächsten Tag wartet.

Jeder Mensch hat das Potential als Glückspilz zu leben.

Die schönste Form des Glücks ist die des Gebens. Machen Sie andere Menschen durch eine kleine oder große Freude glücklich. Sie werden schnell erleben, dass es nichts Schöneres gibt, als andere Menschen zu beschenken – was nicht zwingend materielle Geschenke sein müssen – und damit sich selbst glücklich zu machen. Dazu ein Zitat von George Bernard Shaw:

„Es ist nicht schwer, Menschen zu finden, die mit 60 Jahren

zehnmal so reich sind wie mit 20 Jahren. Aber niemand von ihnen behauptet, er sei zehnmal so glücklich."

Reiche Menschen sind nicht glücklicher als der Durchschnitt. Diese Erkenntnis als Entschuldigung für Faulheit und Antriebslosigkeit zu benutzen, haben so manche Menschen bis zur Perfektion getrieben. Motto: Geld allein macht nicht glücklich. Kein Geld macht aber nicht glücklicher. Und wenn einem das Geld zur Last wird, steht es jedem frei, zur Glücksdiversifizierung das viele Geld zu spenden.

Einige Parameter helfen, glücklicher zu leben:

- Leben Sie gelassen.
- Konzentrieren Sie sich auf das Wesentliche in Ihrem Leben. Leben Sie zielorientiert.
- Setzen Sie sich hohe Ziele. Privat wie beruflich. Fordern Sie sich.
- Pflegen Sie die Beziehungen zu anderen Menschen.
- Nehmen Sie sich Zeit für sich und genießen Sie die Zeit der Einsamkeit, fern vom Trubel der Welt und der Ansprüche anderer an Sie.
- Teilen Sie Ihr Glück. Machen Sie andere Menschen bedingungslos glücklich. Ein Kompliment, ein liebes Wort und ein Lächeln sind oft glücksspendender als Monetäres.
- Vor allem aber: Leben Sie heute. Gestern war gestern und ist vergangen.

Vermeintliches „Unglück", wie Jobverlust oder die plötzliche Trennung von einem geliebten Partner, sind oft Vorboten des Glücks. Eugen Roth schrieb dazu:

„Der Mensch blickt in der Zeit zurück
und sieht, sein Unglück war sein Glück. "

Und in der Fledermaus von Johann Strauss gibt es Trost für die Zeit, in der noch nicht das Glück aus dem Unglück erwachsen ist.

„Glücklich ist, wer vergisst, was nicht mehr zu ändern ist. "

Glücklich werden Sie, wenn Sie das Glück ebenso wie den Zufall nicht als Gottesgeschenk, sondern als selbst verursachtes Ergebnis von Aktion und Reaktion erkennen. Für die Glücksmomente von morgen setzen Sie heute die Ursache.

Frage: Sind Sie glücklich?

Was könnte besser zum Glauben und Glücklichsein passen als Gott!

Gott

„Kein Problem wird gelöst, wenn wir träge darauf
warten, dass Gott sich darum kümmert."
Martin Luther King

Ursprünglich gab es nicht den Gott oder die Gottheit. Es hieß das
Gott. Erst das Christentum hat das Gott zu einem Mann gemacht.
Im Englischen sind das Substantiv God und das Adjektiv good
miteinander verwandt. Gott steht für gut. Das Gute. Hier könnte
der Zyniker mutmaßen, dass sich die Religionskriege und Kreuzzüge der Geschichte unter dem Motto „Für das Gute" weniger gut
gemacht hätten als für den Herrn Gott.

Mir hat einst ein weiser, alter Mann seine Sicht von Gott erklärt.
Er sagte: „Gott ist das, was wir in ihm sehen. Gott ist in dir und
in mir. Gott ist in jedem Baum und Strauch, in jedem Lebewesen
und in den Bergen, Weltmeeren, Flüssen und Herzen aller Lebewesen. Gott ist in unser aller Handeln, Tun und Lassen. Wenn
Gott eine Goldmünze wäre, dann stritten sich die fanatischen An-
hänger der verschiedenen Religionen darüber, wessen Gott der
Wahre wäre. Die einen würden ihren Gott im riffeligen Rand der
Münze sehen, andere ihn auf der Münzvorderseite erkennen und
wiederum andere auf ihrer Rückseite. Ein und dieselbe Münze,
unterschiedliche Perspektiven. Ein Gott für alle und doch so viele
Ansichten."

Gleichgültig, wie Gott definiert wird, kann festgestellt werden, dass in keinem anderen Namen mehr Unheil, Leid und Terror über die Menschen gebracht wurde als in Gottes Namen. Die Kreuzzüge der Christen wurden nicht in Teufels Namen veranstaltet, die Waffen in den Weltkriegen wurden im Namen Gottes gesegnet. Hier wurde das Gute – Gott –missbraucht. Die Terroranschläge unserer Zeit im Namen Allahs beleidigen den Glauben an diesen Gott und jede Form von Göttlichkeit in uns, über uns und um uns herum.

Eines findet sich in allen gelebten Religionen: Gott ist immer allmächtig, unfehlbar und gut.

Es steht den Kirchen dieser Welt und deren Vertretern frei, Abtreibung oder Homosexualität als widernatürlich abzulehnen. Beides ist aber gottgegeben und gottgewollt. Ein unfehlbarer und guter Gott würde weder das eine noch das andere ermöglichen, wenn er es nicht wollte. Die Entscheidungsfreiheit liegt bei uns.

Deshalb kann auch keine Karikatur dieser Welt Gott beleidigen. Wer das glaubt, stellt die Göttlichkeit seines Gottes infrage und deklassiert seinen Gott zu einem Popanz und Götzen.

Ob Christ, Moslem, Jude, Buddhist oder Atheist, Gott ist für alle da. Immer und überall. Gott ist das, was wir in ihm sehen. Gott ist gut. Sehen wir das Gute in ihm. Begegnen wir den Menschen tolerant und großzügig und lassen jedem seinen Glauben, seinen

Gott und die jeweils dazugehörige Religion. Geben wir Gott das, was auch uns zusteht. Die Freiheit und das Recht zu glauben, was für uns Gott/gut ist.

Zur Entspannung und zum Abschluss dieses göttlichen Wortes möchte ich Ihnen eine Geschichte des Autors und Heilpraktikers Kurt Tepperwein erzählen:

Es war einmal ein armer Bauer, der lebte fleißig und rechtschaffen in seiner kleinen Hütte und war zufrieden. Als er sich eines Tages mühte, seine kargen Felder zu bestellen, sah er plötzlich ein helles Licht vor sich und darin ein kleines Männlein, das zu ihm sprach: „Du bist allzeit rechtschaffen und glücklich gewesen, trotz Deiner Armut. So will ich Dir drei Wünsche erfüllen. Wenn Du einmal einen Wunsch hast, so rufe mich und ich werde ihn Dir erfüllen."

Der Bauer ging nach Hause und erzählte seiner Frau von dem wunderbaren Erlebnis. Er meinte, eigentlich habe er keine Wünsche, da er von Herzen glücklich sei. Aber seine Frau wollte gern Königin sein und so bedrängte sie ihren Mann, sich zu wünschen, dass er König würde. Seiner Frau zuliebe ließ sich der Bauer überreden, rief das Männlein und sagte ihm seinen Wunsch. Da erhob sich ein Brausen in der Luft, alles drehte sich um ihn und als er wieder richtig zu sich kam, war er König in einem prächtigen Palast und seine Frau saß neben ihm als Königin.

Er erfreute sich an all den schönen Dingen, aber seine Frau hatte sich bald daran gewöhnt und wollte noch mehr. So bedrängte sie ihn, Kaiser zu werden. Er wollte eigentlich nicht, weil er glücklich war, aber seiner Frau zuliebe rief er noch mal das Männchen und bat darum, Kaiser zu werden. Da erhob sich wieder ein starkes Brausen in der Luft, alles drehte sich um ihn und als er wieder zu sich kam, war er Kaiser und seine Frau saß neben ihm als Kaiserin. Er war zufrieden, aber seine Frau hatte sich bald an den Glanz gewöhnt.

Als sie eines Tages eine Audienz beim Papst hatten und die Knie vor dem Höhergestellten beugen mussten, da wurmte es sie, dass noch jemand auf der Welt höher stand als sie. Da bedrängte sie ihren Mann, das Männlein zu bitten, Papst zu werden. Der Bauer wollte es nicht, weil er zufrieden war. Aber sie drängte ihn so sehr, bis er nachgab. Er rief das Männlein, äußerte seinen Wunsch und wieder erhob sich ein gewaltiges Brausen in der Luft, alles drehte sich um ihn und als er wieder zu sich kam, war er Papst.

Er war zufrieden, aber als seine Frau sah, dass er täglich zu Gott betete, da erkannte sie, dass noch immer einer höher stand und drängte ihn, Gott zu werden. Er wollte nicht und außerdem waren die Wünsche verbraucht, aber sie drängte ihn so lange, bis er nachgab. Wieder rief er das Männlein, sagte seinen Wunsch und das Männlein sprach: „Noch einmal will ich Dir Deinen Wunsch erfüllen, aber diesmal ist es das letzte Mal!"

Da erhob sich ein gewaltiges Brausen wie nie zuvor, alles drehte sich um ihn herum und als er zu sich kam, saß er wieder als armer Bauer in seiner Hütte – alles war wie früher.

Da erkannte er, dass man Gott nicht in den äußerlichen Dingen finden kann, sondern nur in sich, denn Gott wohnt in einem fröhlichen und rechtschaffenen Herzen.

Frage: Worin finden Sie Gott?

Das G möchte ich mit einem der wundervollsten Worte überhaupt verabschieden.

Großzügigkeit

„Wenn Du unaufhörlich gibst,
wirst Du unaufhörlich haben."
Chinesisches Sprichwort

Wer großzügig ist, wird in unserer Zeit als Verschwender diffamiert. Die Ursache für diese Sichtweise mag im Neid derer begründet sein, die meinen sich Großzügigkeit nicht leisten zu können. Oder in ihrer Angst, Dinge loszulassen.

Der Großzügige geht mit geradem Rücken und offenen Armen durch das Leben.

Er genießt das Geben und Leben. Wer etwas ausgibt, der gibt. Ausgeben ist eine Gabe (nicht mit Verschwendung zu verwechseln). Großzügige Menschen geben und können zugleich gewiss sein zu empfangen.

Die Liste der Menschen, die neben ihrem künstlerischen, unternehmerischen oder sonstigen Engagement auch als großzügig in die Geschichte eingingen, ließe sich an dieser Stelle beliebig fortführen. Wichtig ist bei der Großzügigkeit, dass sie nicht zwingend mit dem Transfer von Geld oder Materiellem zu tun hat. Denn Großzügigkeit kommt in vielerlei Gestalt. Jede Form der Großzügigkeit, von Herzen gelebt, kommt zu uns zurück.

Wer gibt, dem wird gegeben.

Großzügigkeit bedeutet Toleranz, Vergebung, Gelassenheit und Verständnis. Großzügig können wir auch zu uns selbst sein. Lassen wir öfter großzügig Dinge und Überzeugungen los und geben uns den Freiraum für Neues und Frisches. Nur der Großzügige kann sich der großen Sprünge im Leben bemächtigen und wird dafür in seiner Entwicklung belohnt.

Frage: Sind Sie großzügig? Auch zu sich selbst?

Großzügigkeit hilft, im Einklang mit anderen zu leben. Ein passender Übergang zu unserem nächsten Wort!

Harmonie

*„Das höchste Gut ist die Harmonie
der Seele mit sich selbst."*
Seneca

Das Wort Harmonie leitet sich her von Harmonia, der Göttin der Eintracht. Harmonie wird als Übereinstimmung, Einklang, Einheit verstanden. Die Harmonie, mit der die meisten von uns täglich zu tun oder nicht zu tun haben, ist für ein entspanntes Miteinander unerlässlich.

In der Antike wurde Harmonie auf Symmetrie bezogen. Diese harmonische Symmetrie findet sich in der Architektur wieder, in der Musik, Kunst und Kultur. Bei so manchem modernen Musikstück allerdings sucht man die musikalische Harmonie in Gestalt der angewendeten Harmonielehre vergeblich. Gleichwohl ist die Disharmonie auch Bestandteil unzähliger musikalischer Meisterwerke. Pointiert und geschickt eingesetzt, kann Disharmonie Harmonie auf wundervolle Weise bereichern. Nicht nur in der Musik.

Wir streben Harmonie an und wünschen uns ein harmonisches Leben. Obwohl Harmonie die Vereinigung von Entgegengesetztem bedeutet, fällt es vielen Menschen schwer, diese Vereinigung im praktischen Zusammenleben zu vollziehen. Vereinigung ja,

152

aber bitte zu den eigenen Konditionen. So funktioniert keine harmonische Vereinigung. So wird vergewaltigt. Zur harmonischen Vereinigung von Gegensätzen, wie zum Beispiel Mann und Frau, gehört der harmonische Einklang beider, das Eingehen aufeinander. Einseitiges Eingehen führt zur Disharmonie. In vielen Partnerschaften kann man beobachten, wie Disharmonie und Zwietracht durch eine vorgebliche Harmonie überdeckt werden.

Harmonie darf nicht zum Selbstzweck werden. Harmonie um jeden Preis ist eine der Hauptursachen von Ehescheidungen. Ein Partner verbiegt sich im Eifer der Harmoniesucht so lange, bis er und mit ihm die Partnerschaft zerbricht. Kurzfristige Disharmonie kann der langfristigen Harmonie dienlich sein, weil sie nach dem Motto:

Lieber ein Ende mit Schrecken als ein Schrecken ohne Ende

einen reinigenden Prozess in Gang setzt und damit den Nährboden für entspannte Harmonie bereitet.

Um glücklich und entspannt zu leben, bedarf es der Harmonie. Zu dieser auch als Urordnung bezeichneten Harmonie gehört die innere und äußere Ordnung. Ein harmonischer Mensch pflegt nicht nur sein Auto oder die Blumenkästen auf dem Balkon. Er pflegt seine mitmenschlichen Kontakte, seinen Körper und seine Seele. Die Gegensätzlichkeit von Körper und Geist werden in harmonischen Einklang gebracht. Harmonie ist gleichbedeutend mit der Achtung des Gleichgewichts zwischen Körper und Seele. In der Bibel, Korinther 6, Vers 19 steht:

„Euer Leib ist der Tempel des Heiligen Geistes."

Ein gesunder Körper beherbergt in der Regel zudem einen gesunden Geist. Aus diesem Harmoniegesetz leitet sich eine weitere bekannte Aussage her: Du bist, was Du isst. Ernähren wir uns ausgewogen und gesund, sorgen wir für Sport, ausreichend frisches Wasser und frische Luft und geben wir unserem Tempel, dem Körper, Ruhe und Gelassenheit, sind die notwendigen Voraussetzungen für ein harmonisches Miteinander von Körper und Geist gegeben. Wer so durchs Leben geht, kann auch andere begeistern, mit seiner harmonischen Aura inspirieren und die Vereinigung gegensätzlicher, unterschiedlicher Charaktere zu einem harmonischen Ganzen befördern.

Frage: Ist Ihr Leben harmonisch?

Harmonie fördern kann vor allem der nächste Begriff.

Herzlichkeit

„Es ist keine Kunst, die Welt zu erobern;
wenn du kannst, erobere ein Herz. "

Saadi

Herzlich, warmherzig, beherzt. All das kommt von Herzen. Die Dinge, die wir herzlich angehen, sind uns wichtig und nahe. Deshalb kommen sie von Herzen und werden beherzt angegangen.

Herzlichkeit spendet Herzenswärme, Trost und Zuversicht. Was von Herzen kommt, ist mit Liebe und Herz erfüllt.

Das herzliche Lachen eines Kindes fühlt sich ebenso wohlig und schön an wie die herzliche Umarmung eines Freundes. Früher hieß es Herzensbildung. Heute nur noch soziale Kompetenz.

Frage: Wo und wann sind Sie herzlich?

Wer herzlich ist, ist auch hilfsbereit.

Hilfsbereitschaft

„Wer einen Menschen rettet,
rettet die Welt. "
Talmud

Die Bereitschaft zu helfen, ist die Fähigkeit zu geben und loszulassen. Wer anderen die Hand reicht, lässt im selben Moment etwas anderes, was er in den Händen hält, los.

Wer hilfsbereit ist, zeigt die Bereitschaft anderen zu helfen und setzt diese Bereitschaft gerne in die Tat um. Wir fühlen uns besser und nachweislich glücklicher, wenn wir anderen helfen. Hilfsbereitschaft und Fürsorge sind dabei nicht dasselbe.

Fürsorge kommt von FÜR-Sorge. Die Fürsorglichkeit sichert den Fortbestand der Sorgen. Wer solcherart Hilfe leistet, sorgt dafür, dass die Sorgen gehegt und gepflegt werden und leistet so dem gegenwärtig grassierenden, egogesteuerten Helfersyndrom Vorschub. Wahre Hilfsbereitschaft hingegen wird vom Herzen und nicht vom Ego gesteuert. Wer von Herzen bereit ist, zu helfen, tut dies, ohne eine Gegenleistung zu erwarten. Gerne wird diese Bereitschaft zu helfen von anderen ausgenutzt. Geben und Nehmen wird im Universum (früher oder später) zwar immer gerecht ausgeglichen, doch manchmal sollten wir bei aller Bereitschaft zur Hilfe auch erkennen, dass wir nicht helfen, sondern benutzt werden. Hier hilft nur die Bereitschaft, nein zu sagen (siehe auch „Nein").

Frage: Wie wichtig ist Ihnen Hilfsbereitschaft?

Eines der Grundübel des zwischenmenschlichen Miteinanders ist das nicht genaue Hinhören.

Hinhören

„Es hört doch jeder nur, was er versteht."

Johann Wolfgang von Goethe

Wieder hilft ein Blick in den Bundestag oder in Talkshows, um zu sehen, wie wichtig das Hinhören ist und wie kontraproduktiv Zuhören sein kann.

Wir bewegen uns stets in verschiedenen Welten, Realitäten und Sphären. Häufig sind wir dabei mit anderen Menschen im Gespräch und doch findet keine Kommunikation statt. Zwar wird miteinander geredet, doch geschieht dies nicht auf derselben Ebene.

Wer aus einem falschen Selbst zuhört, beurteilt und bewertet den anderen und dessen Worte. Im falschen Selbst warten wir auf Stichworte, um dann eine eigene Rede zu schwingen. In dieser Unart haben es viele Volksvertreter zur Zuhör-Perfektion geschafft. Doch Hinhören, ohne zu bewerten und zu beurteilen, hilft, den Standpunkt des anderen zu verstehen, ihm näher zu sein. Verständigung findet statt.

Verständigung kommt von Verstand.

Wenn wir aufhören zuzuhören und beginnen hinzuhören, kommen wir einander näher und eine produktive, verständnisvolle Unterhaltung findet statt. Im Hier und Jetzt, vertrauensvoll, offen und zur gegenseitigen Bereicherung, nicht verquast zum bloßen Selbstzweck der sich selbstdarstellenden Redner.

Stellen wir uns einen Bundestag vor, in dem einander Aufmerksamkeit geschenkt wird.

Stellen wir uns vor, Politiker würden tatsächlich hinhören, wenn der politische „Konkurrent" etwas vorträgt. Die Abgeordneten begännen, einander zu verstehen, Argumente auszutauschen und dank des offenen Hinhörens voneinander zu lernen. Rasch würde man sich über die lang anstehenden, wirklichen Probleme des Landes verständigen können. Und wie viel schöner und entspannter könnte es in Partnerschaften zugehen, wenn nicht nur auf das Stichwort zum Selberreden gewartet, sondern tatsächlich hingehört würde.

Frage: Hören Sie zu oder hin?

Sowohl im Bundestag, im privaten Rahmen oder der Geschäftswelt gibt es ein Wort, dessen praktische Anwendung uns das Leben erleichtert und verschönert.

Humor

*„ Witz ist Schaum an der Oberfläche,
Humor die Perle aus der Tiefe. "*
Peter Sirius

Abstammend vom Lateinischen humus (Feuchtigkeit, ursprünglich die Körpersäfte), weicht Humor Vertrocknetes auf. Aufgeweichtes fließt besser zusammen. Was getrennt war, vereint sich. Humor ist die Voraussetzung für zwischenmenschliche Beziehungen und ihr Wachstum. Humus und Feuchtigkeit bringen unsere Pflanzen ebenso zum Wachsen, wie Humor unsere zwischenmenschlichen Kontakte.

Anders als Sarkasmus, Zynismus oder Verspottung ist Humor positiv und produktiv.

Dass wir Humor als angenehm empfinden, hat positive Auswirkungen auf unsere Gesundheit. Fühlen wir uns gut, reduzieren sich Stressgefühle. Stress schädigt das Gehirn. Humor stärkt das Immunsystem und senkt den Blutzucker. Lachen lüftet die Lunge und fördert damit die Sauerstoffaufnahme im Körper

Gute Redner beginnen ihre Vorträge gerne mit einem dezenten Witz oder einer humorvollen Geschichte. Humor öffnet die Herzen der Menschen und Lachen lässt sie aufblühen.

Man erzählt sich die Geschichte des zum Tode Verurteilten, der an einem Montag zum Schafott geführt wurde und dessen letzte Worte waren: „Die Woche fängt ja gut an." Ein eindrucksvolles Beispiel dafür, eine ausweglose Situation mit Galgenhumor zu nehmen. Wenn wir Dinge nicht mehr ändern können, dann nehmen wir sie fröhlich zur Kenntnis. Dafür bedarf es manchmal neben dem Humor auch einer zünftigen Prise Idealismus.

Frage: Nehmen Sie's mit Humor?

In einer Welt, die immer humorloser zu werden scheint, bedarf es umso mehr des Auslebens des nächsten Wortes.

Idealismus

„Reichtum und Idealismus wohnen
selten unter einem Dach.“
Frank Elstner

Idealismus ist der Motor, der die Welt bewegt. Idealisten zeichnen sich durch ihre ausgeprägten Ideale und opferfreudige Begeisterung für diese aus. Die mit Idealismus verfolgten Ziele sind in der Regel immateriell.

In einer Welt des Terrors, der globalen Erwärmung und der Übervölkerung bedarf es mehr denn je des Idealismus und der Idealisten, um unser aller Leben zu erhalten, ja zum Besseren zu gestalten.

Viele haben die Augen vor den Problemen und der Notwendigkeit für mehr Idealismus fest verschlossen nach dem Motto: Augen zu und durch. So werden aber weder gesellschaftliche noch geschäftliche Probleme gelöst. Gelebter Idealismus heißt, anzupacken und anders zu handeln als in der Vergangenheit. Neue Wege zu gehen. Neues zu wagen und anderes zu unternehmen.

Der Idealismus, dessen es bedarf, um neue Wege zu gehen, gegen den Strom zu schwimmen, anders zu sein, ist unbequem und führt nicht sofort zum ersehnten Ziel.

Doch unsere Welt wird von Idealisten bewegt.

Es sind Menschen wie Einstein, Gutenberg und Kolumbus, die uns vorwärtsbringen. Die Presleys, Beatles und Jacksons, die Trends setzen, Pioniere wie Siemens, Porsche und Galileo, derentwegen sich die Welt schneller und innovativer entwickelt, Mediziner-Idealisten wie Prof. Dr. Sucharit Bhakdi und Dr. Wolfgang Wodarg, die uns zu mehr Menschlichkeit anregen.

Öffnen wir unsere Augen und sehen die Möglichkeiten, derer wir uns mit rückwärtsgewandtem Handeln und Denken berauben. Wagen wir etwas Neues, Anderes, Unbequemes.

Am 10. September 2001 war ich in Berlin Gast bei dem Vortrag eines liberalen Politikers. Er propagierte eine neue Elite für Deutschland, deren Förderung ihm wichtig war. Ich merkte an, dass wir bereits das Potential für mehr Elite in uns trügen, nämlich unseren Idealismus. Ich schilderte idealistische Lehrer, deren Ziel begeisterte Schüler sind, Ärzte, deren Idealismus zu gesunden Patienten führt und Politiker, die sich der zufriedensten Wähler rühmen können. Meine Anmerkung zu mehr Idealismus wurde mit müdem Lächeln und der lakonischen Bemerkung honoriert: „Das ist aber sehr naiv." „Dann", erwiderte ich, „glauben Sie auch nicht an Ihre 18 Prozent!" Der FDP-Politiker war zu diesem Zeitpunkt gerade auf Wahlkampftour und versuchte mit dem Slogan „18" Stimmen zu gewinnen. Gemeint war damit das anvisierte Wahlergebnis von 18 Prozent.

Seit Menschengedenken gibt es Idealismus und ebenso lange wird er belächelt, verhöhnt oder bekämpft. Idealisten sind unbequem und hinterfragen Eingefahrenes, vermeintlich Bewährtes. Wer die Asche und nicht die Glut bewahrt, steht am Ende mit dem da, was er bewahrt hat: einem Häufchen Asche. Der Idealist wird immer die Glut bewahren und so die Flamme der Lebendigkeit am Leben erhalten.

Frage: Was sind Ihre Ideale? Wo sind Sie idealistisch?

Neben dem Idealismus ist die Intuition ein weiteres lebensbejahendes Wort.

Intuition

„Intuition ist Intelligenz mit überhöhter Geschwindigkeit."

Il Tempo

Wie viele Sinne hat der Mensch?

Bei dem einen oder anderen ist man geneigt, ihm die Abwesenheit seiner Sinne zu unterstellen. Grobschlächtig, egoistisch und ignorant stolpern manche durch ihr und in unser Leben. Es wird gerempelt, gepöbelt und gemobbt. Ohne Rücksicht auf andere und anderes. Sinnloses Betrinken, Kiffen und Betäuben mit Drogen lässt am Verstand vieler Zeitgenossen ebenso zweifeln, wie sinnlose TV-, Radio- oder Zeitschriftenbeiträge, deren Zweck einzig das Ausfüllen des Freiraums zwischen den meist ebenso sinnlosen Werbeblöcken zu sein scheint.

Es gibt sieben Sinne:

- Hörsinn
- Geruchsinn
- Geschmackssinn
- Gleichgewichtssinn
- Sehen
- Fühlen
- Intuition

Bereits der Gleichgewichtssinn ist für manche so selbstverständlich, dass sie sich seiner nicht bewusst sind. Doch er ist da. Ebenso wie unser siebter Sinn: die Intuition.

Viele haben verlernt, ihrer Intuition zu vertrauen, auf sie zu hören. Der verstand gesteuerte Mensch lässt sich vom Kopf leiten. Es wird alles bezweifelt und angezweifelt und so verzweifeln nicht wenige am Leben selbst.

Dabei ruft uns der Körper deutlich zu, was gut für uns ist und was nicht. Leider haben viele verlernt, auf diese Rufe zu hören. Wer dem Ruf Gehör schenkt, meint, ihn aus dem Bauch zu empfangen. Sein „Bauchgefühl" spricht zu ihm. Doch das „Bauchgefühl" ist unser Herz, das zu uns spricht.

Unsere Intuition kommt vom Herzen.

Vom Verstand gesteuert lassen wir unser Herz nicht zu Wort kommen und versuchen, alles mit dem Verstand zu regeln. Kein Wunder, dass es so viele Herzinfarkte gibt. Wird das Herz nicht gehört, hört es auf zu schlagen. Hören wir also auf unser Herz, auf die Intuition.

Dabei kennt jeder Intuition und hat mit ihr schon gute Erfahrungen gemacht. Sie fahren auf der Autobahn und Ihnen schießt der Gedanke durch den Kopf: „Da kommt bestimmt gleich ein Blitzer". So schnell wie der Gedanke aufkam, so schnell blitzt es. Warum haben Sie nicht auf die innere Stimme, Ihre Intuition gehört? Weil Sie Ihr Verstand behindert hat, wie so oft. Der Verstand hat suggeriert: Bleib locker, die letzten 600 Kilometer gab es auch keine Blitzer. Wird schon gut gehen. Die Erfahrung hat immer recht! Genau in diesem Augenblick blitzt es.

Die vom Verstand gesteuerte Erfahrung hat immer recht, bis sie sich irrt.

Die induktive Kontinuität, der Glaube daran, dass es so weitergeht wie bisher, hat wieder zugeschlagen. Hätten wir unserer inneren Stimme vertraut, auf unsere Intuition gehört, hätte es kein Foto gegeben (Natürlich auch, wenn wir uns an die Geschwindigkeitsvorschrift gehalten hätten.).

Ihre Intuition hat Sie in Ihrem Leben bestimmt oft gemahnt. Sie lernen einen Fremden kennen und Ihr erster Eindruck ist: „Vorsicht"! Kaum wahrgenommen aber wird die intuitive Warnung schon wieder mental ad acta gelegt. Ein paar verstandesgesteuerte Tage, Monate oder Jahre später müssen Sie feststellen, dass Ihr Gefühl der Vorsicht richtig war und Sie enttäuscht wurden (siehe auch „Enttäuschung"). Hätten Sie gleich auf Ihr Herz gehört, wäre Ihnen einiges erspart geblieben. Wie schon gesagt, der Verstand ist ein guter Diener, aber ein schlechter Herr. Hören wir weniger auf ihn und mehr auf unser Herz, unsere Intuition. Intuition ist immer aktuell, Wissen ist stets veraltet, bestenfalls von vorhin.

Intuitive Entscheidungen ersparen Ihnen viel Zeit, Ärger und Geld. Vertrauen Sie Ihrer Intuition.

Frage: Vertrauen Sie Ihrer Intuition?

Sagen Sie nein, wenn es Ihre Intuition verlangt. Trauen Sie sich ja zu sagen, wenn Sie es intuitiv möchten. Ein klares Ja im Leben ist ebenso wichtig, wie ein deutliches Nein.

Ja! Und schon sind wir beim nächsten Wort:

Irrsinn

„Der Irrsinn ist bei Einzelnen etwas Seltenes - aber bei Gruppen, Parteien, Völkern, Zeiten die Regel. "
Friedrich Nietzsche

Die Definition von Irrsinn ist einfach und selbsterklärend: Stark beeinträchtigter Geisteszustand! Zeichen eines beginnenden Irrsinns: Unvernunft, die sich im Handeln oder Verhalten darstellt.

Das Zitat von Friedrich Nietzsche beschreibt den Zustand unserer Gesellschaft. Ob Politik, Wirtschaft, Medien oder in vielen Familien. Überall scheint Irrsinn eingezogen zu sein!

Wie weit wir uns vom gesunden Menschenverstand entfernt haben, kann ein jeder von uns täglich sehen und hören. Dank medialer Aufarbeitung und Betreuung werden uns Kriege als Friedenmissionen und Verluste als Negativgewinne verkauft. Aus objektiven Dummköpfen werden Politikstars und Software-Hersteller bekommen zehn Minuten Sendezeit zur Prime Time im zwangsfinanzierten TV, um Werbung für weltweite Massenimpfprogramme zu machen.

Gewalt gegen Oppositionsparteien wird verschwiegen und Millionen illegaler Einwanderer werden zu Rettern der Rentenkasse und unserer Volkswirtschaft geschwindelt. Glasklare Lügen werden im Geiste Goebbels so lange wiederholt, bis die Masse sie als Wahrheiten akzeptiert und Verfechter für Frieden und Freiheit werden so lange als Reichsbürger, Rechte,

Verschwörungstheoretiker und Staatsfeinde diskreditiert, bis die Majorität der Menschen diese Lügen verinnerlicht und als Glaubenssatz manifestiert hat. Polizisten schützen kaum mehr das Volk, sondern die Regierung und scheuen auch nicht den Einsatz von massiver Gewalt, wenn es ihre Vorgesetzten verlangen. Aber das Vorgehen ist sehr unausgewogen, denn es findet in der Regel nicht bei Clankriminellen oder der staatlich subventionierten Antifa statt. Schon diese Zeilen zu schreiben, macht einen anständigen und rechtsstaatlichen, liberalen Mitmenschen zu einem verdächtigen Querulanten.

Nicht nur in Deutschland, sondern auch in sehr vielen anderen Ländern, steht die Welt im sprichwörtlichen Sinne Kopf! Zu diesem Wort und dessen Auswüchsen könnte ich ein weiteres Buch schreiben, möchte es aber an dieser Stelle bei einigen eindrucksvollen Beispielen belassen. Deutschland und viele Teile der Welt versinken im Irrsinn. Die Quellen finden sich zuhauf im Internet bzw. in der realen Welt gleich um die Ecke!

In den USA beginnen die Demokraten ihre Reden nun nicht mehr nur mit Amen, sie ergänzen es durch Awoman.

Die Australische Sexualtherapeutin Deanne Carson verlangt, dass Eltern ihre Babys um Erlaubnis fragen, bevor sie die Windeln wechseln.

Die Kanzler-Kandidatin der Grünen behauptet, das Stromnetz fungiere als Stromspeicher. Zudem freut sie sich über mehr Staatsschulden, weil sie meint, daran würden die Bürger noch verdienen.

In einigen deutschen Schulen werden Kinder dazu aufgefordert, mal an einem Tag die Geschlechterrolle zu tauschen. Mädchen sollen in Hosen und Jungs in Röcken zur Schule kommen.

Ein bekannter Sportler bekommt für den Besitz tausender kinderpornographischer Bilder zehn Monate auf Bewährung, derweil zeitgleich eine 84-jährige Rentnerin, die aus Verzweiflung und Hunger zum wiederholten Male beim Lebensmitteldiebstahl erwischt wurde, eine Gefängnisstrafe bekommt. Gnadengesuch abgelehnt!

Im Görlitzer Park in Berlin werden von Schwarz-Afrikanern ganz offen Drogen verkauft und der Berliner Senat teilt die Verkaufsplätze mit Farbmarkierungen ein. Derweil patrouillieren hunderte Polizisten durch die Stadt, um Menschen zu bestrafen, die keinen Maulkorb tragen.

Die Bunderegierung hält es für menschenunwürdig, jugendliche Asylbewerber am Handknochen zu röntgen, um ihr Alter festzustellen, aber findet Zwangstestungen von kleinen Kindern mittels eines Wattestäbchens, das tief in die Nase gestoßen wird, unbedenklich.

83.000 000 Bundesbürger durften nachts nicht ihre Wohnung verlassen, aber Bundestagsabgeordnete waren davon ausgeschlossen.

Bis zum Ende des Jahres 2020 hatten sich in Deutschland laut Bundesinnenministerium 394 Personen den Eintrag

„divers" oder „ohne Angabe" im Ausweis eintragen lassen. Dafür wurden und werden Milliarden Euro Steuergelder für Diverse-Toiletten und Deklarationen ausgegeben.

Alle Bundestagsabgeordneten mussten im Bundestag auf ihrem Platz einen Maulkorb tragen, um sich vor Viren zu schützen. Nur der Bundestagspräsident musste keinen aufsetzen.

Fridays-for-Future-Jünger dürfen mit über 3.000 Teilnehmern in Köln gegen Klimawandel demonstrieren, derweil in der gleichen Stadt am gleichen Tag die sogenannten Querdenker, die für Frieden und Freiheit demonstrieren, nur maximal mit 11 Teilnehmern auf die Straße durften.

Eigenes Obst und Gemüse, welches nicht dem Saatgutverkehrsgesetz entspricht, darf nicht in den Handel gebracht werden. Das bedeutet, dass milliardenschwere Saatgut- Konzerne ein Monopol auf Saatgut errichtet haben, das von unserer Regierung mittels drakonischer Strafen gegen Bauern, die sich nicht daran halten, beschützt wird.

Tausende funktionstüchtige und intakte Windräder werden demontiert und verschrottet, weil die Subventionen auslaufen. Windenergie ist nur für die Investoren profitabel. Durch die EEG-Umlage zahlen „die kleinen" Leute die Spekulationsgewinne von Anlegern. Die Baustoffe dieser Windkraftanlagen sind zudem praktisch nicht zu recyceln.

Die Bundesregierung zahlt Milliarden für Beraterfirmen, die

den Politikern sagen, wie sie zu regieren haben und beschäftigt dann neue Berater, um sich beraten zu lassen, wie sie sich in dieser Berateraffäre zu verhalten hat.

In Schweden, Norwegen und Dänemark soll es bald eine App geben, die man benutzen muss, bevor man Sex hat. Nur wenn beide Partner diese App installiert haben und sich gegenseitig bestätigt haben, dass Sex gewünscht ist, gilt es nicht als Vergewaltigung.

Ein Deutscher, der kein Fernsehen oder Radio besitzt und sich deshalb geweigert hat, gut 600,00 € GEZ-Zwangsgebühren zu zahlen und eine Selbstauskunft zu geben, wurde über Monate ins Gefängnis gesperrt.

Das ZDF berichtete über abgefackelte Bauwagen, Kräne und Container von Baufirmen sowie über schwere Körperverletzung von Mitarbeitern von Baufirmen und deklarierte das als Verzweiflungstat unschuldiger Mieter aufgrund verschiedener Tricksereien der Bauunternehmer.

Ein Richter in Weimar spricht ein Urteil, das Kinder in Schulen von der Maulkorb-, Test- und Abstandspflicht befreit und bekommt daraufhin kein Berufungsverfahren, sondern eine Haus-, Büro- und Auto-Durchsuchung und das Telefon wird beschlagnahmt.

Bei einer legalen Wahl in Thüringen wurde ein FDP-Politiker zum Ministerpräsidenten gewählt. Weil er auch mit den Stimmen der AfD in das Amt gewählt wurde, meldete sich die Bundeskanzlerin aus Südafrika und forderte erfolgreich, die Wahl rückgängig zu machen.

Grundschulkinder in Deutschland bekommen Unterricht in Selbstbefriedigung.

Eltern, die in Deutschland ihren Kindern beim Schulausflug den Besuch einer Moschee verbieten, werden bestraft.

Fridays-for-Future-Demonstrationen werden von Politik, Medien und den Schulen beworben und forciert. Wöchentlich ein schulfreier Tag ist gewollt und OK. Derweil Eltern, die ihre Kinder einen Tag vor Ferienbeginn in den Urlaub mitnehmen möchten, die Reise verweigert wird und sie eine Strafe zahlen müssen.

Frage: Wieviel Irrsinn können Sie ertragen? Was ist Ihr Beitrag zu einer harmonischen Welt ohne Irrsinn?

Ja

„ Man muss nein sagen lernen – und wenn
man ja sagt, auch dabei bleiben. "
Helen Markel

Ja! Wie positiv und lebensbejahend. Ein positives, erfrischendes Wort. Eine Aura der Energie und des Guten. Ja ist aktiv. Wer Ja sagt, hat eine Entscheidung getroffen. Wer „Ja, eigentlich" sagt meint nein. Denn alles, was nach eigentlich kommt, ist bereits in Frage gestellt. Kennen Sie folgende Sätze?

- Ja! Eigentlich bin ich glücklich.
- Ja! Eigentlich führe ich eine gute Partnerschaft.
- Ja! Eigentlich brauche ich nicht mehr Geld!

Das Ja in Kombination mit aber und eigentlich ist eine Verneinung.

Haben wir Mut zum Ja.

Trauen wir uns, Ja zu sagen, wenn wir fühlen, dass Ja richtig ist. Keine Angst vor Fehlentscheidungen. Die meisten Menschen treffen keine Entscheidungen, weil sie mit dem aktiven Einsatz des Wortes Ja hadern und zaudern. Ein klares Ja ist befreiend. Vorausgesetzt unsere Intuition (siehe auch „Intuition") rät uns nicht, Nein zu sagen. Ja kann trügerisch sein.

Dazu eine Geschichte. Ein junger Mann, nennen wir ihn Andrew, geht abends mit seinem Freund in die Diskothek. Gemütlich stehen sie an der Bar und trinken ihre Cola. Plötzlich entdeckt Andrew ein Mädchen. Lange überlegt er, ob er zu ihr rübergehen soll oder besser nicht. Sein Freund ermuntert ihn und schiebt ihn in ihre Richtung. Schüchtern und zaghaft geht er zu der jungen Frau und lächelt verlegen. „Hallo." Mehr konnte Andrew nicht sagen. Doch zu seiner Verblüffung wird sein zurückhaltendes „Hallo" freundlich erwidert.

Schnell kommen die beiden ins Gespräch und ebenso schnell fragt er, ob er sie anrufen dürfe und sie ihm ihre Nummer geben würde. „Ja!" erwidert sie, und kurz darauf schwebt der mutige Kavalier zu seinem erwartungsvoll an der Bar stehenden Freund. „Und? Wie war es?" „Großartig!" Unser junger Freund grinst von einem Ohr zum anderen und strahlt seinen Begleiter überglücklich an. „Nun erzähl schon, was hat Sie gesagt?" „Es war alles ganz einfach. Wir haben kurz gesprochen, sie hat mir gesagt, dass sie Janine heißt, und dann habe ich sie gefragt, ob ich Sie anrufen darf und ob sie mir Ihre Nummer gibt. Das hat sie getan und schon morgen werde ich mich bei ihr melden."

Der Abend endete mit viel Cola und noch mehr Vorfreude. Am nächsten Tag ruft Andrew voller Erwartungen bei Janine an. Kurz und knapp erfährt er, dass sie gerade für eine Klausur lernen muss und er noch mal anrufen soll.
Als er später nochmals anruft, erfährt Andrew, dass die Oma

von Janine überraschend krank geworden ist und sie diese nun pflegen muss. Die Tage verstreichen und die Wochen vergehen, immer wieder ruft er bei Janine an und stets kommt etwas dazwischen und aus dem Treffen wurde nichts.

Doch in Wirklichkeit kam nichts dazwischen, sondern davor. Ihr „Ja". Die Fortsetzung der Geschichte lesen Sie unter „Nein".

Frage: Können Sie Ja sagen und dazu stehen?

Jetzt kommen wir zu dem Ort, wo unser aller Leben stattfindet.

Jetzt

„Die Herrschaft über den Augenblick ist die Herrschaft über das Leben."
Marie von Ebner-Eschenbach

Das Leben findet genau dort statt. „Jetzt" bedeutet im Französischen maintenant. Wörtlich übersetzt heißt das: in der Hand. Das „Jetzt" liegt in unserer Hand. Jetzt gerade passiert es. Gerade ist ein anderes Wort für jetzt. Etwas Gerades ist nicht krumm und so ist das Jetzt immer gerade richtig, um unser Leben zu gestalten.

Morgen, morgen, nur nicht heute, sagen alle faulen Leute!

Diese alte Weisheit deutet an, worum es im Leben geht. Das Leben findet im Heute, Hier und Jetzt statt. Selbst wenn viele in der Vergangenheit (damals war alles besser…) oder in der Zukunft (eines Tages werde ich…) leben und ihnen nicht bewusst ist, dass das Leben im nächsten Augenblick zu Ende sein kann, so leben sie dennoch niemals dort, wo Leben stattfindet: im Jetzt. Jetzt bestimmt unser Leben und so ist jetzt immer der richtige Zeitpunkt zum Handeln.

Wenn Sie jetzt nicht handeln, tut es ein anderer und entscheidet über Ihr Jetzt von morgen.

Hier und heute vermitteln wir vor allem unseren Kindern, unserer Zukunft, dass sie „Jetzt" leben und ihre Jugend dazu nutzen, das Leben in vollen Zügen zu genießen, zu leben, zu erleben und zu gestalten.

Frage: Leben Sie jetzt?

Wer nie im „Jetzt" lebt und nur dem Gestern hinterhertrauert oder von Morgen spricht, der vergeudet auch seine Jugend und die Option schöner Erinnerungen an sie.

Jugend

„Die Leute, die nicht zu altern verstehen, sind die gleichen, die nicht verstanden haben, jung zu sein.“

Marc Chagall

In der Kindheit sammeln wir viel Zweckmäßiges, Wissenswertes, Erfahrungen und Sachkenntnis. 70 Prozent dessen, was wir lernen, lernen wir bis zum dritten Lebensjahr.

In der Jugend wird uns vermittelt, wie erstrebenswert es ist, erwachsen zu werden. Keine Schule, nicht mehr zu Hause bei den Eltern wohnen müssen, rauchen dürfen, Feuerwerkskörper kaufen können und vor allem den Führerschein machen, um endlich Auto zu fahren.

Die Jugend wird in der Pubertät von den Betroffenen als Makel betrachtet. Wenn in der 10. Klasse dann die Lehrer vom „Du“ zum „Sie“ wechseln, erscheint das den meisten wie eine Adelung.

Die Jahre vergehen und mit dem 30. Lebensjahr hören wir nur noch das „Sie“. Mit 40 vermissen wir das „Du“ und ab dem 50. Lebensjahr wirken wir komisch, wenn wir Jüngere duzen. Jugend wird als die Zeit zwischen dem 13. und 21. Lebensjahr bezeichnet: die Adoleszenz.

So erstrebenswert vielen die Jugend rückblickend vorkommen

mag, so sehr verachten viele Ältere die Jugendlichen. Das folgende Zitat ist brandaktuell:

„Die Jugend von heute liebt den Luxus, hat schlechte Manieren und verachtet die Autorität. Sie widerspricht ihren Eltern, legt die Beine übereinander und tyrannisiert ihre Lehrer.“

Das Zitat könnte aus der Boulevardpresse von heute stammen. Tatsächlich handelt es sich um ein Zitat von Sokrates (469 – 399 vor Christi). Das Ungemach, das die Jugend Erwachsenen gelegentlich bereitet, hat mit der Energie, dem Tatendrang, der Neugierde und dem Ungestüm vieler Jugendlicher zu tun. Möglicherweise auch mit dem Neid der Älteren darauf, bei den Jüngeren Chancen zu sehen, die man vielleicht selbst nicht genutzt oder schlicht verpasst hat.

Dort, wo Jugendliche alte Menschen abwertend behandeln, sei ihnen eins gewiss:

Jugend ist kein Privileg, sondern ein vorübergehender Zustand, und schon deshalb verdienen alte Menschen unsere besondere Zuwendung und unseren besonderen Respekt.

Im Jugendwahn unserer Zeit glauben einige, die verlorene Zeit zurückholen zu können. Botox, Hyaluron-Injektionen sowie kleine und große Straffungen sollen helfen, die Jugend noch einmal zurückzuholen.

Wahre Jugend aber findet sich nicht in Äußerlichkeiten wieder. Jung ist man im Denken und Handeln. Es gibt 18-Jährige, die sind bereits vergreist und Greise, die ihre Jugendlichkeit nie verloren haben. Hier gilt:

Wer rastet, der rostet.

Richten wir uns von klein an darauf ein, dass wir im Alter gebrechlich und vergesslich sein werden und bauen wir schon früh unser Heim alten- und behindertengerecht um, so schaffen wir die mentalen Voraussetzungen dafür, dass wir später tatsächlich gebrechlich und krank werden. Selbstverständlich ist dies nicht die Aufforderung, eine Eigentumswohnung für Ihren Altersruhestand im 20. Stock eines Hochhauses zu kaufen und darauf zu achten, dass kein Fahrstuhl vorhanden ist, um möglichst lang durch Treppensteigen fit zu bleiben. Gleichwohl führt unsere innere Einstellung zum Alter genau zu dem, was wir später erleben werden.

Leben wir im Jetzt. Behüten und pflegen wir unseren Körper. Erhalten wir sowohl ihn als auch unseren Geist fit und jugendlich durch Sport, Lesen, Lieben, Lachen, Sex, gesunde Ernährung, VitaminD3, Sonne, reines Wasser etc.

Jugend ist unvergänglich, wenn wir sie nicht auf die Abwesenheit von Falten reduzieren. Wer mit 60 keine Lust auf einen hängenden Busen und Tränensäcke hat, der mag sich mit Freude und

Hingabe einer Schönheitsoperation unterziehen. Jeder hat das Recht auf seine eigene Definition der Jugend.

„Jugend ist Trunkenheit ohne Wein." Goethe

Frage: Wann endet Ihre Jugend?

Um elegant vom J zum K überzuleiten, kommt als nächstes dieses Wort.

Kinderstube

*„Das wichtigste Zimmer im Leben lässt sich weder
verleugnen noch vortäuschen. Die Kinderstube. "*
Oliver Hassencamp

Klingt altbacken und konservativ, ist aber aktueller denn je. Zwischenmenschlich kann Kinderstube mit gutem Benehmen umschrieben werden, das man uns in der Kleinkind- und Jugendphase vorgelebt haben sollte. Menschen ohne Kinderstube können guten Gewissens als unreif bezeichnet werden.

Die gute Kinderstube zeigt sich in vielen kleinen und großen Gesten und Verhaltensweisen.

Bitte und danke zu sagen, gehört genauso zu einer guten Kinderstube wie eine höfliche Begrüßung und Verabschiedung. Hinhören, wenn wir mit anderen Menschen sprechen und sie zu Wort kommen zu lassen, ohne einander zu unterbrechen, ist unerlässlich, ebenso Rücksicht in allen Lebenslagen.

Es mag heute gesellschaftlich akzeptiert sein, beim Durchschreiten einer Tür nicht nach hinten zu blicken – also im wahrsten Sinne des Wortes rücksichtslos zu sein – und so möglicherweise dem Nachfolgenden vor den Kopf zu stoßen. Gleichwohl gehörte das Aufhalten der Tür zu einer guten Kinderstube. Ebenso die

Erwiderung eines Grußes, gleichgültig, ob wir meinen, den Grüßenden zu kennen oder nicht. Kinderstube zeigt sich in vielen Lebenslagen und ist dem, der sie sowohl aktiv als auch passiv einzusetzen vermag, nicht nur dienlich, sie befördert ihn auch in den imaginären Olymp der „Kinderstübler".

Wie sehr die Ermangelung einer guten Kinderstube heute auffällt, kann man an den verblüfften Reaktionen erkennen, wenn man sich ihrer aktiv bedient. Eine gute Kinderstube macht heute so manchen misstrauisch, ob man mit seinem guten Benehmen nicht etwas Unlauteres im Schilde führt. Die freundliche Begrüßung eines Fremden wird oft mit einem erschrockenen „Kennen wir uns?" beantwortet.

Bringen wir unseren Kindern konsequent die einfachen und elementaren Regeln einer guten Kinderstube bei. Denn auch bei der Kinderstube gilt:

Was Hänschen nicht lernt, lernt Hans nimmermehr.

Frage: Legen Sie Wert auf eine gute Kinderstube?

Eine gute Kinderstube hilft auch bei der Kommunikation.

Kommunikation

„Je mehr Kommunikationsmittel, desto
weniger echte Kommunikation.“
Gerhard Reichel

Kommunikation hat ihren Ursprung im Lateinischen. Communicare bedeutet teilen, mitteilen, teilnehmen lassen, gemeinsam machen, vereinigen. Das Wort bezeichnet also eine soziale Handlung, in die mehrere Menschen involviert sind. Kommunikation hilft, zwischenmenschliche Hindernisse zu überwinden, wobei Informationen ausgetauscht werden. Funktionierende Kommunikation bedingt ein Geben und Nehmen.

Auch in der Technik wird inzwischen von Kommunikation gesprochen. Technische Geräte kommunizieren miteinander, etwa Computer mit Druckern, Bildschirmen und Netzwerken etc.

Interessant ist, dass die Kommunikation technischer Geräte häufig gestört zu sein scheint. Die Ursache ist aber oft der Mensch und nicht die Maschine, auch wenn häufig und gerne auf die Unverständlichkeit der Computer verwiesen wird.

Zwischenmenschlich erscheint Kommunikation einfach und selbstverständlich. Spätestens aber, wenn wir auf Unverständnis, Missverständnisse und daraus resultierende Misserfolge stoßen, sollten wir unsere Fähigkeit zur Kommunikation hinterfragen und erkennen, dass Kommunikation weder selbstverständlich noch einfach ist. Erschwert wird Kommunikation, wenn dem Kommunizierenden die Distanz verloren geht und er Vorurteile und Erfahrungen einfließen lässt. Eine subjektive und somit gestörte Kommunikation ist die Folge.

Kommen wir auf den elementaren Unterschied zwischen Zuhören und Hinhören zurück. Wer zuhört, der bewertet, beurteilt und vergleicht. Hier findet selten produktive, zielorientierte Kommunikation statt. Der Zuhörer wartet auf ein Stichwort und kommuniziert dann nicht, sondern führt einen Monolog.

Wer hinhört, gibt etwas: seine ungeteilte Aufmerksamkeit. Und er nimmt etwas, nämlich Informationen und den Impuls, die Kommunikation seinerseits aufrecht zu erhalten.

Wer nur zuhört, auf sein Stichwort wartet und dann „loslegt", führt häufig kein Gespräch, keine konstruktive Kommunikation, sondern steuert auf eine Konfrontation zu.

Wer bei der Kommunikation nicht nach Gemeinsamkeiten sucht, also nur sendet und nicht empfängt, der versteht Kommunikation weniger als Mittel zur Verständigung, sondern eher als verbalen „Kriegsschauplatz". Diese Menschen neigen gerne dazu jede konstruktive, negative und sachliche Kritik, sowie andere Meinungen, als persönliche Beleidigung zu werten. Hier wird aus dem Geben und Nehmen oft ein Schlagabtausch, der nicht selten mit unsachlichen, persönlichen und absichtlich falschverstandenen Worten und „Fakten" geführt wird. Diese „Zuhörer" und „Kommunikationsverweigerer" greifen häufig zum Mittel des Schreiens, um ihrer Hilflosigkeit Ausdruck zu verleihen. Die Unfähigkeit des harmonischen Gebens und Nehmens findet so ihr Ventil.

Wer mit diesen Schreihälsen zu tun hat, kann mit ruhiger Gelassenheit reagieren und zusehen, das Gespräch zu beenden. Selten wird an dieser Stelle noch echte Kommunikation stattfinden.

Wer unsachlich, feindselig und aggressiv auf konstruktive Kritik oder andere Meinungen reagiert, dem dürfen wir unser Mitgefühl zuteilwerden lassen. Diese Menschen haben oft Minderwertigkeitsgefühle und betrachten konträre Meinungen oder negative Kritik nicht als Optimierungspotential, sondern als persönlichen Angriff.

Neben der verbalen ist die nonverbale Kommunikation ebenso wichtig.

Ein Lächeln, Zwinkern oder Hochziehen der Augenbrauen übermittelt dem Empfänger auch ohne Worte einen Kommunikationsansatz. So manche große Liebesbeziehung fand nonverbal ihren Anfang, gleiches gilt allerdings auch für den Streit.

Wie gestört das verbale Kommunikationsverhalten inzwischen ist, sehen wir exemplarisch bei vielen Politikern und deren Diskussionspartnern. Selten wird hingehört und man hat kaum den Eindruck, hier fände ein Austausch statt, würde gegeben und genommen. Die Gespräche erscheinen feindselig und unoffen für Informationen, Anregungen und Impulse der Gesprächspartner.

Die „Kommunikationskultur" im Bundestag und in den Landesparlamenten hat weder etwas mit Zivilisation noch mit Kultur zu tun. Es wird die eigene Rede geschwungen, nur bei den eigenen Leuten geklatscht, nicht hingehört, wenn abweichende Meinungen vorgetragen werden, dazwischen gebrüllt, sich abgewandt, rausgegangen oder gebuht, wenn politische „Gegner" etwas sagen und statt hinzuhören, wenn Redner anderer Fraktionen sprechen, wird auf das Smartphone geglotzt. Ignorant, unhöflich und vor allem nicht im Sinne des zu vertretenden Volkes. So verhalten sich keine Volksvertreter! So verhalten sich nicht einmal Kinder in der fünften Klasse. Zum Fremdschämen, wie sich viele Politiker verhalten und wie wenig hier Kommunikation im ursprünglichen Sinne betrieben wird!

An dieser Stelle darf auch die Bundespresse-Konferenz Erwähnung finden. Ein Ort, an dem die Presse im Namen des Volkes, der Leser und Zuschauer Fragen an die Regierung stellen sollte, die kritisch und investigativ sind. Eine „Institution", die allerdings diesem Anspruch nicht gerecht wird, sondern wo auf negativ kritische Fragen gar nicht oder abfällig ausweichend geantwortet wird und ein Raum, in dem sich nur system- und regierungsfreundliche Journalisten wohlfühlen können. Die Bundespresse-Konferenz ist zu einer Selbstdarstellungsbühne der Regierung verkommen, bei der aus einst kritischen Journalisten willige Claqueure des Systems geworden sind.

Hier zeigt sich, dass bereits in der Kindheit vieler die Weichen für gesunde Kommunikation falsch gestellt wurden.

Eltern haben beim Erlernen von Kommunikation eine entscheidende Vorbildfunktion. Es gilt zu vermitteln, dass ein erfolgreiches, harmonisches Miteinander nur gemeinsam möglich ist.

Wer Harmonie und Freude geben und nehmen will, betreibt Kommunikation in Sinne der ursprünglichen lateinischen Bedeutung. Er lässt teilnehmen, teilt mit, sucht Gemeinsamkeiten und Anteilnahme.

Das Interesse am anderen Menschen, seinen Ansichten, Wünschen, Bedürfnissen und die Toleranz gegenüber anderen Ansichten ist das Lebenselixier intakter, produktiver Kommunikation.

Funktionierende Kommunikation bedingt Rede und Antwort. Insofern haben wir heute, trotz aller technischen Kommunikationsmittel, keine wirklich funktionstüchtige Kommunikation mehr:

So ist es inzwischen üblich, Anrufe, Bewerbungen, E-Mails, Briefe und SMS-Nachrichten zu ignorieren.

Wer gern eine Antwort von seinem Gegenüber bekommen möchte, sollte sich ebenso verhalten. Wer Anfragen, gleichgültig in welcher Form, nicht beantwortet, hat die Gesetzmäßigkeiten der Kommunikation nicht verstanden. Jeder hat Fragen und sucht Antworten. Wer nur fragt und nie oder nur nach Gutdünken antwortet, durchbricht den Kreislauf des Lebens. Seine Ignoranz wird ihn unverhofft und unerwartet einholen.

Beantworten Sie prinzipiell Ihre Briefe und Nachrichten. Sie verlangen dasselbe von anderen. Wer Anfragen ignoriert, ist unhöflich und/ oder hat Angst vor dem Wort nein.

Eine Antwort, sei sie auch noch so kurz, gehört zum respektvollen, zwischenmenschlichen Umgang und ehrt sowohl den Antwortenden als auch den Fragenden. Auch wenn Ihre Antwort nur aus einem kurzen „Nein, danke" besteht, antworten und kommunizieren Sie!

Kommunikation sollte das Ziel haben, einander näher zu kommen und zu verstehen oder sich abzugrenzen. Wer für sich, seine Standpunkte, Interessen, Ansichten und Wünsche Verständnis einfordert, sollte dem Kommunikationspartner Gleiches zugestehen. So unterhaltsam ein Monolog sein kann, so wenig trägt er zu einer fruchtbaren zwischenmenschlichen Entwicklung bei.

Frage: Wie kommunizieren Sie?

Zur fruchtbaren zwischenmenschlichen Entwicklung trägt auch das folgende Wort bei.

Konsequenz

„Konsequenz ist keine absolute Tugend. Wenn ich heute eine ande-re Einsicht habe als gestern, ist es dann für mich nicht konsequent, meine Richtung zu ändern? Ich bin dann inkonsequent meiner Ver-gangenheit gegenüber, aber konsequent gegenüber der Wahrheit. "
Mahatma Gandhi

Kaum ein Wort lässt sich so kurz definieren wie Konsequenz. Die Definition erklärt das, aus dem Lateinischen consequi in unseren Sprachgebrauch übernommene, Wort als zwingende, mindestens je-doch mögliche Folge eines Anfangssachverhaltes. Wenn A stattfin-det, resultiert daraus möglicherweise oder sogar zwingend B.

Konsequenz ist eine der Tugenden auf dem Weg zum Erfolg. Gleichgültig, ob wir mit Kindern, Mitarbeitern oder Partnern zu tun haben, unser konsequentes Verhalten ist der Schlüssel zum erfolgreichen Umgang mit anderen Menschen.

Konsequenz erlaubt es anderen Menschen, unsere Verläss-lichkeit einzuschätzen.

Wer bei Kindern inkonsequent ist, geht möglicherweise kurzfris-tig den bequemen Weg. Mittel- und langfristig wird ihm seine Inkonsequenz bei der Erziehung der Kinder aber im Weg stehen und die Kinder schädigen.

Ein Beispiel: Sie erklären Ihrem Kind, dass es notwendig ist, sich vor dem Essen die Hände zu waschen. Oft achten Sie darauf, oft auch nicht. Ihre Inkonsequenz führt dazu, dass Ihr Kind die Wichtigkeit des Händewaschens nicht einzuschätzen vermag. Das hygienische und kulturelle Ritual verkommt von einer „Muss-Regel" zu einer „Kann-Regel".

Ein weiteres Beispiel: Sie möchten mit dem Rauchen aufhören. Nach drei Tagen gönnen Sie sich eine kleine Zigarette. Ihre Inkonsequenz quittiert Ihr Körper sofort mit dem Verlangen nach mehr. Ehe Sie es sich versehen, kommt die zweite, dritte und vierte Zigarette dazu und Sie rauchen wieder.

Konsequenz ist im Umgang mit anderen Menschen ebenso notwendig wie im Umgang mit sich selbst. Die Regel „Einmal ist keinmal" gilt ausschließlich für Inkonsequente. Hier sind es wieder die Politiker, denen nicht zu Unrecht nachgesagt wird, ausschließlich nach dem Winston Churchill zugeschriebenen Motto zu handeln:

Was kümmert mich mein dummes Geschwätz von gestern.

Interessanterweise fordern viele Zeitgenossen von ihren Mitmenschen Konsequenz ein und sind bei sich selbst nicht dazu in der Lage. Dabei erleichtert uns Konsequenz in vielen Situationen das Leben. Das beste Beispiel für den Wert von Konsequenz ist der Sport. Gemeint ist das Training. Wer konsequent Sport treibt, erfährt nach kurzer Zeit Muskelzuwachs, Konditionssteigerung und Fettreduzierung. Inkonsequenz hingegen schafft Misserfolge und demotiviert. Zudem macht sie uns bei anderen und uns selbst gegenüber unglaubwürdig. Eine bekannte Volksweisheit beschreibt das Wesen der Konsequenz.

Wer A sagt, muss auch B sagen.

Gemeint ist, wer etwas beginnt, sollte auch die Konsequenz an den Tag legen, es zu beenden. Wer allerdings konsequent unehrlich, lieblos, achtlos und unfreundlich durchs Leben geht, dem wünsche ich und sicher auch Sie, dass er ab sofort inkonsequent ist.

Frage: Wie konsequent sind Sie?

Nur wenige Menschen gehen durch ihr Leben und sagen sich: Jetzt will ich aber mal wieder so richtig konsequent lieblos, achtlos und unfreundlich sein. Wer solche Menschen kennt oder mit ihnen lebt, sollte das Verhalten offen ansprechen und eine ganz wichtige Übung praktizieren, nämlich die „Kritik".

Kritik

„Kritik ist vor allem eine Gabe, eine Intuition,
eine Sache des Takts und des Spürsinns. "
Henri Frederic Amiel

Kritik wird als negativ und schlecht assoziiert. Das ist sie aber nicht. Die Kritiker von Theateraufführungen können eine positive oder negative Kritik abgeben. Kritik ist eine Beurteilung. Hier kann das Urteil gut oder schlecht sein.

Zwischenmenschlich ist Kritik immer positiv. Etwa bei einem Gespräch, bei dem unser Gegenüber Kritik daran übt, dass wir zu schnell sprechen. Wir könnten darauf erwidern; „Das hat mir noch keiner gesagt." Oder: „Ich hab' halt wenig Zeit." Klug wäre es, sich für die Kritik zu bedanken, sie als konstruktiv und positiv zu werten und daraus zu lernen, mit diesem Menschen in Zukunft langsamer zu sprechen.

In jedem Fall hilft negative Kritik uns dabei, uns weiterzuentwickeln. Positive Kritik ist schön, aber leider nur eine flüchtige, angenehme Bestätigung. Negative Kritik kann beflügeln und öffnet ungeahnte Potentiale in uns. Wer uns kritisiert, kann dies aus vielerlei Gründen tun.

- Um uns mit seiner negativen Kritik zu erniedrigen und sich dabei aufzuwerten. Hier hilft Gelassenheit, gepaart mit einer Prise Mitgefühl. Der arme Mensch braucht die Erniedrigung anderer, um sich größer zu machen, als er ist.
- Weil er neidisch auf uns oder unsere Leistungen ist. Diese Kritik kann uns gleichgültig sein.
- Weil er uns schätzt und ihm unsere Entwicklung am Herzen liegt. - Danke für solche Mitmenschen.
- Weil er grundsätzlich an allem etwas Negatives zu kritisieren hat. - Ihm gilt unser Mitgefühl. Hier stellt sich die Frage, was in dessen Welt alles im Argen liegt.

Negative Kritik zeigt uns entweder, dass wir uns noch verbessern und steigern können. Seien wir dankbar für diese Kritik. Oder sie zeigt uns, dass sich derjenige, der uns kritisiert hat, irrt. Auch dafür können wir dankbar sein, beweist die Kritik doch, dass wir alle fehlbar und menschlich sind.

Seien wir dankbar für jede negative, konstruktive Kritik. Sie ist das Elixier in der Entwicklung der Menschheit. Nehmen wir negative Kritik nicht persönlich.

Oft möchte uns der Kritisierende weder kränken noch verletzen. Er will nur Verbesserungsmöglichkeiten in unserem Denken oder Handeln aufzeigen, uns in unserer Entwicklung zu helfen. Danken wir ihm, denn er sieht uns in einem anderen Blickwinkel, als wir es tun.

Blicken wir in den Spiegel, sehen wir uns spiegelverkehrt. Andere Menschen sehen uns jedoch, wie wir wirklich sind. Das bedeutet, sie sehen uns anders, als wir uns selbst sehen. Scheuen wir eher den Blick in den Spiegel und weniger den in die Wahrheit der Kritik anderer an uns.

Positive Kritik bestätigt nur, negative Kritik verhilft zur Weiterentwicklung.

Frage: Wie gehen Sie mit negativer Kritik um? Können Sie sachlich kritisieren?

Nachfolgend eine wenig konstruktive Kritik an der Kundenfreundlichkeit in Deutschland.

Kunde

„Ich habe kein Marketing gemacht! Ich habe
immer nur meine Kunden geliebt."

Zino Davidoff

Jeder von uns ist Kunde, kauft Dienstleistungen, Waren oder imaginäre Träume. Der Kunde zahlt das Gehalt der Verkäufer und Dienstleister und sichert das Einkommen der Unternehmer sowie die Steuereinnahmen des Staates.

Der Kunde ist König.

In Ermangelung von Königen in der Gegenwart ist es verständlich, dass das „gemeine Volk" den Umgang mit Königen verlernt hat.

Hier ist ein Kreislauf entstanden, der ein Umdenken und eine andere Form des Handelns nicht möglich erscheinen lässt. Obwohl jeder von uns jeden Tag in vielen Bereichen Kunde ist, und obwohl wir wissen, wie wichtig Kundenwünsche und deren Achtung sind, benehmen wir uns häufig nicht danach. Im Gegenteil, kundenunfreundliches Verhalten von Unternehmen und Verkäufern wird inzwischen als gottgegeben hingenommen.

Dazu eine kleine Geschichte! Vor nicht allzu langer Zeit ging ich in Berlin in einen Supermarkt. An den Kassen angekommen, wurde meine morgendliche Dynamik von der Menschenschlange an den beiden Kassen gebremst. Verdutzt stellte ich fest, dass von vier vorhandenen Kassen nur zwei geöffnet waren. In beiden Warteschlangen standen mehr als 10 Kunden. Als ich nach gefühlten zwei Stunden Wartezeit (tatsächlich wohl 15 Minuten) an der Reihe war, fragte ich, ob es denn nicht besser wäre, eine dritte Kasse zu öffnen. Lakonisch wurde mir mitgeteilt, dass dafür kein Personal zur Verfügung stünde. Mein ironischer Vorschlag, die beiden Kassen, die unbesetzt waren, abzubauen und dafür bequemere, größere Sessel für die Kassiererinnen aufzustellen, wurde ignoriert.

Von den anderen wartenden Kunden kam dazu nur ein Kommentar: Ich hätte ja früher etwas sagen können und im Übrigen sei die Kassiererin nur eine kleine Angestellte, die ohnehin nichts ändern könne.

Resigniert sah ich die anderen Kunden an und dachte mir, dass es offensichtlich zum guten Ton eines anständigen Deutschen gehörte, brav und stumm in der Warteschlange zu verharren, bis er aufgerufen wird.

Dass der Supermarkt zu einer Kette gehört, die mit dem Slogan wirbt: „Wir lieben Lebensmittel“, dokumentiert nur, wer hier im Mittelpunkt steht und wem die ganze Aufmerksamkeit und Zuneigung gilt: nicht dem Kunden.

Wenn der König Kunde sich seiner Macht und seines Einflusses bewusst wäre, dann gäbe es einen unüberhörbaren Knall in unserer Konsumgesellschaft.

Die Unternehmen, die ihre Kunden trotz ärztlichen Attests während der Maulkorbpflicht nicht in ihre Geschäfte ließen, weil sie keinen „Mundschutz" trugen, sind weder kundenorientiert noch gut informiert gewesen. Ich boykottiere für immer all diese Unternehmen. Ich tue das aus Solidarität zu all den Kranken, die mit dem gesundheitsschädlichen Maulkorb noch kränker geworden wären und die zum Spießrutenlaufen durch die Geschäfte gezwungen wurden, um überleben zu können.

Kundenverhalten und Wählerverhalten sind vergleichbar. Immer weniger Menschen gehen zur Wahl, weil sie der Meinung sind, sie könnten mit ihrer Stimme sowieso nichts ausrichten. Das gleiche gilt für uns als Konsumenten. Viele gehen dort einkaufen, wo sie nicht als König Kunde, sondern als lästige Begleiterscheinung verstanden werden. Gingen alle konsequent nur noch in jene Geschäfte, wo sie königlich bedient werden, entstünde in kürzester Zeit eine royale Einkaufgesellschaft.

Kunden werden ihre Meinung anderen gegenüber kundtun, besonders wenn sie schlecht bedient wurden oder die Ware schlecht war. Noch in den 1970er Jahren teilte ein unzufriedener Kunde sieben anderen Kunden seine Unzufriedenheit mit. Im 21. Jahrhundert hat sich diese Zahl mehr als verdreifacht. Wer mit einer Dienstleistung oder einem Kauf unzufrieden ist, erzählt dies nun mehr als 20 weiteren Kontakten. Im Internet kann sich dieser Wert vertausendfachen.

Abgesehen davon, dass diese Zahlen eine deutliche Sprache sprechen und ein Plädoyer für kundenfreundlicheres Verhalten sind, ist es inakzeptabel, dass das Management so vieler Unternehmen elementares Wissen über Aktion und Reaktion von Kunden geradezu sträflich ignoriert.

Jeder von uns ist jeden Tag irgendwo Kunde. Fordern wir unser Königreich ein.

Verweigern wir uns Unternehmen, die mit langen Warteschlangen an Kassen oder unerreichbaren Telefon-Hotlines dokumentieren, wie wenig sie uns und unser Geld wertschätzen. Erkennen wir unsere Macht als Kunde und als Wähler. Ein Ameisenhaufen funktioniert nur, weil sich die Insekten als Einheit verstehen und entsprechend agieren.

In meinem Büro funktionierte vor einiger Zeit das Telefon plötzlich nicht mehr. Schnell fand ich heraus, dass die Telefongesellschaft bei meinem Nachbarn einen Anschluss installiert und dabei versehentlich meinen auf seinen umgeleitet hatte. Prima! Jetzt kamen meine Anrufe bei ihm an. Sofort rief ich bei der Telefongesellschaft an, tippte auf Anweisung der Computerstimme verschiedene Nummern in mein Telefon ein – und flog aus der Leitung.

Geduldig rief ich erneut an. Wieder hatte ich den Sprachcomputer in der Leitung und arbeitete mich bis zum ersehnten Mitarbeiter durch. Dreimal klingelte es und wieder flog ich raus. Wissend, dass es nichts bringt, sich zu ärgern, ärgerte ich mich trotzdem und versuchte es ein drittes Mal. Nach etwa sieben Minuten erreichte ich eine Mitarbeiterin (Achtung! An dieser Stelle sollten Sie sich unbedingt den Namen der Telefonisten geben lassen und aufschreiben).

Unfreundlich und betont gehetzt hob die Dame ab und fragte, was ich für ein Problem hätte. Schnell war erklärt, worum es ging, ebenso schnell kam die Antwort: „Ihre Kundennummer?" Damit konnte ich leider nicht dienen, da ich für diesen Anschluss nicht Kunde dort war (Angesichts ähnlicher Kundenfreundlichkeit hatte ich schon vor Jahren auf die Dienste dieses Unternehmens verzichtet!). Ich erklärte also, dass ich keine Kundennummer hätte. Weiter kam ich nicht, denn da hatte die Mitarbeiterin bereits aufgelegt. Toll! Dreimal in der Warteschleife gehangen, eine halbe Stunde Zeit investiert und kein Ergebnis.

Dem geneigten Leser möchte ich an dieser Stelle nicht vorenthalten, dass ich am gleichen Tag noch jedem davon berichtet habe und vier Bekannte von mir dieselbe oder eine ähnliche Geschichte zu berichten hatten.

Was zeigt, dass der Kunde bei uns selten König ist und dass viele Unternehmen ihre Abläufe lieber nach ihren Bedürfnissen und nicht nach denen der Kunden organisieren. Die Unsitte der meisten Telefongesellschaften, Rechnungen nur noch via Internet anzubieten und für postalische Fakturierung bis zu 3,00 € zu verlangen, grenzt an Erpressung der Millionen Rentner, die sich nicht mehr der Technik des Internets bedienen können oder wollen und ist darüber hinaus ein deutliches Beispiel für intransparente und kundenunfreundliche Preisgestaltung.

Die Konsumenten als Ganzes könnten viel bewegen. Wären wir uns dessen bewusst, dann würde so mancher Premium-Autoverkäufer in Zukunft hinter seinem Schreibtisch hervorkommen und zum König Kunden gehen, statt darauf zu warten, dass dieser um eine Audienz beim ihm ersucht. Wären wir uns unserer Stärke als Kunden bewusst, gäbe es keine Telefoncomputer, sondern Menschen in Dienstleistungszentren, die diesem Begriff gerecht würden.

In vielen Supermärkten werden zurzeit Selbstbedienungskassen getestet. Die Kassiererin soll in Zukunft durch Computer ersetzt werden. Die Idee ist nachvollziehbar und legitim. Der Wert einer Kassiererin wird dabei allerdings weder berücksichtigt noch geschätzt.

In einem kundenorientierten Unternehmen steht der Kunde im Mittelpunkt. Seinen Ansprüchen gerecht zu werden, ist das oberste Unternehmensziel. Wird dieses Ziel erreicht, wächst der Erfolg der Firma.

Würde ein Supermarkt seinen Kassiererinnen ihre Bedeutung als zentrales Bindeglied zwischen Kunden und Unternehmen vermitteln, könnten die Mitarbeiter dem Ziel des Supermarktes effektiver gerecht werden. Die Kunden würden an der Kasse freundlich begrüßt, betreut und verabschiedet. Das Kassieren böte so die optimale Gelegenheit zur Kundenpflege und -bindung.

Nur weil wir von Kassiererinnen bisher nicht mit Namen begrüßt werden, bedeutet das keinesfalls, dass man das nicht tun sollte. Menschen hören ihren Namen gerne. Die meisten Tankstellen machen es uns vor. Wer mit der EC-Karte bezahlt, wird mit seinem Namen angesprochen. Einfach und effektiv.

Stellen Sie sich vor, die Kassiererin in Ihrem Supermarkt würde Sie eines Tages folgendermaßen ansprechen: „Guten Morgen! Sie kommen so oft zu uns und ich habe mich noch nicht vorgestellt. Mein Name ist Mandy Cash". Anschließend würde die Kassiererin Ihren Namen von Ihrer Scheckkarte dezent ablesen und Sie namentlich verabschieden. Damit könnte eine neue Form von Kundenbeziehung kreiert werden. Zudem erhielte der Mitarbeiter über den Rahmen des Kassierens hinaus mehr Verantwortung. Die menschliche Komponente würde zu einem Faktor der Kundenbindung. Das funktioniert nicht bei 100 Prozent der Kunden, sicher aber bei der Mehrheit.

Computer können Supermarktkassiererinnen ersetzen. Unternehmen wie Kunden sollten sich jedoch fragen, ob sie diese Entwicklung tatsächlich für wünschenswert halten und was dann noch den Unterschied zwischen Supermarkt A und Supermarkt B ausmacht.

Wenn es nur die Farbe des Logos und der Preis ist, wird das allein nicht ausreichen. Kassierer sind auch Verkäufer. Wenn die Unternehmen sie durch Kassencomputer ersetzen, verschenken sie damit Verkaufspotential.

Vor allem Unternehmenslenker haben eine besondere Position, wenn es um Kundenzufriedenheit geht. Ein Unternehmer, der sein Mitarbeiterteam nicht adäquat auf die Erfüllung der Kundenzufriedenheit eingeschworen hat und in dessen Abwesenheit die Mitarbeiter nicht kundenorientiert arbeiten, darf sein Unternehmen nicht verlassen oder muss damit rechnen, auch in seiner Freizeit jederzeit von Kunden kontaktiert zu werden, wenn sie ihre Rechte auf Zufriedenheit einfordern.

Unlängst sagte die Geschäftsführerin eines großen Fitnessclubs in Berlin zu mir: „…ich weiß ja, dass unsere Mitglieder dumm sind …“!

Unternehmer oder Unternehmenslenker, die derart über ihre Kunden sprechen, gibt es häufiger als gedacht. Glücklicherweise haben wir als Konsumenten die Möglichkeit, nicht dort zu kaufen bzw. zu verkehren.

Als Kunde können wir viel für unsere Zufriedenheit tun. Belohnen wir gute Verkäufer und Dienstleister, indem wir uns für die gute Beratung bedanken, sie weiterempfehlen und wieder bei ihnen kaufen. Honorieren wir Unternehmen, die kundenorientiert arbeiten und boykottieren wir jene, die uns von unserem Königsthron verbannen möchten.

Ein Grund, weshalb viele Verkäufer und Dienstleister so wenig kundenorientiert sind, mag daran liegen, dass sie den Umgang mit Menschen nicht lieben. Doch ohne Liebe kein Erfolg!
Frage: Werden Sie gerne königlich bedient?

Kommen wir nun zum L und einem Wort ohne dessen Existenz viele Mitmenschen überraschend wortlos wären.

Lästern

„ Viele Menschen sind zu gut erzogen, um mit vollem
Mund zu sprechen, aber sie haben keine Bedenken,
dies mit leerem Kopf zu tun. "
Orson Welles

Gelästert wird überall. In der Schule, am Arbeitsplatz und in den Straßencafés dieser Welt. Dabei tut sich der Lästernde keinen Gefallen. Beim Lästern belasten wir einen anderen Menschen mit unserer Last. Wir belästigen den anderen. Selbst wenn er dies häufig nicht direkt erfährt, wird ihm die Last energetisch zukommen. Wer lästert, sollte sich bewusst sein, dass er dem Opfer die Last aufbürdet, die er mit sich herumschleppt.

Wir erleichtern uns und belasten andere Menschen. Dabei belassen wir es nicht bei einem Opfer. Wieder und wieder erniedrigen wir einen Mitmenschen, um daran vermeintlich an Größe zu gewinnen. Doch Lästern geht immer zu eigenen Lasten und zudem gilt:

Achte auf die Gabe der wohltuenden Worte.

Anstatt zu lästern, uns über andere und anderes zu erheben, ist es konstruktiver, gut über andere zu sprechen oder ansonsten zu schweigen. Wohlwollende Worte haben eine einzigartige Kraft, die wie eine Initialzündung das Universum erhellen kann. An dieser Stelle wünschte ich mir die Mitglieder des deutschen Bundestages und so manchen Boulevardjournalisten als offenen Leser. In beiden Fällen bedürfte es dringend des mentalen Loslassens alter Glaubenssätze und Gewohnheiten.

Frage: Nutzen Sie die Gabe der wohltuenden Worte?

Weniger Lästern bedeutet mehr Lebensqualität. Vor allem für den Lästernden. Womit wir beim nächsten Wort wären.

Leben

„ Wahrlich, unser Leben währet nur kurz, darum durchmesst seine Bahnen auf das fröhlichste. "

Euripides

In „Du bist, was Du sagst" von Joachim Schaffer-Suchomel und Klaus Krebs findet sich eine überraschende Herleitung des Wortes. Hier wird Leben auf das Wort Leim zurückgeführt. Leben findet sich im Kleben wieder und ist mit dem Wort Lehm verbunden. Im christlichen Glauben erschuf Gott Adam aus Lehm. Leben hängt direkt mit dem Schöpfen und Kreieren zusammen. Wenn wir nicht kreieren, wird das Leben zäh und leblos.

Das Leben ist ein oft verkanntes Spiel. Wir nehmen uns und das Leben dabei zu schwer und zu wichtig. Es gibt keine Regel, die besagt: Nur wer hart arbeitet und Entbehrungen auf sich nimmt, kann das Leben genießen. So wie das Wasser den Weg des geringsten Wiederstandes nimmt und dies nie bergauf tut, so sollten wir das Spiel des Lebens leicht und entspannt spielen, eben leben. Es gilt hier, eine elementare Regel zu beachten:

Leben ist heute.

Viele leben in der Vergangenheit oder Zukunft! Sie jammern: „Damals war alles besser! Weißt Du noch, wie schön das war?"

Oder sie schwärmen: „Eines Tages werde ich mir etwas Schönes gönnen."

Gestern war gestern und ist vorbei. Die Vergangenheit ist vergangen und wird bis zur Erfindung der Zeitreise dort bleiben, wo sie hingehört, in unseren Erinnerungen. Die Zukunft ist noch nicht geschrieben und gleichgültig, wie aussichtslos oder sinnlos uns das Leben scheinen mag, heute gestalten wir unser morgen. Leben ist heute, bedeutet aber nicht, in den Tag hineinzuleben und den lieben Gott einen netten Mann sein zu lassen.

Es heißt, den Tag zu erleben. Jeden Tag so zu leben, als wäre es unser letzter. Leben bedeutet Genuss in vollen Zügen, ohne dies zu Lasten anderer zu tun. Leben ist Verantwortung. Sich selbst gegenüber ebenso wie den anderen Lebewesen um uns herum. Die Made im Speck macht sich in ihrem Leben keine Gedanken über den Schaden, den Ihre Existenz anrichtet. Wir können das. Leben im Hier und Jetzt bedeutet, zur selben Zeit die volle Verantwortung für unser Handeln zu übernehmen. Kein anderer sollte uns dieser Verantwortung berauben.

Frage: Genießen Sie das Spiel des Lebens?

Was wäre das Leben ohne die Liebe?

Liebe

„Was man nicht liebt, kann man nicht machen. "
Johann Wolfgang von Goethe

Das L in dem Wort Erfolg könnte für Liebe stehen. Die Dinge, die wir mit Liebe angehen, werden von Erfolg gekrönt sein.

Kaum ein Wort hat so viele verschiedene Bedeutungen wie das Wort Liebe. So inflationär wird bestenfalls der Begriff „ehrlich" eingesetzt.

Ich liebe Dich.

Einer der kürzesten und ausdrucksstärksten Sätze. Allerdings definiert jeder Mensch Liebe anders. Liebe heißt geben. Bedingungslos. Wer von Herzen liebt, liebt frei und unkontrolliert.

Liebe hat nichts mit Besitz zu tun. Auch wenn viele Partnerschaften zu Eigentumsgemeinschaften verkommen sind.

Wer wirklich liebt, erkennt, dass er nicht besitzt. Er liebt. Liebe heißt geben und loslassen. Wer den geliebten Menschen loslässt, nicht festhält und ihm die Freiheit gibt, die wahre Liebe bedingt, der zeigt sich des Wertes der Liebe würdig.

Liebesbriefe sind sehr entlarvend! Wenn sie dort lesen: „Ich liebe Dich mit aller Leidenschaft", passen Sie auf! In dem Wort Leidenschaft steckt Leiden! Wer wünscht sich schon einen Partner, der einem Leiden verursacht? Steht in dem Liebesbrief allerdings „Ich kann ohne Dich nicht leben, ich brauche Dich etc.", dann könnte es sein, dass es mehr um den Schreibenden als den Empfangenden geht.

Es gibt Partnerliebe, familiäre Liebe, Nächstenliebe, Gottesliebe, Ideenliebe und Selbstliebe.

Erinnern Sie sich noch an Aladin und die Wunderlampe? Einmal an der Lampe gerieben und der Geist erschien, um Wünsche zu erfüllen. Dabei waren es nur drei Wünsche, die der Geist dem jeweiligen Besitzer erfüllen konnte. Wie schön wäre es im wirklichen Leben, wenn einem so ein guter Geist dienlich wäre. Zumindest hin und wieder. Wenigstens dreimal im Leben. Dabei gibt es jedoch einen Haken. Die Wünsche, die man sich spontan erfüllt, können einem ein paar Jahre später, aus einer anderen Lebensperspektive betrachtet, als pure Verschwendung vorkommen. Der neue Luxuswagen ist in zehn Jahren weder neu noch luxuriös, das Haus bald zu klein oder renovierungsbedürftig und der Traumpartner vielleicht ein Alptraum.

Dabei haben wir alle einen guten Geist, der unsere scheinbar unmöglichen Wünsche ermöglicht. Er ist immer bei uns. Man kann ihn jederzeit rufen. Um von ihm gehört zu werden, bedarf es einer Voraussetzung, einer Bedingung - der Liebe. Wichtig dabei ist Ihr Glaube an sich selbst und die eigenen Fähigkeiten. Wenn Sie an sich und an Ihre Wünsche glauben, dann kann der Geist Ihre Wünsche erfüllen. Der Geist ist in jedem von uns. Es ist die Liebe und der Glaube an uns selbst!

Ohne Eigenliebe wird uns auch kein anderer lieben. Ohne ein klares Ziel unserer Wünsche gibt es keine Zielerreichung. Sie haben jederzeit die Macht, alles Mögliche zu tun. Denn alles, was denkbar ist, ist auch möglich. Da möglich von mögen kommt, sind nur die Dinge möglich, die wir mögen können oder wollen. Wenn ich es für unmöglich halte, einen Partner zu finden, der mich liebt, dann hilft mir nur die Frage, ob ich mich selbst so liebe, dass dies auch ein anderer tun möchte.

Wichtig bei aller Selbstliebe ist die Fähigkeit zur Selbstkritik.

Selbstkritik hat etwas mit Wahrheit zu tun und Wahrheit tut vielen Menschen nicht gut (siehe auch „Wahrheit"). Sie täte Ihnen gut, weil Wahrheit manchmal schmerzliche Veränderungen zur Folge haben kann. Aber weil Veränderungen oft schmerzhaft sind, scheuen sich viele vor ihnen.

Sie sind Kettenraucher oder kennen einen. Wie fühlen Sie sich dann, wenn davon die Rede ist, dass maßloses Rauchen mit Selbstzerstörung zu tun hat?

Fühlen Sie sich als Raucher gut und können Sie zustimmen oder stört es Sie? Warum? Jeder Raucher weiß, dass übermäßiges Rauchen den Körper zerstört. Sich dieser Wahrheit zu stellen und aufzuhören, dazu fehlt vielen der Mut oder die Kraft. Dabei ist dies möglich, vorausgesetzt, wir lieben den Gedanken, nicht mehr zu rauchen.

Beginnen wir behutsam. Wir fangen damit an, uns selbst wieder von Herzen zu lieben. Wenn wir das geschafft haben, dann können wir unseren geliebten Körper nicht länger mit Kettenrauchen, Junkfood oder Sportabstinenz vergewaltigen. Dann geben wir unserer größten Liebe, uns selbst, das, was wir am meisten brauchen: Liebe und Zuneigung!

Auch aus Liebe zu einem anderen Menschen können wir mit dem Rauchen aufhören und gesünder leben.

Man muss sich keiner Religion zugehörig fühlen, um die Bedeutung dieser Worte zu verstehen und zu begreifen, dass unser Körper göttlich behandelt werden will, um Göttliches zu leisten. Dafür bedarf es der bedingungslosen Selbstachtung und Selbstliebe. Dann klappt's auch mit der Nächstenliebe.

Nächstenliebe hat nichts mit Religionen oder Kirchen zu tun. Dieses Wort wird zwar gerne von Religionen in Beschlag genommen, es gehört aber allen und ist für jeden von uns von unschätzbarem Wert. Schon der Klang des Wortes berührt viele positiv.

Frage: Wer ist der wichtigste Mensch auf der Welt für Sie? Wen lieben Sie?

Wenn wir einen anderen Menschen lieben und unsere Liebe wird nicht erwidert, hilft manchmal nur eines:

Loslassen

„Beim Streben nach Wissen wird täglich etwas hinzugefügt.
Bei der Einübung ins Tao wird täglich etwas fallen gelassen. "

Laotse

Ein schönes L-Wort, zu dem ich Ihnen gerne eine kleine Geschichte von Kurt Tepperwein erzählen möchte:

In Süden Indiens fängt man Affen mit einem einfachen und wirkungsvollen Trick. Man befestigt an einem Baum eine Kokosnuss mit einem Loch, das gerade groß genug ist, dass eine Affenhand hineinpasst. Dann legt man, wenn sich ein Affe nähert, etwas Süßes in die Kokosnuss und geht weg. Wenn der Affenjäger genügend Abstand zur Kokosnuss hat, greift der Affe in die Nuss, um an den Leckerbissen zu kommen. Will er die Hand wieder herausziehen, passt die geballte Faust mit dem Leckerbissen nicht mehr durch das Loch. Der Affe hängt fest. Er müsste jetzt nur loslassen und die Hand wieder herausziehen, aber genau das macht er nicht! Er schreit und zieht und jammert, aber er lässt nicht los. Der Jäger kommt und nimmt den wehrlosen Affen ganz einfach gefangen.

In einer solchen Falle hängen viele Menschen. Der Leckerbissen, den wir nicht loslassen wollen, ist häufig unser Verstand, der uns beherrscht und unserer gottgegebenen Intuition den Weg versperrt. Manchmal halten wir auch an Glaubenssätzen fest wie: Das kann ich nicht, das geht nicht oder das schaffe ich niemals. Schreiben Sie sich einmal auf, woran Sie alles festhalten. Was Sie schon lange hätten loslassen können, ja, loslassen sollen, um voranzukommen.

Sie brauchen nur loszulassen und sind frei.

Egal, woran Sie hängen, was Sie bisher nicht loslassen konnten. Sie haben sich selbst gefangen! Sie allein können sich befreien. Lassen Sie los. Der Streit mit dem Nachbarn oder in der Familie, die Überzeugungen, von denen sie nicht lassen können. Um alles möglich zu machen, befreien Sie sich von dem Ballast, der Sie bisher daran gehindert hat! Lassen Sie vor allem ein Wort los, das Wort Muss!

Es gibt nichts, was Sie müssen! Sie sind frei und es gibt nichts und niemanden auf der Welt, der Sie zu etwas zwingen könnte. Nun gut, werden Sie jetzt vielleicht sagen: Sie müssen Wasser trinken und essen und Sie müssen atmen. Müssen Sie das? Wie schön wäre es, wenn Sie es genießen würden. Jeden Atemzug, jeden Schluck und jeden Happen. Genießen anstatt zu müssen.

Ihre Arbeit macht Ihnen keinen Spaß? Dann arbeiten Sie nicht.

Machen Sie nichts, bei dem Sie das Gefühl haben, zu müssen. Tun Sie von heute an nur noch die Dinge, die Ihnen Freude machen. Das Leben ist zu kurz, um nicht das zu machen, was Freude bereitet! Finden Sie Ihre Berufung und üben Sie Ihre Berufung aus. Je schneller, desto besser.

Dabei kann auch unangenehme Arbeit mit Freude ausgeübt werden. Als ich mit 20 Jahren als Tellerwäscher in einem Restaurant arbeitete, war dies weder meine Berufung noch mein Traum. Ich machte das Beste daraus. Ein Spiel. Ich cremte mir die Hände ein, trug Gummihandschuhe und sorgte so zunächst dafür, dass meine Hände geschützt und während der Arbeit gepflegt wurden. Dann machte ich einen Wettkampf daraus, wer schneller war. Die Kellner, die das schmutzige Geschirr in die Küche brachten oder ich, der es abspülte. Das Spiel machte Freude und spornte mich an. Die Freude und der Ansporn übertrugen sich auf die Kellner und so machten wir aus einem wenig anspruchsvollen Job ein fröhliches, arbeitsames Spiel.

Wenn Sie jetzt sagen, nicht zu arbeiten und nur das zu tun, was meiner Berufung entspricht, ist für mich nicht möglich, dann überlegen Sie, was Sie an diesem Gedanken nicht mögen. In der Bibel steht: *Einem jeden geschehe nach seinem Glauben.*

Wahrscheinlich sind Sie glücklicher, wenn Sie anfangen, an Ihre Möglichkeiten, statt an Ihre Unmöglichkeiten zu glauben.

Sagt Ihnen Ihre Erfahrung, das sei unmöglich? Ignorieren Sie die Erfahrung und hören Sie auf Ihre Intuition – Ihr Herz! Wenn wir auf Erfahrung und Wissen vertrauen, dann vertrauen wir einem trügerischen Ratgeber.

Wissen ist veraltet, bestenfalls von vorhin. Intuition ist immer aktuell.

Eine liebe Freundin hat mich nach meiner letzten Radiosendung zum Thema „Alles ist möglich" gefragt, was ich den Menschen sage, die an sich glauben, hart an sich arbeiten, täglich alles für Ihr Ziel tun und trotzdem nicht vorankommen. Diesen Menschen erzähle ich die Kurt Tepperwein Geschichte vom Schwan:

Es war einmal ein Schwan, der auf einem See lebte und glücklich und zufrieden war. Mit seinem strahlend weißen Federkleid glitt er majestätisch und stolz über den See. Lustvoll schwang er gelegentlich die Flügel, um von einem Ende zum anderen zu fliegen. Eines Tages ging der Schwan neugierig an Land, hatte er doch gehört, dass dort alles besser sei. Unbeholfen und schwerfällig torkelte er am Ufer entlang.

Nach kurzer Zeit sah er einen Hasen, der flink seine Haken schlug. Schnell erkannte der Schwan, dass er nicht so flink war. Dann sah er einen Affen, der sich von Baum zu Baum schwang, und wieder musste der Schwan erkennen, dass er dies nicht konnte. Schließlich sah unser Schwan einen Bären. Und wieder musste er erkennen, dass er mit der Kraft und der Macht des Bären nicht mithalten konnte.

Innerhalb weniger Minuten wurde aus unserem majestätischen, stolzen Schwan ein Häufchen Elend. Der Schwan musste all seine Schwächen erkennen. Er konnte nicht schnell rennen, nicht von Baum zu Baum hüpfen und er war schwach. Er versuchte sein Bestes, um mit den anderen Tieren mitzuhalten. Doch so sehr er sich auch anstrengte, er konnte es nicht. Das Ergebnis war Frustration.

Der Schwan machte eine Erfahrung. Ich habe viele Mängel, ich bin nicht vollkommen, es gibt so vieles, was ich nicht kann, was ich aber gerne können möchte. Der Schwan hat etwas vergessen, das auch für uns wichtig ist: Er hat seine Stärken und seine Einmaligkeit vergessen. Der Schwan ging an Land und setzte sich falsche Ziele. Folgte nicht seiner Berufung, sondern eiferte falschen Vorbildern nach.

Er versuchte, so gut zu sein wie die anderen Tiere auf deren Spezialgebiet und konnte noch von Glück sagen, nicht auf einen Maulwurf gestoßen zu sein. Wahrscheinlich hätte er sich sonst vor lauter Scham im Erdboden verkrochen.

Die Geschichte vom Schwan hilft Ihnen zu erkennen, wo Ihre Stärken liegen. Wo fühlen Sie sich einmalig und gleiten majestätisch durch das Leben? Was ist Ihr wahres Ziel?

Was möchten Sie loslassen, um Ihre Berufung zu finden?

Schreiben Sie sich Ihre Ziele im Leben auf und finden Sie heraus, wo Ihre Stärken liegen und wie Sie mit Ihren Stärken majestätisch gleitend und stolz Ihre Ziele und Ihre Berufung erreichen. Die meisten Menschen leben von Anfang an nicht ihr Leben, sondern werden von den Eltern, der Umwelt oder imaginären Vorbildern in eine Richtung gedrängt, die nicht ihrer Aufgabe, Anlage und Wünschen entspricht. Lassen Sie den Druck, den andere auf Sie ausüben, nicht an sich heran. Werfen Sie ihn ab. Entdecken Sie den Schwan in sich und hören Sie auf Ihr Herz, das Ihnen genau sagt, was Ihre Berufung ist und womit Sie in Ihrem Leben glücklich sind. Glauben Sie an sich und Ihren Erfolg, denn

wer seinen Erfolg erzeugen will, muss von seinem Erfolg überzeugt sein.

Dafür bedarf es auch des Loslassens alter Gewohnheiten. Die goldene Regel ist hier:

Wer den Soll-Zustand erreichen möchte, sollte den Ist-Zustand loslassen.

Frage: Was möchten Sie loslassen?

Meinungsfreiheit

„ Wir schätzen die Menschen, die frisch und freiheraus sagen,
was sie denken – vorausgesetzt sie haben unsere Meinung. "
Mark Twain

Dieses wertvolle Wort vereint zwei wichtige Werte: Meinung und Freiheit!

Kaum ein anderer Begriff dokumentiert im täglichen Miteinander die Gewohnheit vieler zu

beurteilen, zu bewerten und zu vergleichen,

Menschen und deren Meinungen in imaginäre Schubladen zu stecken. Ein „Phantom" zu kreieren und alles, was diesem „Phantom" entspricht, ihm zuzuordnen und offensichtliche Fakten, die nicht diesem „Phantom" entsprechen, zu ignorieren!

Meinungsfreiheit hat vor allem für diejenigen einen besonderen Wert, die eine eigene Meinung haben. Interessanterweise kann auch hier der Satz zum Einsatz kommen:

Was nichts kostet, ist nichts wert!

Denn viele haben zwar eine „eigene" Meinung, sind sich aber nicht bewusst, dass es nicht ihre eigene Meinung, sondern die

Meinung anderer ist, die sie sich nur zu eigen gemacht haben. Kostenlos und frei Haus!

„Nichts kann mehr zu einer Seelenruhe beitragen, als wenn man gar keine Meinung hat." Georg Christoph Lichtenberg

Eine eigene Meinung wird durch Erfahrungen und Erlebnisse und durch Prägung von außen gebildet.

Genau hier verwechseln viele ihre eigene Meinung mit der von außen aufoktroyierten „Fremdmeinung".

Schon immer haben Kirchen und Herrscher den Menschen suggeriert, dass deren Weltbild, deren Glaubenssätze und Ziele die einzig wahren seien. Im Zeitalter der Massenmedien und „sozialen" Netzwerken sind es nun vor allem Großkonzerne, die den Menschen ihr Weltbild vermitteln und verkaufen. Es scheint so, als müsse man keine eignen Erfahrungen sammeln und sich keine Gedanken machen, was richtig, falsch, Gut und Böse ist. Im Fernsehen, auf Facebook und in der Tageszeitung wird uns die Meinung mundgerecht, „kostenlos" und leicht verdaulich offeriert.

Unsere Meinungen müssen wir nicht mehr „umständlich" empathisch abwägen oder durch eigene Erfahrungen bilden. Es reicht die Tageschau anzuschalten, um zu erfahren welche Meinung die „richtige" ist! Haben wir die politisch korrekte Meinung, benutzen wir die „richtigen" Begriffe und folgen wir den anerkannten Leitfiguren aus Politik, Wirtschaft und Kultur, dann ist unsere „eigene" Meinung nicht nur bequem, sie behütet uns vor Ausgrenzung und öffnet uns viele imaginäre Türen der Gesellschaft.

Die Majorität der Menschen begreift nicht, dass sie keine „eigene" Meinung gebildet, sondern lediglich die anderer übernommen haben. Dabei wird oft auch noch diese fremde Meinung „bis aufs Blut" verteidigt und jedwede negative Kritik als persönlicher Angriff gewertet.

Donald Trump ist wohl eines der besten Beispiele für diese Meinungsbildung. Vor allem in Deutschland haben viele eine „schlechte" Meinung von ihm. Er wird als Großmaul, Chauvinist und Egomane gesehen. Diejenigen, die so über ihn denken, diese Meinung über ihn haben, können jedoch in der Regel nicht auf eigene Erfahrungen mit Donald Trump zurückgreifen, um „ihr" Meinungsbild zu begründen. Sie haben oft auch nicht eine einzige Rede von ihm ungeschnitten gesehen. Vielmehr haben sie die Meinung anderer übernommen. Dabei wurde das Image, welches zu dieser negativen Meinungsbildung führte, so geschickt geformt, dass die „Fremdmeinung" als eigene empfunden wird. Dass dieser Präsident in seiner gesamten Amtszeit keinen einzigen Krieg geführt hat, die Impfpflicht abschaffte, den Nahen Osten befriedete, das Pentagon als Kriegstreiber bezeichnete, die Arbeitslosenzahlen auf den niedrigsten Stand seit den 1950er Jahren brachte, den größten Wirtschaftsaufschwung seit den 1980er Jahren initiierte, die Pharmaindustrie zwang, die Preise um bis zu 75% zu senken und den Drogen- und Menschenhandel an der Grenze zu Mexiko praktisch zum Erliegen gebracht hat, wird die „schlechte" Meinung der „Trump-Hasser" nicht ändern.

Denn so leicht es vielen von uns fällt, sich eine Meinung zu bilden, so schwer ist es auch oft, sie zu revidieren. Lieber wird das Zerrbild der Realität weiter verzerrt, als sich der vermeintlichen Unbequemlichkeit zu stellen, die „eigene" Meinung zu ändern. Zu sagen: Ich habe mich geirrt.

Dabei ist Irren menschlich. Vor allem dann, wenn man den Stab über andere bricht.

Wer sich trotz seiner „schlechten" Meinung über Donald Trump tatsächlich die Mühe gemacht hat, nicht nur die medial verstümmelten, kurzen Ausschnitte aus seinen Reden anzuschauen, könnte feststellen, dass dieser Mensch weder böse, dumm noch chauvinistisch ist. Man muss ihn nicht mögen und sein Auftreten gibt für einige bestimmt auch Anlass, ihn unsympathisch zu finden, doch wenn Sympathie ein Kriterium für die Güte eines Politikers wäre, dann säßen im Bundestag sicher 95% weniger „Volksvertreter".

Am Beispiel Trump sehen wir exemplarisch, wie uns Meinungen souffliert werden. Wer Trump nicht mag, ist gut, wer ihn mag, ist schlecht. So einfach ist es. Deshalb haben wir besser in der Öffentlichkeit eine schlechte Meinung von ihm, um weiter dazuzugehören. In den letzten Jahrzehnten wurde mehr und mehr verlernt, andere Meinungen zu dulden. Meinungen, die nicht der eigenen entsprechen, Meinungen, die nicht systemkonform sind.

Mehr und mehr ist unsere „Zivilisation" dazu übergegangen, eine „Einheitsmeinung" zu formen, in deren Rahmen man sich wunderbar bewegen, allerdings nie entfalten kann.

Nur eine starke Persönlichkeit vertritt auch ihre eigene Meinung und ist stark genug, diese nicht nur zu vertreten, sondern gegebenenfalls auch zu ändern. Schwache, angepasste Systemlakaien werden immer die Meinung der vermeintlich Stärkeren übernehmen und sie auch noch verteidigen. Diese Schwächlinge können nur in einer Gruppe existieren, deren Akzeptanz sie sich mit wohlfeilem Verhalten zu sichern versuchen.

Viele Berufsgruppen sind geradezu prädestiniert, ohne wirklich eigene Meinung den Alltag und ihren Broterwerb zu bestreiten. Ob Politiker, Lehrer, Polizist oder Medienvertreter. Häufig wird unreflektiert eine imaginäre oder tatsächliche „Obrigkeitsmeinung" akzeptiert, propagiert und gelebt. Wer ausschert, muss zu Recht befürchten, geächtet zu werden.

Spätestens jetzt würden einige erbost aufschreien, dies entspräche nicht der Wahrheit und uns erklären, dass gerade in Deutschland

Meinungsfreiheit herrscht.

Großartig! Dem möchte ich auch keinesfalls widersprechen. Wobei die Kombination der Begriffe Meinung, Freiheit und herrschen entlarvend ist.

Wo geherrscht wird, existiert Freiheit! Allerdings nur die der Herrschenden.

Wer also behauptet, es herrsche Meinungsfreiheit, der gehört entweder zu den Herrschenden und ist sich gewiss, seine Meinung frei von jeder negativen Konsequenz äußern zu können oder er gehört zu den Beherrschten und hat nicht erkannt, dass „seine" Meinung nur dann unsanktioniert bleibt und frei ist, solange sie systemkonform ist.

„Kritisiere nicht, was Du nicht verstehst. Du wirst niemals in den Schuhen des anderen gehen. " – Elvis Presley

Jeder Mensch hat eine andere Vita. Wir alle sind unterschiedlich geprägt. Das Elternhaus, die Schule, Religion, Freunde und all das, was wir an „Positivem" und „Negativem" erlebt haben, machen uns zu dem, was wir heute sind. Es gibt nicht „die eine" Meinung! Jeder Erdenbewohner hat individuelle Prägungen, Erfahrungen und Meinungen.

In einer Gesellschaft, in der es wahre Meinungsfreiheit gibt, darf jeder auch frei seine Meinung sagen, gleichgültig, wie „dumm" oder „falsch" sie anderen oder gar allen erscheint. In einer freien Gesellschaft sind die Menschen so aufgeklärt und offen, dass sie konträre Meinungen nicht nur zähneknirschend zulassen, sondern es auch begrüßen, wenn tatsächliche Meinungsvielfalt gelebt wird. Denn nur so ist sichergestellt, dass sich die Gesellschaft ständig hinterfragt und selbstkritisch alte Denkstrukturen und Sichtweisen auf aktuelle Anwendbarkeit hin überprüft!

Galileo Galilei stellte mit seiner Meinung, die Erde sei keine Scheibe und bewege sich durch das Weltall, die von der

Katholischen Kirche dominierten Denk- und Sichtweisen des Mittelalters in Frage. Er entging dem Verbrennen auf dem Scheiterhaufen nur dadurch, dass er abschwor und seine Thesen der runden, um die Sonne kreisenden, Erde widerrief.

Natürlich könnte man nun spitzfindig einwerfen es habe ja schon damals Meinungsfreiheit gegeben und er hätte auch davon Gebrauch gemacht. Gleichwohl impliziert Meinungsfreiheit auch, dass man seine Meinung frei sagen darf, ohne danach auf dem Scheiterhaufen verbrannt zu werden oder wie in unserer Zeit eher gebräuchlich vom Arbeitsplatz entfernt zu werden.

In Sachsen wurden die Bio-Haferprodukte eines lokalen Bauern aus den Bioläden verbannt, weil er sich in seiner Freizeit politisch bei der AfD engagiert hatte.

In Berlin verweigerte die Waldorfschule einem Kind die Aufnahme, weil der Vater in der AfD Mitglied war.

Joseph Wilhelm, Inhaber der Bio Marke Rapunzel wurde aus dem Sortiment vieler Naturkostläden entfernt, weil er eine konträre Meinung zur „Pandemie" 2020/ 2021 hatte.

Prof. Dr. Christoph Lütge war im „*Ethik*rat" der Bundesrepublik und hatte eine andere Meinung zur Ethik als der amtierende Ministerpräsident. Umgehend wurde er entlassen.

Der Sänger Xavier Naidoo hat öffentlich die Bundesregierung kritisiert und seine Meinung kundgetan, die Bundesrepublik Deutschland hätte keinen Friedensvertrag. Daraufhin wurde er medial als „Reichsbürger", Nazi und Verschwörungstheoretiker gebrandmarkt und seine Konzerte wurden abgesagt. TV- und Radiostationen boykottierten seine Werke und Auftritte und Kollegen wandten sich von ihm ab.

Der Sänger Michael Wendler kündigte seinen Vertrag mit RTL und kritisierte die Bundesregierung. Daraufhin verließ ihn sein Manager, die Medien bezeichneten ihn als Schwurbler und Verschwörungstheoretiker und seine Frau, die NICHT seine Meinung propagierte, verlor ihre Werbeverträge.

Der CDU-Ostbeauftrage Christian Hirte gratulierte dem demokratisch gewählten Ministerpräsidenten von Thüringen, dem FDP-Politiker Thomas Kemmerich, zur Wahl. Diese höfliche Geste wurde von der Bundeskanzlerin Angela Merkel als inakzeptabel klassifiziert und er wurde entlassen.

Hans-Georg Maaßen wurde als Präsident des Bundesamtes für Verfassung entlassen, weil er die Meinung vertreten hat, dass nach seinen verfassungsdienstlichen Erkenntnissen auf einer Demonstration keine „Hetzjagten" auf Ausländer stattgefunden hätten.

Der Basketballspieler Joshiko Saibou nahm an einer Demonstration für Frieden und Freiheit teil und wurde daraufhin von den Telekom-Baskets entlassen.

Prof. Dr. Sucharit Bhakdi wurde auf Youtube gelöscht, weil er wissenschaftlich fundierte Beiträge zum Infektionsschutzgesetz veröffentlicht hatte, die nicht der Regierungsmeinung entsprachen.

Die Webseite von Dr. Wolfgang Wodarg, ehemaliger SPD-Bundestagsabgeordneter und Gesundheitsexperte der Partei, wurde gelöscht, weil seine Meinung nicht der offiziellen Regierungsmeinung entsprach.

Eine Konservative Partei hat in Berlin über ein Jahr keinen Veranstaltungsort gefunden, weil die Betreiber massiv von der Antifa bedroht wurden. Selbst der Regierende Bürgermeister von Berlin sah sich nicht in der Lage, eine Halle zur Verfügung zu stellen.

Mehr als 50 Schauspieler haben 14 Monate nach den, das Grundgesetz aushebelnden, Gesetzen in Deutschland und nachdem Millionen Menschen ins Unglück gestürzt wurden, eine satirische Videoreihe veröffentlicht. Die Zustimmung lag bei Millionen Aufrufen bei über 96%. Trotzdem meldeten sich sofort Systemlakaien aus „Kunst", „Kultur", Politik und Medien, die uns erklärten, weshalb diese Satire falsch, schlecht, gefährlich, rechts und auch irgendwie

„Nazi" sei. Umgehend ruderten viele dieser kritischen Künstler zurück, entschuldigten sich, relativierten ihre Satire. Politiker forderten, den engagierten und idealistischen Künstlern kein Engagement mehr zu geben. Morddrohungen wurden ausgesprochen! Eine Minorität dokumentierte der Majorität ihr Verständnis von Demokratie, Toleranz, Freiheit und Meinungsfreiheit.

Die Liste könnte beliebig fortgeführt werden. Millionenfach werden Meinungen gelöscht, blockiert, sanktioniert und sogar bestraft. Die soziale Ächtung und teils gravierende wirtschaftliche Folgen dokumentieren, dass in Deutschland tatsächlich Meinungsfreiheit herrscht.

Dass ein Richter, der in einem ausführlich erläuterten Urteil einer klagenden Mutter recht gab, dass Maulkörbe bei Kindern gefährlich, schädlich und unzumutbar seien, danach eine Hausdurchsuchung bekam und zudem noch sein Büro und Auto durchsucht wurden, mag nichts mit Meinungsfreiheit zu tun zu haben, aber es passt ebenso hierher.

Anstatt wie in einem Rechtstaat üblich, Urteile über die nächsthöhere Instanz zu revidieren bzw. zu bestätigen, wird im „besten Deutschland aller Zeiten" (Zitat des Bundespräsidenten und obersten Verfassungsrichters) ein Richter durch die Polizei eingeschüchtert.

Die Herrschaft einer Regierungsmeinung macht es nur möglich, Meinung und Freiheit in einem Wort zu vereinen, wenn man sich die Meinung des Systems zu eigen macht.

Noch in der Erstauflage dieses Buches habe ich der Meinungsfreiheit in Deutschland gehuldigt. 2010 konnte ich nicht erkennen, dass sich unsere Gesellschaft schon damals auf dem Weg in das Duckmäusertum gemacht hatte.

Jeder halbwegs aufmerksame Zeitgenosse muss sich doch verwundert die Augen reiben, wenn er die Huldigungen aus Politik und Medien gehört hat, als bundesweit 120.000 überwiegend junge Menschen für Black Live Matters auf die Straßen gingen. Mitten in einer „Pandemie" zu einer Zeit, in der den Menschen das Tragen von Masken vorgeschrieben wurde und wo Mindestabstände von 1.50 Meter gesetzlich vorgeschrieben waren, tummelten sich zum Beispiel in Berlin über 20.000 Demonstranten ohne Abstand und Maulkorb am Alexanderplatz. Das gleich galt bei den Fridays for Future-, Extinction Rebellion- und Antifa- Demonstrationen.

Voller Bewunderung wurde von den engagierten Freiheitskämpfern, die gegen Rassismus auf die Straßen gingen, berichtet. Die Polizei begleitete diese nicht gewaltfreien Veranstaltungen wohlwollend und ließ sich beschimpfen, bespucken und auch angreifen.

Tage später gingen in Berlin mehr als eine Million Bürger für Frieden und Freiheit demonstrieren. Ihre Meinung zur „Pandemie" und den Maßnahmen war nicht systemkonform und so wurde die Demonstration so massiv behindert, dass Abstände nicht eingehalten werden konnten und die Polizeiführung ein Argument hatte, die Veranstaltung zu verbieten.

Ungeachtet dessen, dass die sogenannten Mainstream- Medien die offensichtliche Teilnehmerzahl von mehr als einer Million auf 35.000 kleinschrieben, wurde auch nicht über die massive Gewalt der Polizei gegen Alte, Behinderte, Frauen, Kinder und Familien berichtet.

Deutlicher kann die Diskrepanz zwischen Meinung und Freiheit in einem stimmigen Wort nicht dokumentiert werden.

Ist die Meinung der Demonstranten systemkonform, wie bei Fridays for Future, Black Live Matters, Antifa oder Extinction Rebellion, gelten andere Regeln als bei systemkritischen Menschen, die für Frieden und Freiheit auf die Straße gehen. Die übrigens auch für die Freiheit derer demonstrierten, die mit Wasserwerfern, Knüppeln, Fußtritten und Pfefferspray vermeintliche Abstands- und „frei Atmen"-Verstöße ahndeten!

Idi Amin, 1971 – 1979 Präsident von Uganda, hat einst gesagt, es gäbe Meinungsfreiheit in seinem Land. Er könne nur nicht garantieren, dass man nach dem Äußern seiner Meinung noch in Freiheit sei. Eine Moderatorin beim ZDF sagte: Man könne seine Meinung frei äußern, müsse dann nur mit den Konsequenzen leben.

Wie weit sind wir in diesem Land gekommen, dass abgewogen

werden muss, was man sagt, wie man es sagt, ob man es sagt und vor allem, wem man es sagt.

Hat nicht jeder Mensch auch das Recht zu sagen, was er möchte, wenn wir die Freiheit der Meinung haben? Darf nicht jeder auch etwas vermeintlich „Dummes" oder „Falsches" sagen, ohne zu befürchten, am nächsten Tag arbeitslos oder sozial geächtet zu sein?

Wenn eine Politikerin von der Partei die Linke öffentlich sagt: „Alle AfD-Wähler gehören in die Gaskammer" und Tage später noch ergänzt: „Ich tanze auf ihren Gräbern", dann war darüber bestenfalls im Kleingedruckten der Zeitungen zu lesen.

Hätte ein AfD Politiker das über die Wähler der Linken gesagt, können wir uns vorstellen, dass die Partei wochenlang die Negativ-Schlagzeilen in den Mainstream-Medien bestimmt hätte.

Wieviel deutlicher kann dokumentiert werden, dass es inzwischen nur darauf ankommt, „die richtige" Meinung zu haben!

Ungeachtet dessen, dass ich die Wortwahl dieser „Dame" erschütternd finde, sollte auch sie das Recht haben „Stuss" zu sagen. Deutlicher kann sich ein Mensch auch nicht selbst diskreditieren! Gleichwohl darf dieses tatsächlich positive Beispiel von Meinungsfreiheit uns auch mahnen, die gleichen Maßstäbe an die Freiheit der Meinung anzulegen, wenn politische Kontrahenten, Andersdenkende oder Widersacher ihre Meinung äußern.

Die Demonstranten der Antifa, Fridays for Future oder Extinction Rebellion mögen sich darüber freuen, unbehelligt für ihre Ideen demonstrieren zu können. Sie mögen aber bitte bedenken, dass diejenigen, die eine konträrere Meinung haben, das gleiche Recht haben sollten. Wer heute vom System bevorzugt wird und frei seine Thesen, Glaubenssätze und Meinungen herausposaunt, der tut gut daran, sich auch für die gleichen Freiheiten bei seinen vermeintlichen Kontrahenten einzusetzen. Denn zum einen macht es glaubwürdig und sympathisch und zum anderen ist es gutes Karma. Letztlich wandeln sich Systeme manchmal über Nacht und Verfolger werden schnell zu Verfolgten.

Wahre Größe, Macht und Stärke einer Demokratie zeigen sich an keiner Stelle besser als dort, wo die Regierung es zulässt, dass die Bürger frei und offen ihre Meinung kundtun können. Ohne danach sanktioniert zu werden.

Besonders, wenn die Regierung negativ kritisiert wird und sich gelassen dieser Kritik stellt, ist sie volksnah, offen und dokumentiert ihre Fähigkeit, bereit für einen möglichen Wandel der Zeit zu sein.

In einem Land, wo Gefühle wie „Hass" bestraft werden und dieser Begriff auch noch tagesaktuell immer wieder neu definiert wird, kann keinesfalls von freier Meinungsäußerung gesprochen werden, ohne im selben Atemzug des Lügens überführt zu werden.

In einem System, wo ein „falsch" gesetzter Daumen in den

„sozialen" Netzwerken schon ein Strafverfahren nach sich ziehen kann, herrscht Meinungsfreiheit! Allerdings ohne Freiheit und ohne die eigene Meinung.

Es scheint unbegreiflich, weshalb Regierungen seit Jahrtausenden immer wieder die gleichen Wege beschreiten, um ihre Macht zu festigen. Wissend, dass der Mensch als freies Wesen geboren wurde, ist es nicht nur klüger, sondern auch deutlich zielführender, eine Gesellschaft zu gestalten, die Freiheit nicht nur für eine kleine „Elite" erlebbar macht, sondern sie allen Menschen gewährt. Zu wahrer Freiheit gehört dabei eben auch die Meinungsfreiheit. Ohne Wenn und Aber und ohne negative Folgen für unliebsame, „dumme", „falsche" oder „unbequeme" Meinungen.

Wer Anti-Diskriminierungs-Gesetze erlässt, die penibel darauf achten, dass weder zwischen Religion noch Hautfarbe unterschieden werden darf, der sollte selbiges auch bei der Freiheit der Meinung beherzigen.

Artikel 5 Grundgesetz

Jeder hat das Recht, seine Meinung in Wort, Schrift und Bild frei zu äußern und zu verbreiten und sich aus allgemein zugänglichen Quellen ungehindert zu unterrichten.
Die Pressefreiheit und die Freiheit der Berichterstattung durch Rundfunk und Film werden gewährleistet.
Eine Zensur findet nicht statt.

Täglich werden in den „sozialen" Medien Beiträge gesperrt

und Kanäle für immer gelöscht! Es reicht aus, wenn bei YouTube EINE Beschwerde zu einem Video gemeldet wird, damit YouTube den Kanal für eine Woche sperrt und das Video entfernt. Wenn der Kanal drei so genannte „Strikes" erhalten hat, wird er gelöscht. Davor sind auch, explizit als Satire gekennzeichnete, Kanäle nicht gefeit! Wissenschaftler, die Videos hochladen, deren Inhalt nicht der Meinung des Systems entspricht, werden ebenso gelöscht, gesperrt und entfernt.

„Eine Zensur findet nicht statt" wird an dieser Stelle zur Realsatire. Diejenigen, die solche Zensur veranlassen, sind in der Regel fremdfinanzierte „Faktenchecker", bezahlt von Regierung, Parteien oder sogenannten NGOs und selbsternannte Moralapostel, die häufig hauptberuflich als Denunzianten arbeiten und deren Lebensmotivation darin begründet ist, sich vermeintlich moralisch über andere und anderes zu erheben. Mitmenschen und Vereine, deren Lebenssinn darin zu bestehen scheint, nur ihr Weltbild und ihre Meinung gelten zu lassen. Dabei sollten wir doch spätestens seit Galileo Galilei wissen, dass es im harmonischen Miteinander auch diese einfache Regel gibt:

Vielleicht hat ja auch der Andere „Recht"!

Natürlich ist es schön „im Recht" zu sein. Es fühlt sich gut an, eine Wette abzuschließen und sie zu gewinnen. An einem Quiz teilzunehmen und alle Fragen richtig zu beantworten. Es tut gut, eine eigene Meinung zu haben, sie zu vertreten und andere von ihr zu überzeugen. Vorausgesetzt, die Meinung ist tatsächlich die eigene und sie lässt sich mit der Realität in Einklang bringen. Im optimalen Fall nicht mit der Realität aus einem einseitig informierten und geprägten Mikrokosmus, sondern die Realität, in der wir uns alle befinden sollten.

Denken wir bei der nächsten Diskussion daran:

Eine Diskussion kann man nicht gewinnen.

Ein Gespräch mit unterschiedlichen Standpunkten und Meinungen ist immer dann fruchtbar und konstruktiv, wenn alle Beteiligten sich zunächst darauf einigen, wie sie bestimmte Begriffe definieren. Wird also zum Beispiel über Demokratie gesprochen, dann macht es Sinn, die Definition aus dem Duden als Basis für eine kontroverse Unterhaltung zu wählen und nicht eine tagesaktuelle Beschreibung dieses Wortes und Wertes, die zumindest in der Gegenwart wenig mit der ursprünglichen Definition zu tun hat.

Dann ist es nützlich, einander aussprechen zu lassen, genau hinzuhören, was der andere sagt und zu versuchen Verständnis für den Standpunkt, die Sichtweise des anderen aufzubringen. So kann es zur Verständigung kommen.

Verständigung kommt von Verstand!

Nur wenn wir erkennen, dass jeder einen anderen Lebensweg hatte, andere Erfahrungen gemacht hat und eine andere Meinung zu vielen Dingen hat und haben muss, dann haben wir uns auf den Weg zur wahren Meinungsfreiheit gemacht. Eine Freiheit, die zu den unveräußerlichen Grundrechten des Menschen zählen sollte und die jeder für sich zu Recht beanspruchen möchte.

Respektieren Sie die Meinung der anderen (Respekt respectus = berücksichtigen).kommt von

So wie Sie zu Recht Ihre Meinung berücksichtigt wissen wollen.

Niemand steht moralisch über anderen und deren Meinungen. Denn niemand ist in den Schuhen des anderen dessen Weg gegangen und hat auch nie die Welt aus seinen Augen gesehen.

Niemand kann uns zwingen, mit Menschen Kontakt zu haben, die eine konträre Lebenseinstellung oder Weltanschauung haben. Gleichwohl verlangen schon die Gesetze der Natur, dass wir andere und anderes respektieren und nicht verachten, bekämpfen oder zerstören. Das gilt für möglicherweise „lästige" Pflanzen im Garten ebenso wie für die Meinung anderer Menschen.

Wir brauchen einander und nur dank unterschiedlicher Erfahrungen und Sichtweisen können wir uns gemeinsam, miteinander und füreinander weiterentwickeln. Dabei wird uns die politische und mediale Spaltung in kleine Gruppen niemals zu einem harmonischen Leben befähigen. Nur wenn es uns gelingt, eine neues „WIR" Gefühl zu kultivieren, dann gelingt es uns auch die Meinung anderer mit unserer Freiheit, eine andere Meinung zu haben, in Einklang zu bringen!

Frage: Wieviel Meinungsfreiheit gönnen Sie Ihren Mitmenschen?

Möglich

*„Nur mit dem Unmöglichen als Ziel
kommt man zum Möglichen. "*
Miguel de Unamuno

Das folgende Kapitel lasse ich auch unberührt, gleichwohl nicht unkommentiert. Damals ahnte ich nichts von den acht Jahren Krieg, die Obama führen würde. Ich hätte mir nicht vorstellen können, wie sehr die freie Meinungsäußerung eingeschränkt werden würde und es lag auch außerhalb meiner Vorstellungskraft, dass die Bundesrepublik Deutschland Millionen von Gästen den Zugang zu unserem Sozialsystem ermöglichen würde, ohne einen Gedanken daran zu verschwenden, dass die Gelder von den „schon länger hier Lebenden" erwirtschaftet werden müssen.

Damals waren mir die Zusammenhänge der Klimadebatte noch nicht klar und ich ahnte nichts von einer New World Order. Deren Existenz, die NWO & NGO finanzierten „Faktenchecker" immer bestreiten, die aber von der EU regelmäßig propagiert wurde.

Am 31. August 2008 habe ich in der Welt am Sonntag die folgende Anzeige als offenen Brief veröffentlicht. Am Ende dieses Kapitels erfahren Sie, wie viele der Adressaten, der Brief richtete sich vornehmlich an Politiker, ein Statement dazu abgegeben haben.

Sehr geehrte Bundespolitiker,
sehr geehrte Unternehmer,
liebe Mitbürger,
liebe Leser der Welt,

viele Menschen in unserem Land, in Europa und der Welt wissen bereits, dass alles möglich ist.

Doch ungleich mehr Menschen haben es noch nicht erfahren, all denen schreibe ich heute.

ALLES IST MÖGLICH klingt für sich genommen verwegen und wohl auch ein wenig vermessen. Schon der Gedanke daran, dass alles möglich sei, erzeugt bei vielen Menschen nur ein Kopfschütteln.
Die Angst vor Veränderungen und das unbewusste Wissen um die eigene Unfähigkeit, ein aktives, selbstbestimmtes, voller Möglichkeiten steckendes Leben zu führen, mag für viele ein Grund sein, sich ihren Möglichkeiten zu verschließen.

Als ich vor zwei Jahren meine Radiosendung mit dem Motto „Alles ist möglich" in Berlin startete, hörte ich zunächst viele kritische Stimmen. Ich erfuhr von unzähligen Menschen sofort und reflexartig all das, was unmöglich sei. Also, mit Lichtgeschwindigkeit zu reisen, ist unmöglich. Aus dem Fenster zu springen und zu fliegen, ist unmöglich und mit Dean Martin oder Frank Sinatra 2012 einen Liveauftritt zu organisieren, ist ebenfalls unmöglich. Schnell erkannte ich, dass wir nicht nur in Deutschland eher unsere Unmöglichkeiten erkennen und genau definieren können als unsere Möglichkeiten. Anscheinend gibt es viele von diesen Unmöglichkeiten: die Renten- und Steuerreform, neue Arbeitsplätze, Unabhängigkeit von fossilen Brennstoffen, Frieden in der Welt usw.

Die Behauptung „Alles ist möglich" wird nur scheinbar relativiert durch die Einschränkung, was denkbar ist. Tatsächlich ist alles, was denkbar ist, auch möglich. Damit allerdings haben sehr viele Mitmenschen Schwierigkeiten, denn in ihrer Gedankenwelt herrscht Unmöglichkeit und Mangeldenken. Doch am Anfang aller Schöpfungen steht immer ein Gedanke. Ob positiv oder negativ. Der Gedanke war immer der Schöpfer allen Seins. Im Talmud steht dazu: „Achte auf Deine Gedanken, denn aus ihnen werden Worte, achte auf Deine Worte, denn aus ihnen wird Dein Handeln, achte auf Dein Handeln, denn daraus werden Gewohnheiten, achte auf Deine Gewohnheiten, denn aus ihnen wird Dein Charakter, achte auf Deinen Charakter, denn aus Deinem Charakter wird Dein Schicksal." Unsere Gedanken bestimmen also unser Schicksal. Denken wir destruktiv, negativ, pessimistisch und an die Unmöglichkeiten des Lebens, wird all das, woran wir gedacht haben, früher oder später auch eintreffen. Je intensiver wir daran gedacht und geglaubt haben, desto schneller geht es.

Denken wir an Unmöglichkeiten, wird daraus bald unser Schicksal.

Die Deutsche Sprache hilft uns dabei, unsere Möglichkeiten zu erkennen. Denn möglich sind all die Dinge, die wir mögen können.

Möglich kommt von Mögen.

Schnell erkennen wir also, dass etwas, das wir mögen, auch möglich ist.

Es gibt Menschen, die das nicht glauben wollen und dafür ihre Erfahrungen anführen. Einige Politiker bringen es in dieser Disziplin zur wahren Meisterschaft. In diesem Kontext schrieb Kurt Tucholsky einst: *„Erfahrungen bedeuten gar nichts! Man kann seine Dinge auch 35 Jahre lang falsch machen."* Und tatsächlich! Verlassen wir uns bei unseren Möglichkeiten auf unsere Erfahrungen, die wir ja zwangsläufig aus der Vergangenheit schöpfen, gestalten wir unsere Zukunft mit den Werkzeugen der Vergangenheit! Das kann gutgehen. Geht aber auch ebenso häufig nicht gut! Um alles möglich zu machen, bedarf es des ständigen Hinterfragens der Aktualität und Anwendbarkeit unserer Erfahrungen. Die Konstrukteure und der Kapitän der Titanic hatten bestimmt auch viel Erfahrung!

Wirklich weise Menschen verlassen sich nie nur auf ihre Erfahrungen! Dazu erzähle ich Ihnen jetzt eine spannende Geschichte von Kurt Tepperwein:

Es war einst der König der Welt. Er war weise und gewissenhaft.

So beschloss er, die weisesten Gelehrten in sein Schloss zu rufen, um sie zu bitten, die Weisheit der Welt niederzuschreiben. Nach einigen Jahren kamen sie zu ihrem König und überreichten ihm 100 Bände mit der gesammelten Weisheit der Welt. Der König war zu Tränen gerührt und freute sich. Doch dann stutzte er, überlegte, um die Weisen schließlich zu bitten, die Weisheit der Welt kürzen zu fassen. Wieder gingen die Weisen in Klausur. Nach ein paar Jahren kamen sie stolz zu ihrem König und präsentierten ihm ein Buch mit der Weisheit der Welt. Der König war erneut gerührt und wieder stutzte er, um gleich darauf seine Gelehrten zu bitten, sich noch kürzer zu fassen. Er bat sie die Weisheit der Welt in nur einem Satz niederzuschreiben.

Einige Jahre später war es so weit. Die Weisen präsentierten ihrem König die Weisheit der Welt in nur einem Satz:

Auch Du bist Schöpfer und alles ist möglich.

Wenn dieser Satz wahr ist, warum versteht sich dann nicht jeder Mensch als Schöpfer, für den alles möglich ist? Weshalb zweifeln so viele Menschen an ihren Möglichkeiten und verzweifeln stattdessen am Leben, an unserer Gesellschaft und unserer Welt?

Jeder Buchstabe in dem Wort möglich kann auch für ein wichtiges Wort auf dem Weg unserer Möglichkeiten stehen. Das M steht für Mögen und das O für die notwendige Offenheit, anderen Perspektiven, Meinungen, und all unseren Möglichkeiten gegenüber. Sind wir bereit, unsere Möglichkeiten zu erkennen und sie offen anzunehmen?

Betrachten wir uns als Schöpfer unseres Lebens und unserer Umwelt oder als hilfloses Opfer der Umstände?

Stellen Sie sich einen 45 Jahre alten Mann vor. Er ist gesund und hat eine bildschöne Frau und zwei intelligente, gesunde Kinder. Er besitzt ein schönes Haus, ein großes Auto und ist seit 20 Jahren leitender Angestellter eines weltweit agierenden Unternehmens. Wenn Sie diesen Mann fragen würden, wer für seinen Erfolg verantwortlich ist, wen meinen Sie, würde er nennen?

Sie haben Recht, wenn Sie jetzt vermuten, er würde sich selbst für den Erfolg in seinem Leben verantwortlich machen! Wohl zu Recht würde er sagen: „Ich habe studiert und hart für diesen geschäftlichen und privaten Erfolg gearbeitet".

Am nächsten Tag wird er von seinem Chef entlassen! Wen wird er dafür verantwortlich machen?

Sie haben wahrscheinlich wieder recht! Er wird seinen Chef für die Entlassung verantwortlich machen. Dann wird er eventuell nachdenken und die Mitbewerber wegen ihrer möglicherweise besseren Konkurrenzangebote beschuldigen, danach die Kunden, die weniger bei ihm bestellt haben. Schließlich könnte ihm auch der Staat einfallen, der mit seinen Steuererhöhungen seine Entlassung bewirkt habe. Vielleicht auch seine bildschöne Frau, weil sie ihn in letzter Zeit dank ihres Liebreizes vom Erfolg abgehalten hatte.

Die meisten Menschen fühlen sich für Ihre Erfolge verantwortlich! Das ist auch gut so. Doch auch unsere Misserfolge gehören uns. Uns allein.

Lernen wir, dass wir auch auf unsere Misserfolge stolz sein können. Dankbar für jeden einzelnen Fehler können wir erkennen, dass uns nur unsere vermeintlichen Fehlentscheidungen weiterbringen.

Nur wenn wir **Ehrlichkeit** walten lassen, ehrlich zu uns selbst sind und auch zu unseren Fehlern und Fehlentscheidungen stehen, werden wir vom hilflosen Opfer zum machtvollen Schöpfer. Denn nur ein Schöpfer hat die Kraft und Gabe, alles möglich zu machen und Verluste ebenso wie Gewinne zu lieben!

Zeigen wir zum Beispiel auf den Staat, wenn die Dinge schlecht laufen, dann vergessen wir, dass WIR der Staat sind! Jeder einzelne Bürger eines Landes macht den Staat aus. Der Staat sind wir. Keine imaginäre Größe und auch nicht die Volksvertreter allein. Zeigen wir auf andere und anderes, weisen immer noch drei Finger auf uns selbst. Dort, wo wir Verantwortung und Schöpferkraft zuerst suchen sollten und immer finden werden, bei unseren Siegen und positiven Erfolgen ebenso wie bei unseren vermeintlichen Niederlagen und Misserfolgen. Vater Staat gibt es nur für unmündige Kinder, mündige Bürger verstehen sich selbst als Teil des Staates!

Einige werden nun sagen, das glaube ich nicht! Und tatsächlich! Sie haben recht! In der Bibel steht dazu bei Markus 9 Vers 23: *„Alle Dinge sind möglich dem, der da glaubt!"* Und Henry Ford bemerkte einst sinngemäß:

„Wer glaubt, dass es geht,
hat recht.
Wer glaubt, dass es nicht geht,
ebenso."
Sie sehen also, nur die Dinge, an die wir glauben, können wir auch umsetzen!

Glaube ist einer der Schlüssel zum Erfolg und zur Verwirklichung unserer Möglichkeiten!

Jeder von Ihnen hat im Leben schon ganz fest an Dinge geglaubt und dabei festgestellt, dass aus der Vision Wirklichkeit wurde. Jeder Bauplan ist ein Beispiel für dieses Prinzip. Glauben, vorstellen, umsetzen.

Die Menschen in Europa und wir Deutsche im Speziellen haben die besten Voraussetzungen, unsere Möglichkeiten zu erkennen und umzusetzen.

Niemand muss in Deutschland Hunger leiden, kein Mensch muss auf der Straße leben oder ohne medizinische Versorgung auskommen. Wir können in diesem Land frei und offen unsere Meinung sagen, seit mehr als 60 Jahren leben wir in Frieden mit unseren Nachbarn. Alles ist bereits möglich. Die Dinge, die wir in unserem Land nicht wollen, stellen eine Herausforderung für jeden Einzelnen dar, ob Staatsoberhaupt, Lehrer oder Schüler, die Dinge anzupacken und zum Besseren zu ändern! Jeder hat das Recht und als Teil dieser Sozialgemeinschaft auch die Pflicht dazu! Dazu gehört auch das Nutzen des Wahlrechts!

Wir sind das Volk und wir alle gemeinsam sind der Staat.

Nur im Team lassen sich die Probleme, derer wir uns täglich zu stellen haben, effektiv bewältigen. Haben wir keine Angst vor Problemen. Sie definieren Ziele, sie sind gut! Jedes Problem hilft uns, Verbesserungspotential zu erkennen und adäquat umzusetzen. Doch nur, wenn wir uns selbst dabei lieben und unsere Ziele lieben, schöpfen wir unsere Möglichkeiten auch voll aus!

Ohne Liebe verschenken wir unsere absoluten Möglichkeiten.

Ob Politiker, Unternehmer, Handwerker oder Erwerbsloser, wir alle haben den gleich hohen Wert in unserer Gemeinschaft!

Jeder Mensch hat die gleichen Rechte, Pflichten und auch die gleichen Möglichkeiten.

Es gibt kein angeborenes Unglück oder Glück. Die Engländerin J. K. Rowling war arbeitslos und lebte von der Sozialhilfe. Doch sie hat sich ihrem vermeintlichen Schicksal nicht ergeben und begann zu schreiben. Ihr Roman wurde von unzähligen Verlagen abgelehnt, trotzdem hat Sie an sich und Ihren Erfolg geglaubt und gab nicht auf!

Heute ist J. K. Rowling die reichste Frau der Welt! Ihre Romane um den Zauberlehrling Harry Potter gehören zu den meistgekauften Büchern der Welt!

Gut, dass sie sich auf sich selbst und nicht auf den Staat verlassen hat.

Alles ist möglich! Der hohe Erdölpreis und die steigenden Energiekosten werden in Politik und Medien als Problem dargestellt. Fein! Seien wir dankbar für dieses Problem. Ziehen wir den einzig logischen Schluss und erinnern uns an ein Wort, das in der heutigen Zeit in Vergessenheit geraten zu sein scheint! **Idealismus!** Idealismus ist es, den wir brauchen. Nicht nur, weil Idealismus vom Wort Idee abstammt und Deutschland in Ermangelung von Bodenschätzen von den Ideen seiner Bürger lebt, sondern auch um zu begreifen, dass zum Beispiel hohe Energiepreise ein Zeichen dafür sind, endlich auf Sonne, Wind, Wasser, Gezeitenkraft, Erdwärme und andere Alternativen umzustellen.

Wenn einige Politiker, Unternehmer oder Wähler dagegen einwenden, das sei unmöglich, dann sollten wir uns spätestens jetzt fragen, was an diesem Gedanken nicht zu mögen ist! In Zeiten allerdings, da sich unsensible Politiker angesichts von Steuererhöhungen und Energiekostenexplosion 16 Prozent Diätenerhöhung gönnen, kann von Idealismus in keiner Weise mehr die Rede sein.

Menschen, die Idealismus als Naivität abtun, sollten wir deshalb nicht verurteilen. Sie sind häufig nur zu schwach, an visionäre Ziele und damit ihre Möglichkeiten zu glauben.

Gleichwohl! Alles ist möglich, wenn wir uns gemeinsam hohe Ziele stecken im Interesse nicht nur von Deutschland und Europa, sondern im Interesse aller Menschen auf der ganzen Welt! Wie möchten Sie als Politiker, Bürger dieses Landes oder ganz allgemein Bewohner dieses Planeten eines Tages unsere Welt verlassen? Als ohnmächtiges Opfer der Umstände? Als ein Mensch, der immer nur reagiert hat, weil es angeblich nicht anders ging. Möchten Sie in die Geschichte eingehen als eine Person der Mittelmäßigkeit, ohne Schöpfergaben? Als jemand, der viel Geld auf dem Bankkonto angehäuft, sich und seinen Mitmenschen aber zu Lebzeiten vieler Möglichkeiten beraubt hat?

Ist es nicht unser aller Ziel und Bestimmung, unsere Erde ein großes Stück schöner und besser zu hinterlassen, als wir sie betreten haben?

Elvis Presley hat bis heute über zwei Milliarden Tonträger verkauft. Zu Lebzeiten und bei bis zu 70 Millionen Dollar Jahreseinkommen hat Elvis rund ein Drittel seines Geldes verschenkt oder gestiftet. Und das, ohne das verschenkte Geld von der Steuer abzusetzen, weil er der Meinung war, dies widerspreche dem christlichen Sinn der Nächstenliebe. Er hatte erkannt, dass sich Dankbarkeit für den eigenen Erfolg am besten durch die Teilhabe der Mitmenschen an diesem Glück ausdrücken ließ. Mit dieser Lebenseinstellung war er der sozialen Markwirtschaft, die hierzulande so gerne beschworen wird, bereits einen Schritt voraus!

Um alles möglich zu machen, begreifen wir am besten, dass der einfachste Weg nicht immer der beste Weg ist. Selbstverständlich können wir reflexartig immer erst alle Unmöglichkeiten aufzählen und unsere Möglichkeiten damit auf ein Minimum beschränken. Doch wenn alle Kulturen vor uns so gedacht hätten, wie sähe dann unsere Welt aus?

Vor 4.500 Jahren haben Menschen nur mit einem Hammer und einem Kupfermeißel 2,5 Tonnen schwere Steine zentimetergenau aus dem Steinbruch geschlagen und hunderte Kilometer durch die Wüste transportiert. Zusammen mit 2,5 Millionen dieser Steine entstand in der 4. Dynastie im Alten Reich Ägyptens unter dem Pharao Cheops (altägyptisch Chufu) die Cheops-Pyramide. Hier haben Menschen ein schier unglaubliches Ziel vor Augen gehabt, daran geglaubt und es geliebt! Schon war es möglich!

Wer wollte spätestens jetzt noch behaupten, dass etwas Vergleichbares im heutigen Deutschland, in Europa und der Welt unmöglich sei! In einer Welt, die mit Nanotechnologie arbeitet, die Schallgeschwindigkeit beherrscht, vor 39 Jahren bereits den Mond besucht hat, soll Unabhängigkeit von Erdöl und Nahrung für jeden Menschen unmöglich sein?

Wohl doch nur, wenn wir keine **Courage** walten lassen! Courage, als Politiker die Wahrheit zu sagen, auch wenn sie unpopulär ist! Courage als Unternehmer, bei steigender Produktivität und sinkenden Aufträgen nicht reflexartig Menschen zu entlassen, sondern neue Märkte zu erschließen. Statt Autos, die keiner kauft, vielleicht Sonnenkollektoren oder statt mittelmäßiger die innovativste und kundenfreundlichste Telekommunikation zu bauen. Doch noch immer verschleiern theoretische Vorbehalte der Verantwortlichen den Blick auf die offensichtlichen, praktischen Möglichkeiten!

Als Politiker muss man die Courage haben, Missstände immer beim Namen zu nennen. Als Arbeiter, Angestellter, Schüler oder Student muss man mutig, offen und eben couragiert Probleme ansprechen, am besten verbunden mit nachvollziehbaren, konstruktiven Lösungsvorschlägen.

Courage bedeutet, dazwischen zu gehen, wenn Mitmenschen, in welcher Form auch immer, diffamiert oder diskriminiert werden. Jeder in diesem Land kann beruhigt abends zu Bett gehen und sicher sein, dass der nächste Tag wieder voller Möglichkeiten steckt, wenn wir nur daran glauben, dass alles, was geschieht, von unserem Handeln abhängig ist. Hier kommt der Erziehung unserer Kinder, der Zukunft dieser Welt, besondere Bedeutung zu.

Doch wie sieht unser Schulsystem aus? Wie werden unserer Kinder erzogen, zunächst im Elternhaus und später in den Lehranstalten? Werden hier selbstverantwortliche Mitbürger erzogen, deren Stärken erkannt und gefördert werden und die lernen, ihre Schwächen zu erkennen? Wird von Eltern und Lehrern vermittelt, dass jeder alles erreichen kann und wir für uns und unser Leben selbst verantwortlich sind? Kaum! Eher hören wir Sätze wie: „Dafür bist Du noch zu klein. Das schaffst Du nie. Das ist nun mal so oder das Denken überlass den Pferden, die haben einen größeren Kopf."

Um alles möglich zu machen, fangen wir am besten damit an, unseren Kindern zu vermitteln, dass alles, was denkbar ist, auch möglich ist!

Ihnen beizubringen, dass wir im Leben für all das, was mit uns geschieht, selbst verantwortlich sind. Für die Rüstung haben unsere Steuergeldverwalter 30 Milliarden Euro im Jahr übrig, für Forschung, Bildung und Kinderbetreuung eher nicht.

Wir können unseren gottgegebenen Reichtum mit anderen Menschen teilen und bei jedem Teilen etwas gewinnen.

Lächeln Sie Ihre Mitmenschen mit **Herzlichkeit** an und Sie werden ein Lächeln zurückbekommen. Teilen Sie Ihre freudigen Momente mit Ihren Nachbarn und Kollegen und sie werden freudige Momente zurückerhalten.

Wer dagegen einwendet, dies sei alles zu einfach und plakativ, dem sage ich: Der Verstand ist ein guter Diener, aber ein schlechter Herr! Wenn wir an allem zweifeln und alles bezweifeln, können wir an uns und dem Leben schnell verzweifeln! Hören wir häufiger auf unsere Intuition, unser Herz. Unser Herz sagt uns doch auch, dass alles möglich ist! Lassen wir uns diese Botschaft nicht vom Verstand trüben!

Sie sind einmalig! Sie haben die Fähigkeit, alles möglich zu machen, wenn Sie sich als Schöpfer verstehen, der für seine Erfolge ebenso verantwortlich ist, wie für seine vermeintlichen Misserfolge!

Die Möglichkeiten, auf der Welt für die Welt tätig zu werden, fangen bei jedem Einzelnen von uns im Herzen an. Der Weltfrieden beginnt in unseren Familien. Schaffen wir es, mit unserer Familie in Frieden zu leben, dann kann es auch mit unseren Nachbarn klappen. Schaffen wir also zunächst Frieden und Harmonie in unserem Umfeld.

Rufen Sie doch jetzt gleich einen Menschen an, den Sie lieben und sagen Sie es ihm! Oder jemanden, mit dem Sie sich gestritten haben, und reichen Sie ihm die Hand! Der Weltfriede beginnt in unserem Herzen, unsere Gedanken bestimmen unser Schicksal! Hegen wir friedvolle, positive und liebevolle Gedanken und teilen wir diese mit der Welt! Unserer Welt! Machen Sie für Ihre Mitmenschen Dinge möglich! Seien Sie großzügig und freundlich! Senden Sie Liebe und Vergebung, diese Begriffe sind nicht Eigentum irgendeiner Religion, sowohl die Begriffe als auch deren praktische Anwendung stehen jedem offen!

Lassen Sie uns für unsere Möglichkeiten sein und nicht gegen irgendetwas!

Für Frieden statt gegen Krieg! Für Liebe statt gegen Hass! Für Umweltschutz, Arbeitsplätze, Kindertagesstätten, mehr Netto vom Brutto und für die Gleichheit aller Menschen in Deutschland, Europa und der Welt!
Um den Soll-Zustand zu erreichen, müssen wir den Ist-Zustand zunächst loslassen.

Wenden wir uns noch heute von dem Irrglauben ab, dass es Dinge gibt, die für uns in unserem Land und in der Welt unmöglich sind! Denn mit dem **Mögen** unserer Ziele, der **Offenheit** für Veränderungen, **Ehrlichkeit** uns selbst und anderen Menschen gegenüber, dem **Glauben** an uns und an ein Miteinander füreinander in dieser Welt, unserer **Liebe** für uns und unsere Umwelt, mit **Idealismus**, **Courage** und mit **Herzlichkeit**, ist für uns alle tatsächlich immer, überall und in jeder Situation ein besseres Leben möglich.

Dieser Brief wurde in einer Auflage von ca. 450.000 Exemplaren auf der letzten Seite im Wirtschaftsteil der *Welt am Sonntag* abgedruckt. Die folgende Anzahl an Politikern hat dazu ein Statement abgegeben:

Null

Auch wenn der Gedanke naheliegt, über Nullen in der Politik zu schreiben, möchte ich Sie nicht mit negativer Energie belasten und schreibe über Motivation, bevor ich gemeinsam mit Ihnen mit dem Buchstaben N weitermache.

Frage: Ist für Sie alles möglich?

Motivation

„Immer gibt es einen Ausweg, aber
nicht immer sehen wir ihn gleich. "
Lech Walesa

Obwohl der Begriff Motivation kurz und knapp mit „Begrün-
dung", Antrieb und Ansporn definiert werden könnte, leben tausende Motivationstrainer davon, sich an dem Begriff in vielstün-
digen oder tagelangen Symposien abzuarbeiten.

Seit 1997 habe ich bei meinen Verkaufs- und Motivationstrainings die unterschiedlichsten Besucher gehabt und dabei viele
aufregende und interessante Momente erlebt.

Als besonders spannend empfinde ich die unterschiedliche Wirkung der Trainings auf die Gäste, zumal ich im Laufe der Jahre
feststellen konnte, dass Vor- und Nachbereitung des Motivationstrainings dessen Effizienz bestimmen. Bevor ich das Training
eingehender schildere, macht es Sinn, nach der Motivation für
Motivation zu fragen.

Jeder von uns sucht mehr oder weniger aktiv nach dem Sinn des
Lebens. Einige haben ihren Lebenssinn, ihre Motivation schon
in der frühesten Jugend gefunden und ihn seitdem während ihrer Pubertät lediglich durch einen weiteren Antrieb ergänzt: Zum

Fressen und Koten gesellte sich das Ficken. Den meisten Menschen allerdings erscheint die Befriedigung ihrer Urtriebe als zu banal, um ihr irdisches Dasein einzig deren Befriedigung zu widmen. Die Jahrtausende alte Frage nach dem Sinn des Lebens wird gestellt.

Die Vermeidung von Schmerz und Erlangung von möglichst viel Lust sind unsere Urmotivationen.

Dazu gesellen sich je nach Intellekt, Lebenserfahrung und Anspruch weitere Aspekte. Gesundheit, Freunde, Nächstenliebe, Reichtum, Reisen etc. können Motivationsgründe sein, Dinge zu tun oder zu lassen.

Im Lauf der Jahre habe ich festgestellt, dass Menschen ganz einfach zu motivieren und – ebenso einfach – zu demotivieren sind. Klingt widersprüchlich, ist es aber nicht. Interessant ist, dass nichts mehr motiviert als Erfolg. Mit anderen Worten, wer etwas Neues wagt und Erfolg damit hat, ist motivierter als der, der etwas Neues beginnt und bei dem sich kein Erfolg einstellt. Hier hat die Natur eine mentale Beschränkung eingebaut, die sich ungerecht anfühlt und paradox klingt. Doch die Natur belohnt nur Aktion und „bestraft" Reaktion. Ein Motivationstraining setzt genau hier an. Es soll vermittelt werden, dass mit einem klaren Ziel und Ausdauer langfristig die Erreichung des Ziels sichergestellt ist. Die Strukturvertriebe der Versicherungsbranche arbeiten dazu mit simplen Motivationsbrücken. Den Mitarbeitern wird das Ziel

Sportwagen, Hawaiireise oder Eigentumswohnung nahegelegt. Materielle Werte sollen also als Lebensbegründung und Motivation dienen.

Manchmal geht dabei aber die Redlichkeit der Mitarbeiter verloren. Davon abgesehen aber macht ein mächtiges, großes Ziel mit vielen kleinen Zwischenzielen Sinn.

Wenn wir uns ein großes Ziel stecken, können wir es nicht aus den Augen verlieren.

Wenn etwas dazwischen kommt wie Krankheit, Trennung vom Partner oder Jobverlust, kann uns das zwar von der Erreichung unseres großen Ziels ablenken, das Ziel selbst aber lässt es uns nicht aus den Augen verlieren. Die kleinen Zwischenziele geben uns regelmäßig Erfolgsimpulse und helfen beim Erklimmen der imaginären Leiter auf dem Weg zum großen Ziel. Als ich mein erstes Buch schrieb, war mein Ziel 200 Schreibmaschinenseiten. Ich hatte einen großen Wandkalender in der Küche und dort teilte ich die 200 Seiten in eine Prozentskala. Mit jeder fertiggeschriebenen Seite kam ich meinem Ziel näher. Jeden Tag eine Seite. Gleichgültig, ob die Sonne schien oder es regnete. Montag oder Sonntag. Jeden Tag einen kleinen Schritt. Mit jeder Seite und ihrer Dokumentation auf meinem Wandkalender wuchs meine Motivation. Nach knapp einem Jahr war das Buch fertig.

Jeder von uns kennt diese Zielaufteilung, zum Beispiel bei Autoreisen: Von Berlin nach Braunschweig über Dreilinden, Drewitz, Potsdam, Lehnin, Burg, Magdeburg, Marienborn, Helmstedt, Braunschweig, Ziel erreicht. Oder Kinder beim Erreichen der Schulferien - die Wochen und Tage werden gezählt, bis es so weit ist.

Jeder benutzt bewusst oder unbewusst Motivationsinstrumente. Selbst der Obdachlose motiviert sich. Endlich wieder eine eigene Wohnung, einen Job oder die Befriedigung elementarer Bedürfnisse wie Hunger, Wärme, Durst, die Notdurft, all dies motiviert zur Aktion.

Verblüffenderweise findet man besonders bei erfolgreichen Menschen Demotivation und Lebensleere. Der Sinn des Lebens wird verzweifelt gesucht und führt in die Sucht (Sucht kommt von siechen, aber der langsam dahinsiechende Süchtige ist auch auf der Suche) nach Nikotin, Alkohol, Tabletten, Kokain etc. Schon wären wir wieder bei der Urmotivation! Vermeidung von Schmerz und Erlangung von möglichst viel Lust. Dummerweise führen alle Formen von Drogen nur zu einer kurzfristigen Motivation. Langfristig zerstören sie den Lebenswillen und die Motivation. Wenn wir etwas tatsächlich benötigen und uns von Herzen wünschen, dann können wir es erreichen. Unsere Motivation untermauern wir mit einigen einfachen Regeln:

* Wir fixieren unser Ziel.
* Wir prüfen, ob wir das Ziel von Herzen erreichen möchten und daran glauben.

- Wir tun jeden Tag etwas für dieses Ziel. Ohne Ausnahme.
- Wir erzählen möglichst vielen Menschen von unserem Ziel, unserer Vision.
- Wir nehmen jeden Rückschlag dankbar an und lernen aus den gemachten Fehlern.
- Übermäßiger Nikotin-Genuss, Alkohol, Tabletten und Drogen sind tabu! Sie motivieren nur oberflächlich und kurzfristig. Mittel- und langfristig rauben sie Energie, lenken uns ab und zerstören unseren Willen. Demotivation ist die Folge!
- Wenn Sie rauchen oder Alkohol trinken, dann tun Sie es mit maßvollem Genuss.

Wir alle leben in der gleichen Welt. Trotzdem nehmen wir sie unterschiedlich wahr. Jeder Mensch ist anders und niemand lässt sich gleich motivieren.

Eine Gemeinsamkeit haben wir dabei alle. Wir sind einmalig! Über sieben Milliarden Menschen sind einmalig und jeder ist etwas Besonderes. Jeder Mensch hat Talente, die einmalig sind. Bereits bei der Zeugung hat sich unser Spermium gegen Millionen anderer durchgesetzt.

Wir sind von Geburt an Gewinner.

Das Wissen um unsere Einmaligkeit und unser Gewinnerpotential allein hilft uns jedoch nicht weiter im Leben. Schicksalsschläge, berufliche Rückschläge oder gesundheitliche Probleme können uns erstarren lassen und massiv demotivieren. Depressionen und Weltschmerz sind oft die Folge. Hier gibt es einige Hilfsmittel:

- Ernähren Sie sich gesund! Obst, Gemüse, Vollkorn, mindestens drei Liter Wasser ohne Kohlensäure am Tag, grüner Tee, kein Zucker, mehr Fisch und weniger Fleisch.
- Widmen Sie sich Ihren Freunden, seien Sie offen für soziale Kontakte.
- Gehen Sie, wenn möglich, jeden Tag eine Stunde an die frische Luft!
- Treiben Sie, wenn Sie es körperlich können, jeden Tag 30 Minuten Sport! Am besten Waldlauf, Schwimmen oder Wandern.
- Schlafen Sie ausreichend.
- Gehen Sie regelmäßig und maßvoll in die Sonne! Sonne ist Leben!
- Meiden Sie negative Nachrichten, negative Gespräche, Lästern und Schimpfen. Üben Sie sich in der Gabe der wohltuenden Worte.
- Denken Sie gut und anständig über sich und andere!
- Machen Sie jeden Tag einem anderen Menschen eine Freude! Ein Lächeln, ein lieber Anruf, ein liebes, positives Gespräch oder ein gutes Wort.
- Schreiben Sie sich jeden Abend drei Momente des Tages auf, für die Sie dankbar sind! Gesundheit, weniger Schmerzen, Essen und Trinken, ärztliche Versorgung,

Frieden im Land, Freunde, Familie, der gute Nachbar,
schöne Erinnerungen an die Vergangenheit, ein schönes
großes Ziel in der Zukunft etc.

- Vermeiden Sie Fernsehen und Internet. Es sind die größten
Zeitdiebe und Lebens-Verhinderer!
Gezielte Informationssendungen oder harmonische
Filme hin und wieder können positiv sein.
Die Dauerberieselung mit Negativem schwächt Sie und
nimmt Ihnen Ihre Energie.
- Das Allerwichtigste! Nutzen Sie Ihr Leben! Jeden Tag!
Leben Sie jeden Tag, als wäre es Ihr letzter! Tun Sie jeden
Tag etwas für sich und für einen anderen Menschen. In
spätestens zwei Wochen geht es Ihnen mental besser!

Motivationstrainings sind häufig Veranstaltungen, zu denen die
Besucher von Unternehmen geschickt werden. Eine Vielzahl der
Gäste hört zu, aber nicht hin. Bei vielen ist der Gedanke an das
Ende der Veranstaltung wichtiger als der Moment des Hinhörens
im Hier und Jetzt. Deshalb ist es wichtig, vor derartigen Veran-
staltungen zu klären, für wen das Event gedacht ist. Folgende
Punkte sind elementar für den nachhaltigen Erfolg des Trainings:

- Machen Sie sich bzw. Ihren Mitarbeitern vorab klar,
weshalb Sie zu einem Motivationstraining gehen!
Was wünschen Sie sich? Mehr Umsatz? Mehr Gewinn?
Mehr Gehalt? Mehr Gesundheit? Mehr Freunde?
Mehr Liebe? Mehr Lebensqualität? Mehr Zeit?

- Leeren Sie vorab Ihre „mentale Schale".
  Nur in ein leeres Gefäß kann etwas gefüllt werden.
- Schreiben Sie sich die Fragen auf, die Sie bezüglich Ihrer Wünsche haben. Haken Sie die Fragen während des Trainings ab und klären Sie nach der Veranstaltung offene Fragen mit dem Referenten.
- Seien Sie offen für Neues, neue Ansichten, Wege, Ideen, Ansätze, Produkte etc.
- Betrachten Sie den Referenten als Ihren Dienstleister. Er ist für Sie und Ihre Entwicklung da. Behandeln Sie ihn mit neugierigem Respekt.
- Schreiben Sie mit! Hinhören und Mitschreiben verdreifacht Ihr Aufnahmepotential.
- Betrachten Sie das Training als das, was es sein kann. Ein Wegweiser. Den Weg gehen können Sie allein.
  Tun Sie es!
- Sie sind Ihr eigener Schöpfer und für Ihr Leben verantwortlich. Nicht Ihr Chef, Ihre Kunden oder der Motivationstrainer. Sie entscheiden, was Sie von anderen Menschen lernen und wie Sie das Gelernte in Ihrem Leben umsetzen. Nicht alles, was Sie hören, lässt sich 1:1 in Ihr Leben übertragen. Sie sind aufgerufen, Informationen und Anregungen für sich praktisch umzusetzen.
- Rekapitulieren Sie das Gehörte innerhalb von drei Stunden nach Ende der Veranstaltung. Tauschen Sie sich mit Ihrem Team und Ihren Kollegen aus und legen Sie sofort Ihre Ziele fest.

Kein Motivationstraining hat den Anspruch, auf jede Frage eine Antwort zu wissen. Nicht jeder Referent erreicht jeden Zuhörer. Oft gibt es nur ein oder zwei kleine Ideen oder Anregungen, die wir aus der Fülle der Informationen für uns nutzen können. Sei es, weil zu wenig Substanzielles vorgetragen wurde, sei es, dass wir bereits das meiste früher einmal gehört haben. Gleichwohl ist das Rekapitulieren von Wissen ebenso wichtig, wie Neues zu erfahren. Muskeln erhält und behält man nur durch tägliches Training und ständige Wiederholung.

Wir sind nicht immer gleichermaßen hoch motiviert. Demotivation ist keine Krankheit und auch nicht ungewöhnlich. Doch:

- Wer auf dem Ozean der Probleme aufhört zu schwimmen, geht unter und ertrinkt.
- Seien Sie guten Glaubens, dass das rettende Ufer bald in Sicht kommt und dass sie es erreichen können.
- Geben Sie niemals auf! Vertrauen Sie auf das Universum und die Allmächtigkeit Ihrer Kraft. Egal, wie aussichtslos Ihre Situation auch sein mag, sie haben sich gegen Millionen anderer Spermien durchgesetzt. Sie sind als Sieger, als Gewinner geboren.
- Es gibt einen Grund, warum Sie auf der Welt sind. Finden Sie Ihn heraus und erfüllen Sie Ihre Berufung.

Frage: Haben Sie Ihre Lebensaufgabe schon gefunden?

Weshalb wir negative Nachrichten meiden sollten, um motiviert durch unser Leben zu wandeln, erklärt sich in dem Wort Nachrichten.

Nachrichten

„Nachrichtensprecher fangen stets mit „Guten Abend"
an und brauchen dann 15 Minuten, um zu erklären,
dass es kein guter Abend ist."
Rudi Carrell

Das Wort Nachrichten setzt sich zusammen aus Nach- und -richten. Nachrichten. Wer sich die Nachrichtenstruktur im Fernsehen anschaut, wird feststellen, dass Nachrichten fast ausschließlich aus Negativem bestehen. Bei Boulevardsendern bestenfalls aus Lästern.

Der Konsum negativer Nachrichten birgt die Gefahr, sich nach ihnen zu richten. Unser innerer Trieb nach Sex and Crime macht vor den Nachrichtenredakteuren keinen Halt. Unter dem Deckmantel der Informationspflicht wird die primitive Gier nach Blut und Gewalt befriedigt, ohne sich der gesellschaftlichen Wirkung bewusst zu sein.

Das, was gesendet wird, wird empfangen. Die Gefährlichkeit von Nachrichten ist dann gegeben, wenn Ängste geschürt werden (siehe auch „Angst"). Wer Angst hat, ist leicht zu manipulieren. Angst ist der große Bruder der Gier (Angst frisst übrigens am liebsten Hirn).

Nach dem Prinzip der selbsterfüllenden Prophezeiung sagen uns Nachrichten etwas, wonach wir uns dann richten. Beispiel: Wir hören, dass die Wirtschaft schlechter laufen soll und entsprechend richten wir uns danach, indem wir sparen. Ergebnis: Die Wirtschaft läuft schlechter. Erkenntnis: Gut, dass wir die Nachrichten rechtzeitig gesehen haben.

Die Macht der Nachrichten wurde im Dritten Reich von den Nationalsozialisten nicht nur erkannt, sondern auch perfekt zur Massenmanipulation eingesetzt. Der inszenierte Brand des Reichstages wurde den Kommunisten untergeschoben und der Angriff auf Polen als Reaktion auf einen angeblichen Überfall Polens auf den deutschen Radiosender Gleiwitz. Hunderte von Wochenschauen und Tausende von Nachrichten wurden systematisch gefälscht. Auch im 21. Jahrhundert werden wir belogen und betrogen und dies mit der gleichen „Goebbelschen"-Kraft der permanenten Wiederholung. Solange bis wir das Gelesene, Gehörte oder Gesehene für wahr halten. Deshalb sind Nachrichten heute mehr denn je mit äußerstem Misstrauen zu betrachten. Der US-Präsident George Bush ließ verlauten, dass der Irak nachweislich über Massenvernichtungswaffen verfüge.

Diese Nachricht wurde durch die Geheimdienste bestätigt und dank internationaler Nachrichtenagenturen weltweit verbreitet.

In Wahrheit gab es keine Massenvernichtungswaffen im Irak.

Der Krieg wurde aber geführt, tausende Menschen getötet und ein fremdes Land besetzt.

Jeder kann heute am Heimcomputer Fotos im Fotoshop manipulieren oder digitale Videofilme produzieren, in denen die Akteure technisch verfremdet werden, ohne dass es dem Zuschauer später auffällt.

Nachrichten sind das Manipulationsinstrument von Regierungen, Geheimdiensten und Wirtschaftsverbänden. Eine geschickt lancierte Lüge in den Wirtschaftsnachrichten lässt Weltkonzerne wanken oder Aktien einbrechen. Wenn Sie von einer Revolution in Libyen, der Ukraine oder Syrien hören, wissen Sie genau, dass diese von der unterdrückten Bevölkerung inszeniert wurde. Sie wissen das, weil Sie es in den Nachrichten gehört haben. Ist es deshalb die Wahrheit? Wenn Sie lesen, dass der Prinz die Prinzessin betrogen hat und Sie sehen ein Foto der traurigen Prinzessin, dann wissen Sie, dass auch in der Monarchie Treue schwer zu finden ist. Die Nachrichten liefern die Bilder und wir wissen Bescheid.

Doch wir wissen nur das, was wir glauben zu wissen.

In den Medien lesen und hören wir, dass immer mehr Menschen an Asthma, Schuppenflechte, Neurodermitis, Krebs und Allergien erkranken. Die Nachrichten bedeuten, dass wir z. B. nicht auf die Sonnenbank gehen, Grillfleisch meiden und auf Chips verzichten sollen, da wir solche Krankheiten mit unserem Verhalten selbst verursachen. Das ist richtig.

Aber gibt es auch andere Ursachen?

Hier ein kleines Rechenbeispiel: Stellen wir uns vor, dass seit August 1945 jede Woche eine Atombombe der Stärke von Hiroshima oberirdisch gezündet worden wäre, und zwar ununterbrochen 77 Jahre lang (also noch bis zum Jahr 2022). Könnte es dann sein, dass diese Radioaktivität Mitverursacher unserer „Volkskrankheiten" ist?

Dabei hat einzig die 1961 gezündete Atombombe „Zar" in der UDSSR 4.000-mal so viel Radioaktivität freigesetzt wie die Hiroshimabombe (4.000 Wochen ergeben 77 Jahre). Zudem wurden von 1945 bis 1998 weitere 2052 Atombomben gezündet. Weltweit wurden dreizehn schwere Kernkraftunfälle bekannt. Die Radioaktivität all dieser Vorfälle und Tests könnte sich auf die Krebs– und Krankheitsstatistiken ausgewirkt haben.

Haben Sie davon schon einmal in den Nachrichten gehört? Oder erinnern Sie sich eher an die Schlagzeilen Grillwürstchen und Sonnenbänke verursachen Krebs?

An dieser Stelle darf es nicht unerwähnt bleiben, dass das deutsche Bundesamt für Strahlenschutz nicht nur für Röntgengeräte und Sonnenstudios, sondern auch für Atomkraftwerke zuständig ist. Nach dem Unfall in Fukushima, bei dem der Gau ja durch den Ausfall der Kühlung erfolgte, kam heraus, dass deutsche Atomkraftwerke für sage und schreibe zwei Stunden Notstrom erzeugen können, bis die Kühlung der Brennstäbe ausfällt.

Das hat sich bis heute nicht geändert. Dafür werden Sonnenstudiobesucher bereits seit Juli 2007 vom Bundesamt für Strahlenschutz strengstens reglementiert.

Anders als auf der Terrasse, im Schwimmbad, Spielplatz oder am Strand - wo jeder unkontrolliert so lange wie er will in die Sonne gehen kann – hält das Bundesamt für Strahlenschutz Sonnenbänke und deren Betrieb offensichtlich für gefährlicher als Atomkraftwerke.

Nachrichten werden dort gemacht wo sie entstehen oder Nutzen bringen. Oder beides.

Am 13. März 1962 legte Lyman L. Lemnitzer, seinerzeit Vorsitzender der Joint Chiefs of Staff der USA dem Präsidenten John F. Kennedy die Pläne zur Operation Northwoods vor.

Die Operation sah militärische Anschläge gegen US- amerikanische Schiffe, Militärbasen und Passagierflugzeuge vor. Die Anschläge sollten Fidel Castro zugeschrieben werden, um eine Invasion auf Kuba zu rechtfertigen. Diese Nachrichten blieben der Welt aufgrund des Vetos Kennedys glücklicherweise erspart. 39

Jahre später am 11. September 2001 erreichte uns die Nachricht, dass Terroristen massive Anschläge in den USA verübt hatten. Diesmal waren es aber ganz sicher und tatsächlich Terroristen und nicht eine imaginäre Operation Northwoods 2.0. Das wissen wir aus den Nachrichten!

Nachrichten können ein Bild der Realität wiedergeben oder nur ein Trugbild sein. Nachrichten haben immer die Kraft und das Potential, uns zu manipulieren und Meinungen zu transportieren. Schon das Weglassen von Informationen mindert den Wert einer Nachricht und verkehrt ihren Informationsgehalt nicht selten ins Gegenteil.

Negative Gewinne und Gewinnwarnungen an der Börse sind wunderbare Beispiele dafür. Übrigens auch für das Entwerten der Deutschen Sprache.

Nachrichten sind oft manipulativ, unwahr und unvollständig.
Vor allem belasten sie uns mit Negativem und Schlechtem.
Wenn wir uns täglich auf den Weg machen, neues zu erleben und anderes kennen zu lernen, entziehen wir uns dem Bann der Katastrophen und Krisen.

Spätestens seit dem Antritt Donald Trumps hat sich die Majorität der Medienvertreter, die für unsere nachgerichteten Neuigkeiten - die Nachrichten - zuständig sind, offenbart. Alles Positive wurde ausgeblendet und alles vermeintlich Negative wurde gezeigt, aufgeblasen, verdreht, verfälscht und negativ kommentiert.

Spätestens 2016 hätte eine aufmerksame Öffentlichkeit erkennen können, wie aus einem zuvor hochgelobten Unternehmer ein böser Politiker gemacht wurde. Ähnlich verhielt es sich zuvor und danach mit unzähligen Politikern, Schauspielern und Unternehmern. Aus dem Nichts wurden uns in den Nachrichten „Heilige" präsentiert, die ebenso aus dem Nichts zu „Huren" gemacht wurden.

Auch sachliche physikalische Fakten werden in den Nachrichten so dargestellt, dass sie beim Zuschauer einen Zweck erfüllen. Wurde bei den Wetterkarten noch 2015 die Temperatur von 24 Grad orange dargestellt, machten viele Nachrichtensender daraus dunkelrot. Das Gleiche wurde bei der „Pandemie" 2020/2021 mit den „Infektionszahlen" gemacht. Rot als Signalfarbe, um beim Nachrichtenkonsumenten die Botschaft der Angst zu transportieren: subtil, aber direkt.

Der erste Irak-Krieg konnte stattfinden, weil uns die Nachrichten erzählten, dass die Irakischen Soldaten in Kuwait Babys aus Brutkästen geworfen haben. Das war eine Lüge. Doch obwohl aufgrund dieser Lüge hunderttausende unschuldige Menschen starben, die Bundesrepublik Milliarden Mark zum Krieg beisteuerte und die Regierung den Krieg für gut befand, gab es, nachdem herauskam, dass es eine Lüge war, keine Entschuldigung in den Nachrichten. Von der Politik ohnehin nicht.

Der Jugoslawien-Krieg wurde nur aufgrund der Lüge geführt, es gäbe Konzentrationslager in Jugoslawien. In der Tagesschau und anderen Mainstream-Medien wurde von den KZs berichtet, die Bundesregierung steuerte 50 Milliarden Mark zum Krieg bei und wieder starben tausende unschuldige Menschen, das Land wurde mit radioaktiver Munition verseucht und danach stellte sich heraus, dass es keine KZs gab. Entschuldigungen von den Nachrichten-Machern oder der Regierung? Fehlanzeige.

Der Clou bezüglich wahrhaftiger Berichterstattung war die Behauptung, im Irak gäbe es Massenvernichtungswaffen. Auch diese Nachrichten waren eine Lüge. 1.200 000 unschuldige Menschen starben, die Bundesregierung beteiligte sich erneut mit Milliarden Steuergeldern und als herauskam, dass die Massenvernichtungswaffen gelogen waren, kam weder in den Nachrichten noch von der Politik eine Entschuldigung! Die Liste nachgewiesener Lügen in den Nachrichten könnte ganze Bücher füllen.

Die Deutsche Wochenschau und der Stürmer galten stets als die Pioniere der Manipulation durch Nachrichten. Im 21. Jahrhundert stehen viele Redakteure und Sender dieser „Qualität" der Manipulation in nichts nach.

Eine Gemeinsamkeit haben die Berichterstatter aller Zeiten. Sie behaupten die Wahrheit zu berichten und im Sinne vermeintlich höherer Ziele den Konsumenten Dinge, Informationen oder Sichtweisen vorenthalten zu müssen.
Die Massen waren damals wie heute willige Opfer einer perfiden

Massenhypnose, die an Schulen und Universitäten etabliert wurde und durch die Nachrichten und sonstigen Medien kultiviert worden ist.

Viele neigen dazu, Fakten, von denen sie nichts wissen, als fake news einzustufen. Nach dem Motto: Das kam nicht in den Nachrichten, es muss falsch sein. Wo sind denn die Quellen? Quellen, nach denen die wenigsten bei den Mainstream Medien fragen. Täten sie es, dann in der Regel vergebens. In unserer Welt reicht es, Nachrichten zu erfinden und im Mainstream zu veröffentlichen, um als Quelle anerkannt zu werden.

Von klein auf wird den Menschen gesagt, was und wie sie zu denken haben und auch wie Deutsche Worte zu begreifen und anzuwenden sind. Die Sprache und die Nachrichten werden den Kindern verquast, sinnentfremdend und gendergerecht eingetrichtert und in den Medien, den Nachrichten dann in hämmernder Wiederholung bestätigt. Nicht wenige Lehrer führen ihre Schutzbefohlenen, den Kindern in der Schule, die Nachrichten vor, um ihre sprachlichen Botschaften zu bestätigen. Gewalttätige Jugendliche, die GEGEN konservative Parteien demonstrieren, werden mittels simpler sprachlicher Tricks und hämmernder Wiederholung zu schützenswerten *Aktivisten!*

Demonstranten, die für Frieden und Freiheit demonstrieren, werden in den Nachrichten als *Reichsbürger und Rechte, die marschieren, dargestellt.*

Massenvergewaltigungen am Kölner Dom wurden in den Nachrichten tagelang verschwiegen, um dann von Einzelfällen zu sprechen. Derweil ein falsch positionierter rechter Arm bei einer regierungskritischen Demonstration medial zur Wiederauferstehung der SA gemacht wird.

Das sich im Nachhinein gerne herausstellt, dass der „Arm hebende" für den Verfassungsschutz arbeitet, wird uns in den Nachrichten geflissentlich verschwiegen.

Eins ist klar. Solange Redakteure, Journalisten, Medienvertreter und Verleger nicht begreifen, dass es unterschiedliche Meinungen und Sichtweisen gibt und dass es NICHT die Aufgabe der Medien ist Stellung zu beziehen, sondern, dass die Presse NEUTRAL und AUSGEWOGEN zu berichten hat, solange sind Nachrichten weniger substanziell als Grimms Märchen.

Die Gebrüder Grimm hatten in ihren Geschichten nämlich tatsächlich Menschlichkeit, Liebe, Anstand und Ehre im Sinn.

Frage: Welche Nachrichten brauchen Sie?

Wie schön wäre es doch, wenn wir am Anfang und am Ende einer jeden Nachrichtensendung etwas besonders Positives hören würden. Zum Beispiel, wo in der Welt wieder Menschen Nächstenliebe beweisen, eine Katastrophe bewältigt und die Welt ein Stück lebenswerter gemacht wurde.

Nächstenliebe

„Nicht um geliebt und verstanden zu werden, sind wir
auf Erden, sondern um zu lieben und zu verstehen. "
Christian Harb

Schließen Sie die Augen und sagen Sie „Nächstenliebe!". Hier sind Nähe und Liebe, zwei wunderbare Zustände, vereint. Um Nächstenliebe zu praktizieren, bedarf es neben der Eigenliebe, des Wunsches zur Vervielfältigung der Liebe. Sagen Sie gleich heute Ihrem Partner, Verwandten oder Freund, dass Sie ihn lieben und gehen Sie im Straßenverkehr mit den anderen Verkehrsteilnehmern so liebevoll um, wie Sie es selbst gerne hätten.

Rufen Sie einen Menschen an, den Sie lieben und bei dem Sie sich bisher nicht getraut hatten, es auszusprechen. Suchen Sie Wege, Liebe zu geben, und Sie werden Liebe finden. Das Beste daran ist,

Liebe wird nicht weniger, wenn man sie teilt, sondern mehr.

Frage: Wie praktizieren Sie Nächstenliebe?

Wer Schwierigkeiten mit der Nächstenliebe hat, sollte sich fragen, ob er sich selbst überhaupt lieben kann. Wer sich selbst verachtet, hat wenig Potenzial, seine Nächsten zu lieben und viel Potenzial, das nächste Wort zu leben.

Neid

Eines der Grundübel unserer Gesellschaft ist der Neid. Wir haben uns daran gewöhnt – ja beinahe gemütlich darin eingerichtet –, in einer Neidgesellschaft zu leben. Neid und Missgunst sind unsere dauernden Wegbegleiter. Wir ergötzen uns an dem Niedergang von erfolgreichen Entertainern oder Unternehmern mit dem offensichtlich wohligen Gefühl, zu wissen, dass „die da oben" ja auch nicht besser sind und es verdient haben, mal richtig auf die imaginäre Fresse zu fallen.

Woher kommt Neid? Er kommt nicht wie eine Grippe oder ein Beinbruch einfach daher. Neid hat nicht seinen Ursprung in einem unvermeidbaren Schicksalsschlag, Neid entspringt unserem Bedürfnis zur Kommunikation mit anderen, die mehr haben als wir selbst.

Neid ist für viele der einzige Weg mit jenen zu kommunizieren, die sich auf einem höheren Level befinden und deutlich mehr besitzen oder alles zu haben scheinen. Es gibt zwei Möglichkeiten, in diesem Kontext zu kommunizieren. Auf einer höheren Ebene als der Eigenen oder auf der Eigenen. Um auf einer höheren Ebene zu kommunizieren, bedarf es der Verbesserung des eigenen

Standpunktes. Wir müssen uns nach oben bewegen. Die andere Variante der Kommunikation ist der Versuch, den anderen auf das eigene Niveau herabzuziehen. Vergleichbar wäre das mit einem Gebäude. Wollen wir das höchste Gebäude in unserer Stadt besitzen, können wir alle jene abreißen, die höher sind oder an unserem Gebäude so lange arbeiten, bis es selbst das Höchste ist.

Die Ursache von Neid ist mangelndes Selbstbewusstsein.

Der Neidische traut sich selbst nicht zu, auf eine höhere Ebene zu gelangen – ein größeres Gebäude bauen zu können. Folglich glaubt er, mit anderen Erfolgreicheren nur kommunizieren zu können, wenn er sie auf sein Level herabzieht. Dass er so nicht seine Möglichkeiten ausschöpft, ist offensichtlich. Das Herunterziehen anderer ist nur dann erfolgversprechend, wenn es reichere, erfolgreichere, berühmtere Menschen moralisch diskreditieren kann.

Dieses Anprangern vollzieht sich relativ einfach. Es kann ja nicht mit rechten Dingen zugegangen sein, wenn jemand so reich, berühmt oder erfolgreich geworden ist.

Frank Sinatra sagte man Mafiakontakte nach, sie sollen den Grundstein für seinen Erfolg gelegt haben. Talent, Fleiß, harte Arbeit hingegen können nicht der Grund sein, dass ausgerechnet Mr. Sinatra und nicht Hinz und Kunz „My Way" zum Welthit gemacht hat.

Neid ist nie ein guter Zugang zur Kommunikation - aber einer der Beliebtesten.

In Deutschland hat sich eine wahre Neidkultur entwickelt. Hier wird gegen Unternehmer und Unternehmen gewettert und von einigen Volksvertretern eine Umverteilung des Vermögens gefordert. Den Menschen wird suggeriert, dass es die Reichen sind, die zu viel haben und die Armen nur ausgebeutete Opfer sind.

Wem wir die Schuld geben, dem geben wir die Macht.

Geben wir die Macht an andere, begeben wir uns in die Ohnmacht. Ein machtloser Mensch mag viel haben, viele Möglichkeiten hat er nicht. Machtlose Menschen, die Neidbarone unserer Gesellschaft, schreiben sich selbst Pech zu und den Erfolgreicheren Glück.

Nach einem schweren Karriereeinbruch in den frühen 50er Jahren gelang Sinatra 1957 mit einer eigenen TV-Show ein beeindruckendes Comeback. Als ihn ein Journalist fragte, wie er sich fühle, so viel Glück gehabt zu haben, erwiderte Sinatra: „Ich habe mehr als zehn Jahre auf diesen Auftritt hingearbeitet, geübt, geprobt und unzählige Auftritte hinter mich gebracht. Im Übrigen habe ich in der Nacht vor dem TV-Auftritt nicht geschlafen. So viel zum Thema Glück."

Glück ist das Resultat von langer Übung, harter Arbeit und

unerschütterlichem Glauben. Dem Neider ist das zu anstrengend. Er reißt lieber die Gebäude anderer ein, anstatt an seinem eigenen zu arbeiten.

Hier merken Sie, wie destruktiv Neid ist.

Da ist es für viele sicher verlockender, mit dem Finger auf andere zu zeigen, statt anzupacken und das eigene Leben zu gestalten. Dazu ein Zitat des Philosophen Arthur Schopenhauer:

„Erst wird belächelt, dann bekämpft und dann bewundert."

Motor dieses Verhaltens ist Neid. Belächelt werden die Mutigen, Andersdenkende und Visionäre. Sie werden ob ihrer Visionen und Ihres Andersseins beneidet, und weil sie zunächst nichts Greifbares erreicht haben, werden sie neidvoll herablassend belächelt. Beginnt aber ihre Vision Wirklichkeit zu werden, hat der Neid ein greifbares Angriffsziel und die Vision wird nach Herzenslust bekämpft. Wird den Neidern dann die Aussichtslosigkeit ihres Handelns bewusst, möchten sie am Erfolg Anteil haben und stimmen ein in das Orchester der Bewunderung. Jedoch nur so lange, bis sich eine Gelegenheit bietet, den Erfolgreichen wieder vom Podest zu stoßen. Nichts tun Neider nämlich lieber - besonders in Deutschland.

Wer seinen Weg gegangen ist, Hindernisse und Widrigkeiten überwunden und sich Ruhm und Anerkennung hart erarbei-

tet hat, der wird oft und gerne vom Thron gestoßen, sein imaginäres Erfolgshaus wird eingerissen und auf dem Altar des Massenneides geopfert.

Viele legen ihren Mitmenschen Steine in den Weg oder boykottieren sie, weil sie ihnen ihren Erfolg nicht gönnen. Lieber sich woanders hinwenden, als „denjenigen" noch bei seinem Erfolg zu unterstützen.

Lassen Sie uns lieber an unserem imaginären Haus bauen, als auf Andere und Anderes zu zeigen. Lassen Sie unser Haus das schönste und größte werden und gönnen wir anderen dasselbe. Freuen Sie sich über das dicke Auto Ihres Nachbarn und sein großes Haus. Gönnen Sie dem Superstar seine Millionen, vertrauen Sie Ihrem Partner und Ihren Mitmenschen ohne Argwohn und Neid. Die Energie, die frei wird, wenn wir uns des Neides entledigt haben, schafft Freiraum für nachhaltigen Erfolg in allen Lebenslagen.

Frage: Ist Ihnen Neid fremd?

Sagen Sie nein zum Neid.

Nein

„Das Wort nein ist ein orales Verhütungsmittel."

Joan Vichers

Ich halte es für möglich, dass das Wort „Nein" über die Menschheit mehr Unzufriedenheit gebracht und uns mehr Zeit gekostet hat als alle anderen Worte zusammen. Damit sind nicht die typischen Neinsager gemeint, die jeder von uns kennt und die aus Prinzip gegen alles sind und das Wort „Nein" wie einen imaginären Schutzschild vor sich hertragen. Sie sagen nur deshalb zu allem nein, weil sie unfähig und zu feige sind, wenn es angebracht ist, „Ja" zu sagen, dies auch zu tun und damit eine Entscheidung zu treffen. Diese Neinsager sind glücklicherweise in einer gesellschaftlichen Minderheit und sollen deshalb an dieser Stelle keine weitere Erwähnung finden.

Keiner von uns möchte ein „Nein" hören. Wir leben in einer Gesellschaft der Jasager. Die Unfähigkeit, mit einem „Nein" umzugehen, beinhaltet auch, nicht nein sagen zu können.

Statt eines klaren und angebrachten „Neins" wird lieber „Ja, aber" gesagt.

„Ja, aber" und „nein" haben im Grunde die gleiche Bedeutung und entlarven die Unfähigkeit vieler, „Nein" zu sagen.

Ein „Nein" an der richtigen Stelle ist wichtig. Wer „Nein" sagen möchte, aber „Ja" sagt, verliert mit jedem „Ja" seine Identität und ein Stück seines Selbstbewusstseins.

Um den praktischen Wert des aktiven Einsatzes eines „Nein" zu dokumentieren, hier eine kurze Geschichte (die Fortsetzung der Geschichte aus dem Kapitel „Ja"):

Janine und Ihre Freundin Susanne freuten sich schon die ganze Woche auf den Samstagabend.

Endlich konnten die beiden wieder in ihre Lieblingsdisco gehen. Nachdem die beiden zwei Stunden im Bad an ihrem „Styling" gearbeitet hatten, ging es los. Im Club angekommen, mussten sie feststellen, dass die Tanzfläche zu voll war und das Publikum zu jung. So gingen sie an die Bar, bestellten ein paar Drinks und versuchten, dem Abend etwas Positives abzugewinnen.

Plötzlich stand ein Junge vor Janine. Wie aus dem Nichts war er erschienen und strahlte sie an. Er stellte sich als Andrew vor und machte einen schüchternen, jungenhaften Eindruck. Viel zu jung für Janine. Trotzdem unterhielt sie sich mit ihm. Unerwartet fragte er nach ihrer Telefonnummer. „Man könne ja mal etwas zusammen unternehmen!" „Oh je", dachte sie. Dieser kleine Milchbubi und mit mir etwas unternehmen? Niemals! Doch in dem Augenblick, als sie das dachte, war sie schon dabei, ihm ihre Telefonnummer auf einen Zettel zu kritzeln und dazu zu sagen:

„Ruf mich an, wenn Du magst, wir können ja mal zusammen was machen."

Andrew ging zu seinem Freund in der anderen Ecke der Disco und Susanne fragte kopfschüttelnd: „Was war das denn?" Egal, dachte Janine. Sie hätte zwar nein sagen wollen, aber so schlimm war das auch wieder nicht, dass sie dem Jungen ihre Telefonnummer gegeben hatte. Dachte sie.

Am nächsten Tag rief Andrew bei ihr an. „Oh je", dachte sie wieder. Aber kein Problem. Schnell erzählte sie ihm, sie müsse sich um ihre Oma kümmern. Er solle doch ein anderes Mal anrufen! Hatte sie das wirklich gesagt? Warum hatte sie ihm nicht, geschützt durch die Distanz des Telefons, gesagt, dass sie sich doch nicht mit ihm treffen wolle? Sie hätte nur nein sagen müssen. In den nächsten Tagen und Wochen rief Andrew täglich bei Janine an und jedes Mal brachte sie eine neue Ausrede vor, um sich nicht mit dem Jungen zu treffen. Sie hätte jedes Mal nur nein sagen müssen. Ein klares „Nein"! Andrew wäre kurz enttäuscht gewesen, hätte sie dann aber nicht mehr angerufen und wäre gedanklich frei für ein anderes Mädchen gewesen. Doch Janine konnte nicht „Nein" sagen. Sie kannte die goldene Regel des Neins nicht!

Wer nein zu anderen sagt, sagt ja zu sich selbst.

„Nein" ist ebenso wichtig wie „Ja". Wer „Ja" sagt, ist stark und kraftvoll. Aber nur, wenn er „Ja" meint. Ist „Nein" gemeint und wurde „Ja" gesagt, starten wir häufig eine Odyssee der Missverständnisse, Probleme und beiderseitigen Enttäuschungen.

Jeder kennt Situationen, in denen wir „Nein" sagen möchten, und dann „Ja" sagen. Der flüchtige Bekannte, der sich mal schnell 50 Euro bei uns leihen will. Der nette Versicherungsvertreter, der sich zwei Stunden Mühe mit dem Beratungsgespräch gegeben hat und nun die Unterschrift unter den Vertrag haben will. Das Jackett oder die Bluse in der Boutique, die wir genommen haben, weil der Sekt kostenlos und die Verkäuferin so freundlich war. Die Liste der Situationen, in denen wir „Ja" gesagt haben und „Nein" meinten, ist bei jedem unterschiedlich lang.

Weshalb Menschen nicht „Nein" sagen können, liegt zum einen daran, dass wir ungern „Nein" hören und deshalb auch nicht „Nein" sagen. Es liegt aber auch darin begründet, dass viele zu schwach sind, „Nein" zu sagen. Mangelndes Selbstbewusstsein, gepaart mit dem Gefühl, dem anderen verpflichtet zu sein, macht aus einem gefühlten „Nein" ein gesprochenes „Ja".

Sagen Sie nur „Ja", wenn Sie „Ja" meinen und „Nein", wenn Sie „Nein" meinen. Sie werden überrascht sein, wie viel besser Sie sich danach fühlen.

Frage: Wo können Sie nicht „Nein" sagen?

Um „Nein" sagen zu können, bedarf es der Offenheit

Offenheit

„Wer nicht aus sich herausgeht, findet
auch bei anderen keinen Einlass. "

Theo Kreiten

Viele leben in ihrer Komfortzone. Ihr Zuhause, ihr Arbeitsplatz, ihre Familie und ihre Weltanschauung - alles schön ordentlich und überschaubar. Ordnung ist für uns wichtig. Das Wissen, dass der nächste Tag so beginnt, wie wir es gewohnt sind und die Gewissheit, dass uns weder der Himmel auf den Kopf fällt noch der Boden unter den Füßen wegbricht. Unsere Komfortzone schützt und behütet uns. In Wahrheit werden in dieser Zone nur zwei Dinge beschützt: die Vergangenheit und unsere Angst vor Veränderungen.

Veränderungen erscheinen den meisten als unbequem, ungewiss oder gefährlich. Nicht ohne Grund hatte der Werbeslogan einer großen Waschmittelfirma so viel Erfolg:

Da weiß man, was man hat.

Wenige Worte, die auf den Punkt bringen, weshalb wir unsere Komfortzone nicht gerne verlassen. Dabei ist das Wort Komfortzone oft nicht passend. Bei vielen müsste es „Unbequemlichkeitszone" heißen. Denken wir an die Millionen unglücklicher Ehen und Partnerschaften. Wie hieß es doch so schön: Da weiß man, was man hat!

Wähler, die immer die gleiche Partei wählen, Autofahrer, die immer dieselbe Automarke kaufen und Touristen, die im Ausland dasselbe essen wie zuhause. Da weiß man, was man hat!

Das Entwicklungspotential des Menschen ist praktisch grenzenlos. Wir nutzen im Laufe unseres Lebens maximal 10 Prozent unseres Gehirns. Wir haben auch mit 90 Jahren noch die Möglichkeit zu studieren, Sprachen zu lernen oder Lebensanschauungen auf den Prüfstand zu stellen.

Offenheit ist der Motor des Lebens. Offenheit ist mehr als ein Wort. Offenheit ist eine positive Lebenseinstellung. Seien wir offen für die Meinung anderer, für deren Wünsche, für andere Kulturen, Speisen, Ansichten und Gebräuche. Bewerten, verurteilen und vergleichen wir weniger und beobachten, lernen und teilen wir mehr. Offenheit bedeutet, bereit zu sein für andere und anderes.

Wer unoffen ist, hat Angst vor Neuem.

- Als die erste Eisenbahn mit 20 Stundenkilometer durch die Lande brauste, warnten die Ärzte vor den unabsehbaren Gesundheitsfolgen für die Fahrgäste. Unoffenheit und die Angst vor dem Überwinden alter Denkstrukturen konnte weder die Einführung der Eisenbahn noch die geringfügige Erhöhung der Höchstgeschwindigkeit von 20 auf 320 Stundenkilometer verhindern.

- 1943 soll Thomas Watson, Präsident von
  IBM International, gesagt haben:
  „Ich glaube, dass es auf der Welt einen
  Bedarf von vielleicht fünf Computern geben wird."
  Man kann diese Einschätzung getrost als Unoffenheit für
  das Marktpotential einschätzen, selbst wenn er nicht fünf,
  sondern fünf Millionen gemeint hätte.
- Als in den frühen 80er Jahren in Deutschland die Grünen
  in die ersten Parlamente einzogen, wurden sie von den
  etablierten Parteien belächelt. Die Unoffenheit für den
  Zeitgeist hat es den Grünen möglich gemacht, heute
  als feste Größe im Bundestag vertreten zu sein. Leider
  lassen viele von ihnen bei der Symbiose
  von Umweltschutz und Wirtschaftsinteresse
  die Offenheit vermissen, derentwegen sie
  damals gewählt wurden.
- Bei der Einführung von Internet und E-Mails in den
  90er Jahren haben unzählige Unternehmen unoffen weiter
  auf Briefpost und das Telefonbuch gesetzt.
  Die meisten Firmen, die dies taten, gibt es heute
  nicht mehr. Der Mangel an Offenheit hat sie liquidiert.

Wir neigen dazu, Veränderungen als Bedrohung zu verstehen. In einer globalisierten Welt, in der es möglich ist, via Internet in Sekunden Kontakt mit Geschäftspartnern in China aufzunehmen und mit dem Jet in Stunden in die USA zu reisen, darf sich niemand in seiner persönlichen Komfortzone verbarrikadieren.

Wir sind aufgerufen, den Wandel der Zeit zu erkennen und mitzu-gestalten. Wer zu Hause rumsitzt und nur zuschaut, der wird vom Schöpfer zum Opfer.

Offenheit heißt, bereit zu sein, die Veränderungen des Lebens zu suchen, zu erkennen, sich ihnen zu stellen und das aus Ihnen zu machen, was sie sind: die Chance zur Weiterentwicklung.

Es ist unerträglich, täglich von Menschen zu lesen, die auf je-den und alles schimpfen und die den Staat für ihr vermeintliches Schicksal verantwortlich machen. Die Unoffenheit dieses Gedan-kenguts ist nicht nur schädlich für das einzelne Individuum, son-dern für die Gesellschaft insgesamt. Denn

unsere Gesellschaft lebt von ihrer Offenheit.

Wer gesund ist und keine Arbeit hat, kann die Zeit nutzen, sich fortzubilden. Jeden Tag eine Stunde lesen, eine Stunde schrei-ben, eine Stunde Sport oder frische Luft und eine Stunde anderen Menschen helfen.

Wer rumsitzt und jammert, auf Kosten der Gemeinschaft lebt, Opfer ist und die Bereitschaft zur Offenheit vermissen lässt, an sich selbst zu arbeiten, der wird zu dem, was er aus sich gemacht hat – ein hilfloses Opfer der Umstände.
Politiker, die über Arbeitslose entscheiden, ohne selbst jemals in deren Situation gewesen zu sein, lassen die elementarste Offen-

heit zur Führung ihres Amtes vermissen. Die Offenheit für die Realität ihrer Wähler.

Die mangelnde Offenheit einiger Autohersteller ist bedenklich. Deren Absatzzahlen sprachen über Jahre eine deutliche Sprache und täten dies ohne den Konjunkturmotor China, wo Umweltaspekte weitestgehend irrelevant sind, wohl heute noch. Bis 2010 haben es die Autogiganten versäumt, marktgerechte Autos zu bauen. Ohne Benzin und ohne Emissionen. Ihre Unoffenheit, die zu Nichtstun führte, hat weltweit Millionen Arbeitsplätze gefährdet oder bereits gekostet. Ihre Unoffenheit und der Mangel an Mut ist beschämend und erbärmlich. Der komplette Untergang der englischen Autoindustrie, die Beinahe-Pleite von GM und der Verlust des Premium-Images von Mercedes an Audi sind drei prägnante Beispiele für die Unoffenheit dem Markt gegenüber.

Ebenso symptomatisch ist die Unoffenheit der Kaufhausketten. Hier wurde in den 1950er bis 1980er Jahren offensichtlich so viel Geld verdient, dass das Management vielerorts der Meinung war, es würde so weiter gehen wie gehabt. Das Prinzip der induktiven Kontinuität. Der feste Glaube daran hat die Aufmerksamkeit des Managements vor Entwicklungen wie Internet oder Kundenorientierung so lange geblendet, bis es zu spät war.

Die Firma Thorens baute einst die besten Plattenspieler der Welt. Deutsche Wertarbeit und Tradition waren über 100 Jahre der Garant für erfolgreiche Geschäfte.

Das Ignorieren technischer Neuentwicklung hat Thorens ins Nirwana der HiFi-Nostalgiker entschwinden lassen. Statt offen für die sich Anfang der 1980er Jahre abzeichnenden Entwicklung hin zur Audio CD zu sein, wurden nach dem Motto: „Da weiß man, was man hat" weiter Plattenspieler gebaut.

Wer sich nicht anpasst, stirbt aus. Dies ist das Millionen Jahre alte Gesetz der Natur. Anpassung bedingt Offenheit. Diese Offenheit zeigt sich in der Bereitschaft und Fähigkeit, Veränderungen zu erkennen und sie mitzugestalten. Sie zeigt sich auch in der Bereitschaft, eigene Ansichten und Meinungen zu überdenken, auf ihre Aktualität hin zu überprüfen und gegebenenfalls zu revidieren. Offenheit bedeutet hinhören und nicht nur zuhören, wenn andere Menschen mit uns sprechen. Nur so können wir einander verstehen, näherkommen und miteinander leben.

Frage: Wie offen sind Sie für die Veränderungen Ihres Lebens?

Ist Ihnen schon mal aufgefallen, dass die besonders offenen Menschen, die Sie in Ihrem Leben getroffen haben, häufig auch besonders optimistisch waren?

Optimismus

„Ein Optimist ist einer, der Kreuzworträtsel mit Tinte löst. "

Marcel Achard

Das Gegenteil des Optimisten / Optimismus ist der Pessimist / Pessimismus. Dem Pessimisten fehlt die positive Wahrnehmung. Anders als der Optimist, der seine Welt positiv bewertet, sieht der Pessimist nur allenthalben Düsternis.

Wer im Dunkeln steht, bewegt sich langsamer und vorsichtiger. Im Dunkeln hat man eine eingeschränkte Sicht. Dunkelheit steht auch für passiv. Keines der Attribute ist positiv. Optimismus ist ein positives Wort und so gilt die goldene Lebensregel:

Die Welt wird von Optimisten bewegt.

Zu mir sagte einst ein „Freund" wörtlich: „Du mit Deinem Scheiß-Optimismus." Warum Scheiß-Optimismus? Muss ich mich schlecht fühlen, weil ich der Welt die schönen Seiten abgewinnen will. Weshalb dieser Vorwurf? Erst Jahre später erkannte ich, dass optimistische Menschen Begehrlichkeit wecken. Kaum ein Pessimist macht sich die Mühe, offen zu sein und seine Denk- und Verhaltensstrukturen zu revidieren. Lieber wird dem Optimisten seine Lebenseinstellung geneidet.

Jeder hat seine Lebenseinstellung selbst in der Hand. Wer meint, mit Pessimismus das anzuziehen, was er braucht, sollte so leben, wie er meint. Solange er uns Optimisten nicht behelligt. Optimismus führt uns zu einem besonderen Phänomen: der

selbsterfüllenden Prophezeiung.

Jeder kennt die Situation. Man legt einen Brief zurecht, den man unbedingt mit aus dem Haus nehmen möchte und denkt noch: Den darf ich nicht vergessen! Ein paar Stunden später stellt man fest, dass der Brief noch dort ist, wo er jetzt nicht sein sollte, nämlich zu Hause. Da das Unterbewusstsein das Wort „nicht" nicht kennt, haben wir uns den Befehl gegeben: Den Brief darf ich vergessen. Deshalb bleibt er zuhause liegen.

Auf einer zweiten Gedankenebene haben wir zudem noch gedacht: Ich werde den Brief bestimmt liegen lassen. Und so ist es dann auch gekommen. Wir steuern unser Unterbewusstsein und das steuert uns.

Wer optimistisch ist, sagt: „Das wird ein guter Tag" und er hat deutlich bessere Chancen auf einen schönen Tag als der, der pessimistisch in den Tag geht und der Meinung ist: „Der Tag wird sowieso schlecht!"

Der Pessimist wird keine Gelegenheit auslassen, seine selbstgemachte Prophezeiung bestätigt zu sehen. Der verpasste Bus, das vermeintlich schlechte Wetter, die Warteschlange im Supermarkt etc. Der Optimist bewertet den verpassten Bus positiv, könnte er doch im nächsten seinen Traumpartner finden. Das Regenwetter würde er als gut für die Natur akzeptieren und froh darüber sein, arbeiten gehen zu dürfen und nicht gerade heute ein Sonnenbad geplant zu haben. Und die Warteschlange im Supermarkt hält der Optimist für eine gelungene Gelegenheit zur „Entschleunigung" des Tages.

Ein anderer „Freund" meinte einst zu mir, weder der Optimist noch der Pessimist habe recht, der Realist hätte recht! Aha! Hier offenbart sich eine der Ursachen für Pessimismus. Der Pessimist ist negativ eingestellt und hat die Chance, wenn es so kommt, wie er meint, Recht zu behalten. Wenn nicht, schweigt er und wartet auf die nächste Gelegenheit. Politiker sind hier wahre Meister.
Die deutsche Bundeskanzlerin hat das Jahr 2010 ebenso wie das Jahr zuvor mit der pessimistischen Aussage begonnen: „Das Jahr wird sehr schwer für uns alle!" Großartig! Wahrheit sagen und Wahrheit sagen, ist nicht immer dasselbe. In der geistigen Leitschrift der christlichen Partei der Kanzlerin, der Bibel steht bei Markus 9, Vers 23:

„Alle Dinge sind möglich dem, der da glaubt. "

Die Konsequenz der Aussage der Bundeskanzlerin ist klar: Die Bürger, die hören, dass es ein hartes Jahr wird, werden weder jubeln noch dankbar sein. Die Menschen sagen sich: „Es wird ein hartes Jahr, also gebe ich weniger aus und spare mehr". Großartig! Spätestens nach einem Jahr kann die Kanzlerin resümieren, dass ihre Ansprache gut war. Sie wird Recht behalten haben. Von 82 Millionen Menschen hat jeder ein bisschen weniger ausgegeben, womit sich der Inlandskonsum noch weiter reduziert hat. Pessimist schlägt Optimist. Wird das Jahr dann besser als prognostiziert, kann sich die Kanzlerin den Erfolg selbst zuschreiben und darauf hoffen, wiedergewählt zu werden.

Erinnern wir uns an das Kapitel Ehrlichkeit und konstruieren einen Zusammenhang. Nicht immer ist Ehrlichkeit das Gleiche wie Ehrlichkeit. Die Zusammenhänge sind oft simpel und zugleich diffizil. Ein optimistischer Politiker glaubt an sich, seine Visionen, an die Wähler wie an die Menschen, die ihn nicht gewählt haben. Ein optimistischer Politiker, der ehrlich ist und die Schwierigkeiten erkennt, sagt:

„Liebe Bürger! Wie gut, dass sich uns hier in Deutschland diese Herausforderung stellt. Wer könnte sie besser meistern als wir. Denken Sie nur an unsere großartigen Leistungen nach dem Zweiten Weltkrieg. In nur zwanzig Jahren haben Frauen, alte Männer und Kinder die Trümmer beiseite geräumt und die zum Großteil zerstörten Städte wieder lebenswert gemacht. In derselben kurzen Zeit haben wir das Wirtschaftswunder vollbracht. Heute sieht unser Land ganz anders aus. Wir haben Frieden, Essen und Trinken, medizinische Versorgung und eine intakte Infrastruktur. Die auf uns zukommenden Veränderungen werden ebenso gravierend sein. Wir werden viel Neues erleben und erfahren. Doch wenn eine Nation das großartig meistern kann, dann sind wir das. Lassen Sie uns gemeinsam in ein wunderbares und erfolgreiches neues Jahr starten. Verrichten wir unsere Arbeit mit noch mehr Elan und Freude. Geben wir unseren Kindern alles, was in uns steckt. Der Bäcker, Busfahrer, die Krankenschwester und vor allem die Lehrer, Journalisten und meine Berufskollegen, die Politiker, gemeinsam werden wir in diesem Jahr die Weichen für mehr Wachstum und noch mehr Wohlstand in der Zukunft stellen. Doch Weichen bedeuten nichts ohne die dazugehörigen Schienen. Schienen bedürfen der Züge, die sie befahren, und Züge brauchen einen Fahrer (In Deutschland sollte in diesem Kontext das Wort Führer vermieden werden, auch wenn es Zug- und Lokomotivführer heißt).

Ich fahre den Zug für Deutschland, begleiten Sie mich auf eine erfolgreiche Fahrt. Jetzt geht's los! Frohes Neues Jahr."

Sie könnten jetzt möglicherweise einwenden: Das Ganze ist ein wenig banal, zu reduziert und romantisch. Doch hier geht es nicht um eine druckreife Rede für den nächsten Jahreswechsel, sondern um die energetische Ausrichtung. Die Glaubwürdigkeit eines solchen Textes hängt natürlich von der des Vortragenden ab. Runtergeklappte, pessimistisch und traurig wirkende Mundwinkel könnten die Glaubwürdigkeit sicher ebenso in Frage stellen, wie eine Folgepolitik der Steuererhöhungen und Unternehmensbehinderungen.

Optimismus ist der Glaube, in der besten aller möglichen Welten zu leben und da wir bisher noch keinen anderen Planeten mit Sauerstoff, Wasser und optimaler Sonneneinstrahlung gefunden haben, kann nichts anderes als Optimismus unsere Lebenseinstellung sein.

Frage: Sind Sie ein Optimist?

Die Dinge, die uns pessimistisch stimmen, schaffen wir einfach gemeinsam ab! Womit wir beim nächsten Wort wären.

Politik

„Ein Nachteil der Politik liegt darin, dass manche
vernünftige Maßnahme bloß deswegen unterbleibt,
weil der Gegner sie vorgeschlagen hat."
Romain Cary

In Wahrigs Fremdwörter-Lexikon wird Politik folgendermaßen
definiert: „Alle Maßnahmen zur Führung eines Gemeinwesens
hinsichtlich seiner inneren Verwaltung und seines Verhältnisses
zu anderen Gemeinwesen. Ein Politiker ist eine Person, die aktiv
an der Politik teilnimmt. Davon ausgehend, dass Politik von Politikern betrieben wird, kann unterstellt werden, dass des Politikers
Motivation seine politische Überzeugung ist."

Politisch heißt auch, im Leben stehend.

Doch in welchem Leben stehen die meisten Politiker unseres
Landes, unserer Welt? Wie lebensnah wird Politik betrieben?

Bevor ich mich dieser Frage widme, möchte ich vorwegschicken,
dass ich tatsächlich sehr hohe Achtung vor dem Beruf des Politikers habe. Die gleiche Achtung, die ich einem Schuhputzer,
Taxifahrer, Polizisten oder Universitätsprofessor entgegenbringe.
Jeder Mensch, der seinen Beruf als Berufung empfindet und aus-
lebt, hat unsere Anerkennung verdient. Hier stehen Politiker im

imaginären Idealismus-Ranking sicher an einem der vordersten Plätze. Allerdings vermuten viele Nichtpolitiker unter uns einen Geheimcodex, eine Form der Hypnose bei den Volksvertretern. Anders lässt sich kaum erklären, weshalb manche Politiker beim Wahlkampf freundlich Rosen verteilen und für jeden und alles Zeit haben, nach der Wahl aber frech in die Kamera blaffen, Interviews verweigern und Journalisten anpöbeln. In einem Land, in dem die Bürger zwangsverpflichtet sind, TV- und Radiogebühren zu zahlen und Fernsehjournalisten im Auftrag der Gebührenzahler ihrer Arbeit nachgehen, sollten diejenigen, die für die Zwangsabgabe verantwortlich sind, ihrer Auskunftspflicht nachkommen. Vor der Wahl wie danach! Das bedeutet, im Leben stehend. Ich bin sicher, dass Politiker im Leben stehen. Nur leider in ihrem eigenen, und das hat mit dem Leben der „Restbürger", deren Interessen sie zu vertreten haben, in der Regel wenig zu tun.

Wissend, dass sich kaum ein Politiker in dieses Buch verirren wird, kann getrost unterstellt werden, dass sich viele Politiker für das wahre Leben der Menschen in diesem Land nicht wirklich interessieren.

Werden unbequeme Meinungen aus der Bevölkerung unüberhörbar, wird das als Stammtischgerede abgetan. Es sind aber die Stammtische, an denen sich Menschen, die im Leben stehen, treffen, um über Dinge zu sprechen, die sie bewegen. Wer diese Menschen und deren Wünsche ignoriert, steht bestenfalls noch in seinem Leben, nicht aber in dem derer, die er vertritt – oder zumindest einmal vertreten wollte.

Ich kenne kaum eine Berufsgruppe, die weniger hinhören kann und will als die der Politiker. Mal abgesehen von den Lehrern. Aber da sich Politiker gerne aus den Reihen der Lehrer rekrutieren, muss hier kein Zusammenhang konstruiert werden.

Wie wird aus dem Idealisten, der sich entscheidet, in die Politik zu gehen, ein angepasster, ignoranter Politiker?

Hier kommen die Wähler und die Medien ins Spiel. Der Idealist, der im Leben steht und die zu verändernden Dinge anpackt, stellt bald fest, dass sich hinter jedem Hindernis andere Interessen verbergen: Wirtschaftsverbände, Gewerkschaften, Interessengruppen und Wählerschichten.

Politik war und ist weder einfach noch schnell umzusetzen. Aus anfänglichen agierenden Idealisten werden bald reagierende Politiker. Wer ausschert, anders ist, Probleme offen ausspricht, der wird zum Abschuss freigegeben.

Ein Teufelskreis, der erst mit kleinen und dann immer größer werdenden Kompromissen beginnt. Die Saat dieser Denk- und Verhaltensstrukturen wird bereits in den Ortsgruppen und Verbänden der Parteien gelegt. Hier treffen sich Lokalpolitiker, um in linken oder rechten Parteiflügeln Strategien für den Weg nach oben zu beraten. Offene Gespräche finden hier zumeist nicht statt.

Die wirklichen Entscheidungen werden in den Besprechungen

vor den Ortsgruppen getroffen. Hier wird entschieden, wer wann für wen stimmt oder nicht.

Politik ist ein Geschäft. Du gibst mir Deine Stimme und ich gebe Dir meine Unterstützung.

Dieses Geben und Nehmen ist ebenso normal wie sozial. Solange es im Interesse der zu vertretenden Gemeinschaft geschieht.

Werden die Wünsche der Bürger hingegen als populistisches Stammtischgerede abgetan, opfert der Politiker auf dem Altar der Selbstüberschätzung erst seine Berufung und dann seine Ehre.

Die Diktion derer, die sich Volksvertreter nennen, ist so abstoßend wie simpel. In den Talkshows wird sich einer nichtssagenden Sprache bedient. Worthülsen und Phrasen werden so lange wiederholt, bis der Zuschauer resigniert abschaltet.

- Wann haben Sie das letzte Mal eine Bundestagsdebatte oder eine Polit-Talkshow gesehen, in der Sie den Eindruck hatten, hier würde verständnisvoll miteinander kommuniziert, Parteien und deren Vertreter hätten ernsthaftes Interesse an der Meinung der politischen Konkurrenz?

Wie sehr sich Politik verselbstständigt hat, erkennt man daran, dass sich kaum einer die Mühe macht, den anderen zu verstehen.

Dabei geht es doch darum, dem Kontrahenten Wähler „abspenstig" zu machen. Dazu müsste man jedoch verstehen, was den Wählern am Programm und der Persönlichkeit des „politischen Gegners" gefällt. Der sicherste Weg dazu wäre, bei ihm einfach genau hinzuhören.

- Wann haben Sie das letzte Mal einen Politiker im Bundestag oder einer Polit-Talkshow gesehen, der einen Fehler eingestanden hat oder einem anderen Politiker recht gab, der nicht in der eigenen Partei war?

- Wie oft konnten Sie eine Bundestagsdebatte sehen, in der frei gesprochen wurde? Wo niemand den anderen unterbrochen hat?

Es stellt sich die Frage, für wen solche Volksvertreter ein Vorbild sein könnten?

Für die Kinder dieses Landes, die so lernen, einander zu unterbrechen und abweichende Meinungen prinzipiell abzulehnen? Für die Wähler, die auf diese Weise erfahren, dass ihre Wahlentscheidung vom politischen Gegner als dumm und falsch diskreditiert wird?

Politik und Politiker sind für eine Demokratie unabdingbar. Es ist an ihnen, den „Restbürgern" zu vermitteln, sich als Teil dieses Landes und damit der Politik zu verstehen. Obwohl immer häufiger der Eindruck entsteht, die Diktion der Volksvertreter wird deshalb immer unverständlicher, damit der „gemeine" Bürger seinen Platz als Zuschauer im System nicht verlässt und teilnahmslos Politik über sich ergehen lässt, statt mitzumachen. Wer die Sprache der Politiker nicht mehr versteht, wird Teil eines Entfremdungsprozesses, der erst die Wahlbeteiligung und dann die Staatsloyalität einknicken lässt.

Doch! Wir sind das Volk! Ohne uns gibt es weder Politiker noch Politik. Der erste Schritt zu einer effektiveren Politik und glaubwürdigeren Politikern ist, die Wahrheit zu sagen (siehe auch „Wahrheit"). Sagen wir die Wahrheit.

Am besten durch unsere aktive Beteiligung an jeder Wahl. Sagen wir die Wahrheit, indem wir sofort, kompromisslos und direkt den Politikern schreiben, was wir von ihnen verlangen, was uns stört und was wir gut finden. Loben und honorieren wir Ehrlichkeit von Politikern auch dann, wenn die eingeforderte Wahrheit unbequem ist. Nur gegen den Strom geht es zur Quelle.

Nur die oft unbequeme Wahrheit bringt uns weiter.

Bestrafen wir Politiker nicht, wenn Sie uns Dinge sagen, die unbequeme Veränderungen bedeuten. Verweigern wir Journalisten und Medienvertretern unsere Akzeptanz, wenn Politiker im Namen der Einschaltquoten niedergemacht werden, nur weil sie Wahrheiten aussprechen, die unpopulär sind. Beteiligen wir uns nicht an den Kampagnen, die in den Medien so oft betrieben werden, um Politiker zu demontieren, weil sie unbequem und anders sind. Schalten wir ab, wenn Moderatoren in Talkshows nicht in der Lage sind zu moderieren, wenn die Gäste einander ins Wort fallen, statt einander zu verstehen. Findet diese Kulturbarbarei keine Zuschauer mehr, stirbt mit der Quote auch die Sendung. Der überraschende Einzug der Piratenpartei in die Parlamente der Bundesrepublik dokumentiert die Sehnsucht vieler nach einem neuen Politikgeist und Stil: Die Suche nach Wegen der Mitbestimmung, des Mitregierens und des Wahrgenommen-Werdens der „Generation Internet".

Menschen, die bisher häufig nicht Anteil an unserem System nehmen wollten, weil sie sich unverstanden fühlten. Ungeachtet der Frage, ob die Thesen der Piraten umsetzbar sind oder ihr Aufbegehren konzeptionell durchdacht ist, zeigt das Beispiel Piratenpartei, dass die Demokratie, auch heute noch kraftvoll genug ist, sich zu entwickeln und bisherige Nichtwähler am System anteilnehmen zu lassen.

Eines galt und gilt noch immer. Es gibt hervorragende Politiker. Auch außerhalb der Geschichtsbücher. Unterstützen wir sie. Geben wir den Idealisten dieser Welt den Freiraum, den sie benötigen, um alles zum Besseren zu wenden. Wer das der Politik und ihren Vertretern nicht zutraut, dem sei freigestellt, die Lösung der Probleme selbst in die Hand zu nehmen und in die Politik zu gehen.

Frage: Sind Sie politisch?

Wieder eine schöne Überleitung zum nächsten Begriff.

Probleme

*„Wohin wir auch blicken, überall entwickeln
sich die Chancen aus den Problemen."*
Nelson A. Rockefeller

Es war einmal ein Mann. Er war durchschnittlich groß und sah durchschnittlich aus. Er hatte eine durchschnittliche Frau und zwei durchschnittliche Kinder. An seinem durchschnittlichen Arbeitsplatz verrichtete er jeden Tag seine Arbeit. Sein Leben war bestimmt von Problemen. Die Dinge, die er beruflich und privat anpackte, gelangen ihm nicht, und er hatte Probleme mit seinem Chef, weil dieser der Meinung war, er arbeite zu durchschnittlich. Der Mann hatte auch Probleme mit seiner Frau. Ihr war das Leben mit ihrem Mann zu durchschnittlich. Seine Kinder respektierten ihn ebenso wenig. So lebte er jeden Tag mit den Problemen um sich herum und war unglücklich und unzufrieden.

Jeden Abend ging er zu Bett und betete darum, am nächsten Morgen aufzuwachen und keine Probleme mehr zu haben. Kein durchschnittliches Leben mehr zu führen und dass ihm endlich alles gelänge, was er anpackte.

Eines Morgens wachte er auf und stellte fest, dass sein Schlafzimmer ungewöhnlich hell und luftig war. Er öffnete die Augen und zu seiner Überraschung fand er sich im Himmel wieder. Er war in der vorausgegangenen Nacht im Schlaf gestorben. „Auch das noch", dachte er. Wieder ein Problem. Doch dann spürte er eine tiefe, innere Zufriedenheit und Entspannung. Es ging ihm gut. Er stand auf und schaute sich in seinem neuen Reich um. Überraschenderweise war es ähnlich wie auf der Erde.

Er ging aus dem Haus, dass er offensichtlich ins Paradies mitgenommen hatte. Als er vor die Tür trat und abschließen wollte, stellte er fest, dass sich sein Haus in ein Traumschloss verwandelt hatte.

Vor der Tür stand nicht sein altes Auto, sondern eine Luxuslimousine. Als er einsteigen wollte, kam ein Chauffeur aus dem Wagen gesprungen und öffnete ihm die Tür. Er stieg ein und ließ auf sich zukommen, wo es hingehen würde. Verblüfft stellte er fest, dass er im Paradies Chef seiner eigenen Firma war. Er hatte unzählige Mitarbeiter und alle liebten und schätzten ihn. Die Tage und Wochen vergingen und unser Mann hatte keinen Tag ohne Freude erlebt. Es gab keine Probleme, keine Durchschnittlichkeit und keine Sorgen. Alles war perfekt. Alles, was er anpackte, gelang ihm und mit jedem neuen Tag wuchsen seine Ziele und mit jedem erreichten Ziel wurde er mächtiger. Die Frauen lagen ihm zu Füßen, die Mitarbeiter vergötterten ihn und seine Geschäftspartner sprachen nur gut von ihm. Er lebte tatsächlich im Paradies. Jeder Wunsch wurde ihm im Moment des Wünschens erfüllt.

Nach ein paar Monaten ging es ihm trotz aller Perfektion immer schlechter. Egal, was er anfing, es gelang ihm, alle liebten ihn, er war gesund und sah großartig aus und doch fühlte er sich mit jedem Tag immer unglücklicher. Obwohl draußen die Sonne schien, die Temperaturen stets angenehm waren und es ihm vermeintlich an nichts mangelte, verfiel er innerlich zusehends. Eines Abends betete er: „Wenn dies der Himmel ist, dann will ich lieber in die Hölle." In diesem Moment stand der Teufel neben ihm und sagte: „Was glaubst Du, wo Du bist?"

Ein guter Freund sagte einst zu mir:

„Wenn Du Probleme hast, die Du mit Geld lösen kannst, dann hast Du keine Probleme."

Wir brauchen das Auf und Ab des Lebens, die Höhen und Tiefen. So wie die Natur den Regen und den Sonnenschein braucht, gehören zu unser aller Dasein Probleme, das Auf und Ab des Lebens. Wenn Sie Probleme haben, dann rufe ich Ihnen zu:

Ich gratuliere Ihnen zu all Ihren Problemen! Sie können sich freuen, wenn Sie im Moment Probleme haben!

Wenn Ihr Geschäft schlecht läuft oder Sie mit Ihrer Arbeit unzufrieden sind: „Probleme" sind immer etwas Positives!

Pro bedeutet FÜR! Wenn es bei Ihnen gut läuft, dann gibt es keinen Grund, etwas zu verändern. Probleme hingegen sind dafür da, uns die notwendigen Veränderungen aufzuzeigen.

Zum Beispiel:

- Ihr Geschäft aufzugeben und woanders glücklicher und zufriedener zu arbeiten.
- Ihre Arbeit neu zu definieren und neue, andere Wege zu gehen.
- Neue Geschäftszweige in Ihr Unternehmen zu integrieren.
- Die Beziehung zu beenden, weil sie keine Partnerschaft mehr ist und Unzufriedenheit und Streit Ihr Leben oder das Leben Ihres Partners blockieren.

Wenn es im Leben gut läuft und wir Erfolg haben, dann fühlen wir uns verantwortlich und als Schöpfer! Wir sind erfolgreich, weil wir gut sind. Wenn es schlecht läuft, neigen wir dazu, andere und anderes für unseren Misserfolg zur Verantwortung zu ziehen (das Wetter, den Staat, die bösen Mitbewerber, die dummen Kunden, die faulen Mitarbeiter, den zu strengen Chef, den Partner etc.).

Damit belügen wir uns nur selbst! Alles, was geschieht, ist gut so! Gutes wie vermeintlich Schlechtes! Denn wir haben beides verursacht.

Wenn man auf dem falschen Weg ist, macht es keinen Sinn, die Geschwindigkeit zu erhöhen.

Den richtigen Weg, der uns aus den Problemen herausführt, zu erkennen und zu gehen, ist die Chance, etwas Neues zu beginnen, das unserer Berufung entspricht und uns glücklicher macht!

Erkennen auch Sie die Probleme in Ihrem Leben als das, was sie sind – als ein Zeichen, dass es etwas zu ändern gilt! Wobei das Wissen, dass alles gut ist, wie es ist, und dass Probleme einen langfristig weiterbringen, kurzfristig aber schmerzhaft und unangenehm sein können, nicht allein ausreicht.

Große Entwicklungssprünge bedingen häufig auch schmerzhafte Lösungsprozesse. Diese können auch mit Traurigkeit, Müdigkeit und Antriebsschwäche einhergehen.

Am Beispiel Zahnschmerzen wird deutlich, dass Schmerzen etwas Positives sein können. Wir haben Zahnschmerzen. Nun tut der Zahn so weh, dass wir zum Zahnarzt gehen. Der entdeckt Karies, er bohrt, füllt das Loch und sowohl die Schmerzen (das Symptom), als auch die Ursache (die Karies) sind verschwunden. Ohne das Problem Zahnschmerzen wären wir nicht auf die Idee gekommen, zum Zahnarzt zu gehen. Ohne den Besuch beim Arzt wäre der Zahn verfault, der Kiefer hätte sich möglicherweise entzündet und wir hätten an einer Blutvergiftung sterben können.

Der Unwille, Dinge anzupacken und zu verändern, ist die Angst loszulassen!

Wer den Soll-Zustand erreichen will (gesünder leben, mehr verdienen, glücklicher sein usw.) muss den Ist-Zustand loslassen (abwarten, weiter machen wie bisher usw.).

Shakespeare schrieb:

„Ein tiefer Fall führt oft zu höherem Glück.“

Frage: Wo liegen Ihre Probleme? Welche Chance wartet auf Sie?

Vom P kommen wir nun zum Q und damit gleich zu einem Wort, das Wege ebnet.

Qualität

„Qualität bedeutet, dass der Kunde
zurückkommt und nicht die Ware. "
Hermann Tietz

Qualität bedeutet: Beschaffenheit, Eigenschaft, Fähigkeit, Zustand. Im Sprachgebrauch wird der Begriff positiv assoziiert, obgleich er allein genommen wertfrei ist. Die Qualität eines Gegenstandes kann gut, schlecht, mittelmäßig, unbrauchbar oder nützlich sein. Qualität sagt ohne nähere Definition nichts aus. Ein deutsches Qualitätsprodukt wird deshalb von vielen als besonders gut verstanden, weil die positiv besetzten Begriffe deutsch und Qualität zusammengeführt werden. Sachlich sagt deutsches Qualitätsprodukt nichts über die Eigenschaften des Produktes aus.

Um Qualität zu standardisieren, wurde die ISO- und IEC-Normierung eingeführt. Qualität wird laut der Norm EN ISO 9000:2008 (gültige Norm zum Qualitätsmanagement) als „Grad, in dem ein Satz inhärenter Merkmale Anforderungen erfüllt" definiert. Die Qualität gibt an, inwieweit eine Ware oder Dienstleistung den gesetzten Anforderungen entspricht.

Inhärent bedeutet im Gegensatz zu zugeordnet einer Einheit als festes Merkmal innewohnend. So werden feste Merkmale wie Gewicht, Maße, Materialdichte etc. als objektive Qualitätsmerkmale definiert.

Subjektive Merkmale, wie der Preis oder hübsch, schön und praktisch, sind kein Bestandteil des Qualitätsstandards.

Ein Beispiel für Qualität könnte ein Wassereimer sein. Stellen Sie sich einen Zehnlitereimer vor. Er ist aus Aluminium, neu, glänzend, sehr leicht, er hat einen wunderschönen Henkel und trägt sich gut. Zudem ist dieser Eimer Made in Germany. Durch und durch ein deutsches Qualitätsprodukt. Der Eimer hat nur ein kleines Loch im Boden. Sonst ist er in Ordnung.

Kann hier von Qualität gesprochen werden? Ja! Aber nicht im Sinne der ISO- und IEC-Norm und nicht im Sinne unseres Gebrauchsanspruches. Der Eimer soll Wasser von A nach B transportieren, und zwar eine genau definierte Menge:

Zehn Liter. Wenn er durch sein Loch im Boden Wasser verliert, entspricht er weder der Norm noch unseren Qualitätsansprüchen und ist nur eingeschränkt brauchbar.

In Deutschland wird vieles normiert und standardisiert. Nachdem nun auch der Begriff Qualität exakt definiert wurde, stellt sich die Frage, weshalb wir dann in unserer Welt mit so viel schlechter Qualität zu tun haben (zugegeben, der Begriff „schlecht" lässt auf eine subjektive Bewertung schließen).

In Deutschland benötigen Sie einen Bauantrag, wenn Sie an einem Zeitungskiosk eine Leuchtreklame anbringen möchten. Das kann dann gerne ein paar Monate dauern. Hierzulande ist praktisch alles und jedes genormt und geregelt. Weshalb es dann auf der anderen Seite jedes Jahr über 40 Milliarden Euro Steuerverschwendung gibt und „wir" nicht in der Lage waren, den Flughafen Schönefeld bei Berlin Termingerecht fertigzustellen oder zumindest dafür Sorge zu tragen, dass nicht 24 Stunden am Tag dort Licht brannte und wir Steuerzahler im Monat 1.500.000,00 € allein dafür vergeudeten, ist mit dem Begriff Qualität ebenso wenig zu erklären wie mit gesundem Menschenverstand.

Interessanterweise sind wir wahrscheinlich die Weltmeister bei der Normierung und beim Qualitätsdenken.

Doch wie werden die Qualitätsstandards der folgenden Berufsgruppen definiert und vor allem kontrolliert?

- Lehrer
- Erzieher
- Politiker
- Journalisten
- Verkäufer
- Ärzte
- Finanzbeamte
- Richter

Rahmenpläne, Dienstanweisungen, Fraktionsbeschlüsse und Verkaufsziele mögen nützliche Richtlinien sein, um Qualitätsstandards festzulegen. Sicherstellen können sie eine kontinuierliche, zielorientierte Qualität kaum.

Der Umgang mit Lebewesen lässt sich weder standardisieren noch nach Schema F abarbeiten. Qualität im Umgang mit Menschen und bei der Arbeit für Menschen hat mehr mit Herz, Charakter, Gewissen und Intuition und weniger mit Verstand und Standards zu tun.

Der Lehrer, der qualifizierten Unterricht praktiziert, wird die Inhalte so vermitteln, dass die Kinder Freude beim Lernen haben. Er wird zuerst an sich, seiner Qualifikation und seiner Qualität als Lehrer zweifeln, wenn die Schüler schlechte Noten bekommen. Erzieher haben den Anspruch, den Eltern offen und mutig häusliches Optimierungspotential zu zeigen und es nicht zuzulassen, dass ihre pädagogische Arbeit in den Elternhäusern wieder zunichte gemacht wird.

Politiker beweisen Qualitätsdenken, wenn sie hohe Qualitätsansprüche nicht nur an das „Rest-Volk" und die politische Konkurrenz stellen, sondern vor allem an sich selbst.

Wer als Politiker eine Maulkorbpflicht für das Volk veranlasst und daran mitverdient sollte bei der örtlichen Mafia anheuern und seinen Posten in der Politik frei machen.

Wer Unternehmer dazu zwingt, pedantisch Bewirtungsbelege

auszufüllen, Fahrtenbücher zu führen und Belege zu sammeln, sollte selbiges ebenfalls tun oder auf 4.500 Euro belegfreie Monatspauschale verzichten.

Solange sich die Bundestagsabgeordneten ihre Bezüge von 10.083,00 € im Monat Jährlich automatisch erhöhen und im selben Atemzug vom „Rest-Volk" Mäßigung verlangen, wundert es wenig, dass Politiker beim Thema Vorbildfunktion nicht mit Qualität in Verbindung gebracht werden. Glaubwürdigkeit kommt von

Führen durch Vorführen.

Idealismus ist ein starker Ausdruck von Qualität.

Journalisten, die sich Qualitätsstandards verpflichtet fühlen, messen ihren Erfolg nicht an der Steigerung von Auflage und Quote allein. Vielmehr tun sie ihre Arbeit im Bewusstsein ihrer Verantwortung der Gesellschaft gegenüber. Das Wohl der Gemeinschaft steht vor dem Wohl der Redaktion.

Wer Sex und Crime, Negatives und Erschreckendes zum ausschließlichen Inhalt seiner Berichterstattung macht und den Konsumenten die positiven, erstrebenswerten und harmonischen Neuigkeiten vorenthält, gestaltet Nachrichten, die der Gesellschaft schaden und das System bedrohen: nachhaltig und gravierend.

Qualität in der Berichterstattung sollte sich mehr in ethischen Standards zeigen und einem harmonischen Miteinander unterordnen. Hier auf das Konsumverhalten der Zuschauer zu verweisen, ist falsch und verlogen.

Die positiven gesellschaftlichen Folgen eines medialen Umdenkens zeigen sich erst nach vielen Jahren. Doch sie zeitigen kulturell und wirtschaftlich dramatisch positive Veränderungen.

Die Qualität eines Verkäufers wird in der Regel am Umsatz festgemacht. Ein qualitativ guter Verkäufer aber sieht sein vornehmliches Ziel darin, den Kunden bzw. Gast zufrieden zu stellen. Hier kann sich Qualität durchaus auch in einem geringeren Umsatz bei zugleich wachsender Kundenzufriedenheit niederschlagen. Derartiges Qualitätsdenken ist zukunftsorientiert und lebensnah.

Ein Arzt, der nur Symptome behandelt und nicht nach der Ursache für die Krankheit sucht, mag wirtschaftlich erfolgreich sein, dem Qualitätsanspruch eines guten Arztes wird er nicht gerecht.

Der Finanzbeamte, ob Sachbearbeiter, Steuerprüfer oder Fahnder, sollte sich zum einen darüber im Klaren sein, dass er nicht über dem Gesetz steht und zum Beispiel der §30 der Abgabenordnung auch für ihn gilt (Steuergeheimnis), zum anderen ist es durchaus im Geiste des Qualitätsbewusstseins, dass sich auch Finanzbedienstete als Staatsdiener verstehen. Also als Diener aller in diesem Lande lebenden Bürger. Ohne Steuerzahler gibt es auch keinen Bedarf an Finanzbeamten. Respekt und Achtung sollten nicht nur den Großkonzernen, sondern auch dem Kleinstunternehmer oder Rentner entgegengebracht werden. Dies entspräche einer Qualität, die allen Beteiligten zum Vorteil gereichen würde.

Ein Richter, der nur nach dem tagesaktuellen Gesetz handelt, mag dem Qualitätsanspruch eines Herrn Freisler gerecht werden. Doch in diesem Kontext liefert „Gute Qualität" nur die adäquate Kombination aus Gesetz und Gewissen.

Wobei inzwischen klar ist, dass nicht wenige Richter weder Herz noch Gewissen haben bzw. sprechen lassen. Macht und Systemtreue sind vielen längst wichtiger als ihr Karma.

Qualität sollte sich nach Standards richten. Standards können dabei variabel sein.

Die Qualität einer Tür nach dem Standard des 17. Jahrhunderts ist heute genauso wenig zeitgemäß, wie es die aktuellen Qualitätsstandards in der Politik, Wirtschaft, unseren Steuergesetzen und in der Bildung sind. Haben wir Mut, alte Qualitätsstandards in Frage zu stellen und gegebenenfalls neu zu definieren.

Frage: Wo wünschen Sie sich mehr Qualität in Ihrem Leben? Was können Sie dafür tun?

Ein alter und doch stets aktueller Qualitätsstandard findet sich in dem nächsten Begriff.

Ritterlichkeit

„Der Gentleman von heute
zeichnet sich durch Ritterlichkeit aus. "

Als ich vor einigen Jahren zum Thema „Der perfekte Junggeselle" ein TV-Magazin moderierte, wurde ich gefragt, wie ich den perfekten Gentleman beschreiben würde. Mir kam nur ein Begriff in den Sinn. Der perfekte Gentleman ist ritterlich.

Ritterlichkeit ist die Tugend echter Männer. Sie hat weder etwas mit dem heute üblichen Potenz- und Machtgehabe zu tun, noch lässt sie sich mit weichgespültem Unisex-Habitus verwechseln.

Wer sich ritterlich verhält, achtet traditionelle Tugenden wie:

- maßvolles Leben (Maze)
- Anstand und Wohlerzogenheit (Zuht)
- ritterliches Ansehen und Würde (Ere)
- Treue (Triuwe)
- seelische Hochstimmung (hoher Muot)
- Höflichkeit (abstammend von Höfischkeit)
- Demut (Diomuoti)
- Freigiebigkeit, Großzügigkeit (Milte)
- Würde (Werdekeit)
- Beständigkeit, Festigkeit (Staete)

- Freundlichkeit (Guete)
- Tapferkeit (Manheit)

Zu Zeiten der Ritter war Ritterlichkeit der feste Bestandteil persönlicher und sozialer Normen. Das Ansehen des Adels hat hier sein Fundament, seinen Ursprung und seine Rechtfertigung.

Ein Ritter log nicht. Er war treu und rechtschaffen. Ritterlichkeit bedeutete, die Schwachen zu schützen und gerecht zu den Menschen zu sein.

Ein Ritter stand zu seinem Wort und hatte Ehre im Leib.

In der Welt von heute greift ein ritterlicher Mann couragiert ein, wenn Schwächere angegriffen oder diskriminiert werden. Er ist rücksichtsvoll und steht zu seinem Wort, gleichgültig welche negativen Konsequenzen das für ihn haben kann.

Wer Ritterlichkeit als veraltet und konservativ abtut, mag in unsere Zeit passen. In unsere Welt passt er nicht.

Interessant ist, dass manche Menschen Ritterfilme sehen und am Ende sagen: „Ach wie schön, dass der gute weiße Ritter gewonnen und der böse schwarze Ritter verloren hat". Danach gehen die gleichen Menschen zu ihrer Frau und schlagen sie, vergehen sich an ihren Kindern oder schnappen dem Nachbarn den Parkplatz weg.

Ritterlichkeit gehört nicht nur in die Geschichtsbücher, die Welt der Mythen und Sagen und in die naiven Träume von Poeten. Ritterlichkeit gehört in unsere Welt, in unser aller Herzen und unsere Taten.

Selbst wenn die ritterlichen Werte, bereits zu Zeiten ihrer Festlegung, von einigen verraten und gebrochen wurden, hat ihre Klarheit und Anwendbarkeit bis heute nicht an Wert und Bedeutung verloren.

Frage: Wie wichtig ist Ihnen Ritterlichkeit?

Ritterlichkeit ist in vielen Bereichen der gesellschaftlichen Neugestaltung zum Opfer gefallen. Ein schönes Beispiel dafür, dass nicht jede planmäßige Neugestaltung eine Verbesserung bedeutet.

Bevor ich mich jedoch der planmäßigen Neugestaltung – der Reform – widme, zolle ich gemeinsam mit Ihnen dem nächsten Wort meinen Respekt.

Respekt

Es gibt kein "besser" oder "schlechter", nur Unterschiede.
Diese müssen respektiert werden, egal ob es sich um die Haut-
farbe, die Lebensweise oder eine Idee handelt.
Indianische Weisheit

Respekt leitet sich aus dem Lateinischen respectus ab und bedeutet Rücksicht, Berücksichtigung und auch respectare – berücksichtigen, zurücksehen.

Respekt steht für eine Form der Wertschätzung (siehe auch „Umsicht" / „Wertschätzung").

Auch wenn Respekt NICHT „für Gut heißen" bedeutet und Respekt auch nicht explizit für die Achtung vor etwas steht, so hat
sich im Sprachgebrauch unserer lebendigen Sprache durchgesetzt, dass Respekt auch (!) als ein Synonym für Wertschätzung
gebraucht wird.

Um auf unserer wunderbaren Quest durch das Spiel des Lebens
zielorientierten Erfolg zu haben, bedarf es selbstverständlich
auch der Berücksichtigung unserer Umwelt. Gehen wir unseren
Weg rücksichtslos und achtlos, werden wir nicht dort ankommen,
wo wir ankommen möchten.

Dabei ist Respekt eines der kraft- und bedeutungsvollsten Worte. Richtig verstanden und angewandt gereicht uns Respekt nicht nur zur Ehre. Respektvoller Umgang mit anderem und anderen führt uns zu mehr Gesundheit, Liebe, Harmonie, Erfüllung und Erfolg.

Respekt nicht nur gefordert, sondern vor allem gegeben, ist einer der Schlüssel zum persönlichen Glück und zum Weltfrieden!

Respekt ist die Grundbedingung, um miteinander und füreinander auf diesem Planeten in Harmonie zu leben. Wer Respekt von anderen für sich einfordert, kann dies guten Gewissens tun, wenn er selbst ebenso respektvoll sein Leben lebt.

Respekt ist keine Einbahnstraße.

Wenn Sie jemanden Geld leihen, dann verlangen Sie auch, dass Sie das Geld vereinbarungsgemäß zurückerhalten. Bekommen Sie ihr Geld nicht zurück, verstößt dies nicht nur gegen die getroffene Vereinbarung, es ist zudem respektlos. Das gleiche gilt natürlich auch, wenn Sie sich Geld geliehen haben. Hier gelten dieselben Regeln.

- Wünschen wir uns frische Luft zum Atmen und unbelastete Nahrungsmittel?
- Verlangen wir zum Leben sauberes Trinkwasser und eine angemessene Nachtruhe?

- Suchen wir für uns und unsere Lieben nach Frieden und Harmonie?
- Möchten wir freundlich und respektvoll von unseren Mitmenschen behandelt werden?

All diese Wünsche sind umsetzbar, aber nur, wenn ein jeder sich als Teil des Ganzen versteht. Jeder hat die Möglichkeit, unsere Welt zu verändern: zum Guten ebenso wie zum Schlechten.

Der Respekt vor anderen und anderem gebietet uns allen zu erkennen (und dieser Erkenntnis adäquates Handeln folgen zu lassen), dass wir einander brauchen und aus diesem einfachen Grund respektvoll miteinander umzugehen haben.

- Respekt gebietet uns, Zusagen einzuhalten, pünktlich zu sein, Nachrichten zu beantworten, „Nein" zu sagen, wenn wir es sollten und „Ja" zu sagen, wenn wir es wollen. Wer diesen Respekt nicht zu geben bereit ist, sollte sich nicht wundern, wenn er ihn auch nicht von anderen erhält oder Menschen sich plötzlich von ihm abwenden.

Respektlose Menschen sind oft einsam und verlassen.

- Der respektvolle Umgang miteinander und füreinander schließt es aus, dass Menschen mit dem Fracking Chemikalien in den Boden pumpen, um aus dem Gestein Erdgas zu fördern. Die katastrophalen Folgen dieses respektlosen Umgangs mit der Natur können wir schon heute in den USA und Kanada sehen.

- Respekt bedeutet, für das Recht auf sauberes Trinkwasser eines jeden Erdbewohners zu sein: Mensch und Tier. Wer für sich sauberes Trinkwasser zum Leben verlangt, darf seinen Mitmenschen dieses Recht nicht absprechen. Das gilt für jeden von uns und sollte auch für den Chef von Nestlé, Peter Brabeck-Letmathe gelten, der in einem Interview sinngemäß die abstruse Meinung vertrat: „Wasser ist kein Menschenrecht."
  Doch auch für arrogante, ignorante, abgehobene, weltfremde und menschenverachtende Firmenlenker wie ihn, gibt es am Ende des Lebens nichts mitzunehmen.

- Respekt unserer Umwelt gegenüber gebietet es uns sofort, die Verschmutzung der Weltmeere mit Plastikmüll und anderem zu unterbinden und gemeinsam die Meere davon zu befreien. Respektlosigkeit den Weltmeeren gegenüber wird den Menschen dann zum Verhängnis, wenn es keine unbelasteten Nahrungsmittel mehr aus den Ozeanen der Welt zu „ernten" gibt und die Meere die Sauerstoffproduktion einstellen.

- Wer aufmerksam die Medienberichte verfolgt, wird feststellen, dass beinahe jedes Jahr große Spielzeughersteller mit giftigen Substanzen verunreinigtes Spielzeug auf den Markt bringen. Ob die Verantwortlichen selbst keine Kinder haben, ihnen anderes Spielzeug geben oder tatsächlich so respektlos sind und die eigenen Kinder damit spielen lassen, ist einerlei. Wir sollten im Namen unserer Zukunft, den Kindern, nachdrücklich dafür sorgen, dass vergiftetes Spielzeug nicht in den Handel kommt.

Wird es nicht gekauft, kann es nicht verkauft werden. Die Macht der Konsumenten beginnt genau hier. Respekt fängt an der gleichen Stelle an. Bei uns!

Jeder kann etwas für den respektvollen Umgang mit der Natur unternehmen bzw. unterlassen.

- Massentierhaltung, unsachgemäße Tiertransporte, unnötige Tierversuche, Wal- und Delfinfang: Diese Respektlosigkeiten der Schöpfung gegenüber, kann ein jeder von uns verhindern helfen. Jeder ist ein Teil des Ganzen. Nur wenn sich ein jeder dieses einfachen Umstandes gewahr wird und entsprechend handelt, erfüllen wir die These, vom Respekt unserer Umwelt gegenüber, mit Leben.

- Homosexuellenhass, Diskriminierung von Juden, Moslems, Christen, Buddhisten, Ausländern, Armen, Reichen, Älteren, Behinderten, Gebrechlichen, Anders-Denkenden und Fremden ist respektlos und dumm. Jeder hat das Recht so zu leben, wie er möchte. Solange er es nicht auf Kosten anderer tut. Wer für sich Respekt einfordert, hat gefälligst andere ebenso respektvoll zu behandeln.

• Respekt bedeutet seine Steuern zu zahlen. Der respektvolle Umgang mit den Steuergeldern sollte zugleich ebenso respektvoll gehandhabt werden! Solange in Deutschland jedes Jahr über 30 Milliarden Euro Steuergelder verschwendet werden (laut Bundesrechnungshof und Bund der Steuerzahler), ist dies nicht der Fall.

• Solange „wir" über **50** Milliarden für Rüstung verplempern, anstatt ausreichend in Forschung und Bildung zu investieren, kann von einem respektvollen Umgang mit den oft hart erarbeiteten Steuergeldern kaum gesprochen werden. Zumal der nächste Krieg in Deutschland wohl Cyberwar heißen wird. Diesen zu gewinnen, bedarf es nicht der Hardware aus den Rüstungsschmieden, sondern der Software aus unseren Schulen und Universitäten.

• Eine 25-jährige ledige Krankenschwester in München zahlt im Monat durchschnittlich 370,00 € Einkommenssteuer.

• Politiker, die dem Volk eine Maulkorb-Tragepflicht

verordnen und daran direkt Millionen verdienen, sind mehr als nur respektlos! Es sind ehrlose, schäbige Vasallen ihrer Dummheit und Gier!

160.360 Jahre (oder die Steuerzahlungen von 3.563 Krankenschwestern, die 45 Jahre Steuern zahlen) muss diese Krankenschwester Steuern zahlen, bis die 712.000,000 € Mehrkosten der Hamburger Elbphilharmonie erwirtschaftet worden sind. Das Bauprojekt wurde zunächst mit 77.000,000 € Kosten veranschlagt und vom Hamburger Senat beschlossen. Die Steuerzahler müssen nun das Zehnfache bezahlen.

Ein Steuerverschwendungsbeispiel von Zehntausenden.

Respekt vor der Arbeitsleistung eines jeden ist weder naiv noch weltfremd. Wer die Arbeitskraft und die gezahlten Steuern der Menschen nicht respektiert, nicht wertschätzt, schadet der Gemeinschaft und ist mindestens so unsozial wie die vom „System" so gerügten Steuerhinterzieher. Das eine ist so respektlos wie das andere.

- **Respekt geben wir all denen, die mit Idealismus und Enthusiasmus unsere Welt zum besseren gestalten.**

Den engagierten Lehrern, Politikern, Künstlern, Unternehmern, Mitmenschen. All denen, die täglich mit Umsicht und Rücksicht und unter Berücksichtigung des großen Ganzen unsere Welt ein Stück besser machen.

Mit dem respektvollen Umgang unserer Nächsten fängt der Wandel unserer Welt zum Besseren an.

- Schaffen wir es, den Nachbarschaftsstreit beizulegen? Zu vergeben? Nachzugeben? Gelingt es uns, mit unseren Familienangehörigen in Frieden und Harmonie zu leben? Können wir mit den Kollegen, Mitarbeitern, Vorgesetzten gemeinsam, miteinander und füreinander zusammenarbeiten? Gehen wir von Herzen respektvoll mit unseren Kunden, Dienstleistern, Geschäftspartnern und Lieferanten um?

Verstehen wir diesen Text und die Botschaft für Deutsche nicht als „nettes" Schriftgut, dass nur die anderen betrifft, sondern jeden von uns anbelangt und berührt?

Respekt ist der Schlüssel zum Weltfrieden.

Der Weltfriede beginnt bei uns. Wie respektvoll wir mit uns und unserem Körper und unserer Seele umgehen.

Wie respektvoll wir unseren Nächsten begegnen, wie respektvoll wir auf Fremde zugehen und welchen Respekt wir unserer Umwelt zollen. Respekt bedingt zuerst das Geben, dann erst das Nehmen!

Frage: Welchen Wert hat für Sie Respekt?

Um dem Respekt wieder zu neuem gesellschaftlichen „Glanz" zu verhelfen, bedarf es bei vielen Parametern einer intelligenten, planmäßigen Neugestaltung: einer Reform.

Reform

„Nichts bedarf so sehr der Reform wie
die Gewohnheiten der Mitmenschen."
Mark Twain

Das, aus dem Lateinischen abgeleitete, Wort Reform bedeutet
wörtlich „wieder in Form bringen" Re-form bezeichnet eine ver-
bessernde und planmäßige Neugestaltung.

Ein positiver Begriff also. Wie erleben wir das Wort Reform in
unserer Wirklichkeit? Als verbesserte, planmäßige Umgestaltung
oder als belastender, quälender lebensverteuernder Einschnitt?
Diejenigen, die Regierungsverantwortung haben, sind sich schon
lange nicht mehr der Begrifflichkeit von Reform bewusst. Anders
ließe sich der inflationäre und falsche Einsatz dieses Wortes nicht
erklären. Hinzu kommt, dass die angekündigten Reformen meist
weder planmäßig noch neu sind.

Auch wenn die folgenden Zeilen vermuten lassen, ich sei kein
Optimist oder würde im Geiste der selbsterfüllenden Prophezeiung schreiben, möchte ich Ihnen, lieber Leser, meine Zukunft-
seinschätzung nicht vorenthalten.

Ich glaube, dass wir noch im Jahre 2030 über die seit Jahrzehnten fällige Steuerreform, Justizreform, Krankenreform, Renten-

reform etc. reden werden. Deren bürgerorientierte, planmäßige Neugestaltung werden wir wohl kaum erleben. Ebenso wenig, wie es Moslems und Juden nicht schaffen werden, ihre Beziehung im Interesse des Friedens und der Nächstenliebe zu reformieren. In dem Moment, da ich ein derart negatives Bild zeichne, keimt in mir trotzdem die Hoffnung auf, dass es uns doch gelingen könnte, gemeinsam im Geiste des Reformspirits eines Martin Luther, Neues zu wagen.

Um Reformen umzusetzen, bedarf es des ehrlichen Wunsches, diese als Neugestaltung und Verbesserung zu verstehen.

Eine Steuerreform, die der Verwaltung hilft, nicht aber den Steuerzahlern, hat mit wahrer Reform so wenig zu tun wie mit Bürgernähe. Die Rentenreform, die die demografische Entwicklung ignoriert und auf den irreparablen Generationenvertrag setzt, statt auf individuelle Vorsorge, ist weder planmäßig noch neu. Eine Krankenreform, die Dutzende von Pflichtversicherungen zulässt, die sich auf Versichertenkosten mit teuren Werbekampagnen die Mitglieder gegenseitig abspenstig macht, statt im Interesse der Versicherten sparsam zu haushalten, ist es genauso wenig.

Die Angst davor, sich auf Neues einzulassen und damit unsere Komfortzone zu verlassen, lässt viele Menschen erstarren.

Diese Angst hinterlässt unfähige, feige Opfer, die sich nichts zutrauen und nicht den Mut haben, der Wahrheit ins Auge zu blicken und die gesellschaftlichen Probleme zu lösen.

Eines Tages könnte es für Reformen zu spät sein.

Zu langes Abwarten, Ausprobieren und Ausdiskutieren führt weder zu zielorientierten Ergebnissen noch zu echten Reformen. Haben wir keine Angst vor der Reform. Wagen wir sie. Privat, geschäftlich, beruflich und gesellschaftspolitisch. Wird im Interesse der Gemeinschaft reformiert, ohne das Individuum zu vergessen, wird aus dem verstümmelten Unwort Reform ein kraftvolles Hauptwort. Die Kompromissfähigkeit von uns allen ist gefragt. Die der Gewerkschaften ebenso wie der Unternehmer, Politiker und aller anderen Beteiligten. Jeder kann bei sich anfangen und ein Stück seiner Komfortzone verlassen. Reformen funktionieren nur gemeinsam.

Frage: Was möchten Sie in Ihrem Leben reformieren?

Um Reformen anzugehen, bedarf es auch des nächsten Wortes.

Selbstbewusstsein

„Der edelgesinnte Mensch ist selbstbewusst,
doch nicht hochmütig.
Der gewöhnliche ist hochmütig,
doch nicht selbstbewusst."
Konfuzius

Alles möglich zu machen, setzt voraus, dass wir das, was wir möglich machen wollen, auch wirklich mögen.

Ganz am Anfang des Möglich-Mach-Prozesses steht, sich selbst zu mögen.

Fangen wir damit an zu ergründen, ob wir uns selbst von Herzen mögen, ob wir uns gerne haben!

Mögen Sie sich? Sagen Sie sich morgens, wenn Sie in den Spiegel schauen: „Ha! Da bist du ja endlich wieder! Schön, dich zu sehen! Ich mag Dich!"

Freuen Sie sich, wenn Sie Ihren Namen hören?

Macht der Klang Ihres Namens Sie stark?

Wenn wir beim Klang unseres Namens ein gutes Gefühl haben,

dann sind wir stark. Hören wir unseren Namen und bekommen ein schlechtes Gefühl, schwächt uns das.

Vielleicht kennen Sie diesen Effekt aus Ihrer Kindheit oder von Schulfreunden aus vergangenen Zeiten. Die Eltern oder Lehrer riefen Ihren Namen und weckten damit bei Ihnen gute oder schlechte Assoziationen.

Je öfter unser Name mit Negativem in Zusammenhang gebracht wurde, umso tiefer grub sich die unterbewusste Abneigung gegen ihn in uns ein und schwächte unser Selbstbewusstsein.

So kommt es, dass manche Menschen sich selbst nicht mögen, kein entsprechend starkes Selbstbewusstsein haben und im Umgang mit sich selbst der elementarsten Unzulänglichkeit ausgesetzt sind – dem Selbstzweifel!

So motiviert der anerzogene Drang nach Anerkennung und positiver Bewertung durch andere nicht dazu, das eigene Leben authentisch zu leben und sich dabei wohlzufühlen, sondern nur dazu, es allen recht machen zu wollen.

Leben Sie selbstbewusst Ihren Traum.
Machen Sie es sich recht. Nicht den anderen.

Suchen Sie Ihre Berufung, mit der Sie sich stark und selbstbewusst fühlen. Die Ihnen Ihr Leben lebenswert macht. Singen Sie, tanzen Sie oder schreiben Sie, gehen Sie in die Politik, werden Sie Lehrer und helfen Sie, unsere Jugend zu motivieren, pflanzen Sie den schönsten Garten der Stadt auf Ihrem Hinterhof oder gründen Sie mit Freunden eine karitative Einrichtung.

Träumen Sie Ihre Träume nicht nur, sondern leben Sie sie. Hören Sie weniger darauf, was Ihnen die Gesellschaft, Ihre Familie oder vermeintliche Freunde sagen, hören Sie auf Ihre innere Stimme – Ihre Intuition.

Sie haben einmalige Talente – entdecken sie diese und leben Sie sie jetzt und hier!

Fangen Sie heute an.

Denken Sie dabei nicht in Altersgrenzen. Johannes Heesters hat noch mit 90 Jahren aufgehört zu rauchen.

Der französische Schauspieler Louis de Funès erlebte seinen filmischen Durchbruch erst mit weit über 50. Egal, wie alt Sie jetzt sind, es ist Ihr Leben. Starten Sie heute durch!

Lassen Sie veraltete Glaubenssätze los, denn nur das, woran Sie glauben, wird auch möglich.

Stellen Sie sich Ihre Möglichkeiten wie den Geist in der Flasche vor. Viele Menschen haben den Geist, ihre schöpferische Urkraft, in der Flasche der Begrenzungen der eigenen Vorstellungen und Meinungen eingesperrt.

Die schöpferische Urkraft ist aber grenzenlos und in dem Moment, in dem wir die imaginäre Flasche öffnen und den Geist der Schöpfung freilassen, können wir alles erfolgreich verwirklichen! Dabei wird Erfolg erst dann zum Erfolg, wenn er zur Erfüllung wird!

Viele lassen den Geist der Schöpfung in ihrer imaginären Flasche. Aus mangelndem Selbstbewusstsein schalten sie den Fernsehapparat an und lassen sich berieseln. Sie lassen leben, statt selbst zu leben. Lassen sich von anderen deren Träume vorträumen, statt ihre eigenen Träume zu erleben.

In uns und um uns herum warten die echten Schätze des Lebens. Schütteln Sie die Scheuklappen ab und schauen Sie in den Spiegel! Jeden Tag!

Entdecken Sie die vielen Talente in sich und lieben Sie sich.

Wenn Sie sich selbst von Herzen mögen und lieben, dann können auch andere Menschen Sie mögen und lieben. Und nur, wenn Sie die Schätze in Ihrem Umfeld suchen, werden Sie sie auch finden. Fangen Sie den morgigen Tag mit dem Blick in den Spiegel an und rufen Sie sich laut zu: „Ich mag Dich!" Ich verspreche Ihnen – wer sich und seine Ziele mag, für den ist alles möglich!

Frage: Sind Sie sich Ihrer selbst bewusst?

Interessanterweise sind viele Mitmenschen mit schwachem Selbstbewusstsein auch intolerant. Womit wir beim nächsten Wort wären.

Toleranz

„Toleranz ist gut, aber nicht gegenüber den Intoleranten."

Wilhelm Busch

Toleranz ist die Duldsamkeit gegenüber anderen und fremden Überzeugungen.

Toleranz liegt das Verb tolerieren zu Grunde. Es wurde im 16. Jahrhundert vom Lateinischen tolerare (erdulden) abgeleitet. Das Gegenteil von Toleranz ist Intoleranz und wurde aus dem Französischen intolerance entlehnt.

Jeder Mensch wünscht sich, dass ihn andere so nehmen, wie er ist. Mit all seinen Stärken und Schwächen, seinen Gewohnheiten, Wünschen und Träumen.

Ob er schwarz ist oder weiß, Jude oder Christ, Russe oder Amerikaner, rechter Nachbar oder linker Nachbar. Jeder will vom anderen toleriert werden. Wer Toleranz gibt, wird sie erhalten.

Und obwohl jedem halbwegs intelligenten Menschen klar sein kann, dass das Akzeptieren anderer Meinungen und Lebensweisen das Fundament eines friedlichen Zusammenlebens ist, herrscht in weiten Teilen der Gesellschaft Intoleranz.

Mangelnde Toleranz gibt es in allen Gesellschaftsschichten. Bei reichen und armen Menschen, bei Klugen und Dummen. Toleranz ist keine Krankheit. Sie wird anerzogen und vorgelebt. Erschreckenderweise leben heute nicht nur Eltern ihren Kindern Intoleranz vor. Die größten und mächtigsten Vorbilder sind Medien und Politiker. Schauen Sie sich Nachmittagstalkshows an. Hier treffen Menschen aufeinander, deren einzige Aufgabe darin besteht, die Meinungen und Ansichten der anderen Gäste zu negieren, intolerant zu sein. Hier trifft „Lieschen Müller" auf ihre Nachbarin und in 45 Minuten Sendezeit wird dann kritisiert, dass Ihre Nachbarin:

• montags immer einen neuen Freund hat.
• dienstags den Rasen mäht.
• mittwochs im Jogginganzug einkaufen geht.
• donnerstags bis mittags schläft.
• freitags keinen Fisch isst.
• samstags im Haus bleibt.
• sonntags nicht in die Kirche geht etc.

Die Auflistung könnte beliebig fortgeführt werden und soll an dieser Stelle nur verdeutlichen, wie uns manche Medien zur Intoleranz erziehen und Dummheit unterstützen.

Wie werden die TV-Sender so ihrer Verantwortung gerecht? Was sollen Kinder und Jugendliche lernen, wenn sie dieser Form der medialen Gehirnwäsche unterzogen werden? Wes Geistes Kind sind die Macher solcher Sendungen?

Betrachten wir die Wahlkampfparolen der Parteien. Intoleranz und Ignoranz beherrschen hier die Szene. Ein paar Beispiele:

- Deutsche Arbeitsplätze den Deutschen
- Dumpinglöhne würden CDU wählen
- Der Vollpfosten würde SPD wählen.

Fassungslos steht man vor diesen Aussagen. Intoleranz lässt sich kaum deutlicher plakatieren. Im Übrigen ist die Intoleranz gegenüber der konkurrierenden Partei weniger abstoßend als Intoleranz den Wählern gegenüber. Hier wird parteiübergreifend Toleranz ad absurdum geführt. Doch besonders in der Politik sollte gelten:

Solange nicht auf Kosten und zu Lasten anderer gehandelt wird, darf jeder leben, wie er möchte.

Die Politiker und Medienvertreter, die Toleranz auf ihre imaginären Fahnen geschrieben haben, sind in der Regel dieselben, die dieses Wort bis zur Unkenntlichkeit vergewaltigt und verstümmelt haben!

Sie verstehen unter Toleranz einzig, dass man ihre Meinung zu teilen habe und Ihr Weltbild das einzig wahre sei.

Jeder, der abweichende Meinungen hat, wird von ihnen nicht tatsächlich toleriert (Anderen Meinungen wird also keine Duldsamkeit entgegengebracht).

Das Wort Toleranz wird von diesen Pseudo-Moralaposteln ebenso inhaltlich verstümmelt wie die Begriffe Zivilcourage, Demokratie, Hass, Hetze, Bürger, Meinungsfreiheit, Volk, Volksvertreter, rechts, links, Solidarität, Freiheit, Gleichheit und unzählige andere Worte, die gezielt oder aus Dummheit falsch angewandt werden.

Dabei wird mit diesem „Neusprech" der „einfache" Bürger bewusst aus dem so genannten Diskurs ausgegrenzt. Das „gemeine Pack" soll sich, aus lauter Angst etwas Falsches zu sagen, Begriffe nicht adäquat anzuwenden, raushalten und nicht nur das Regieren, sondern auch die Sprache und deren Deutungshoheit den Politikern und Mainstream-Medien überlassen.

Dieser Irrsinn zeigt sich eindrucksvoll daran, dass erst der sachlich richtige Begriff Neger auf den Index kam, dann war es der Lehrling gefolgt von dem Wort Student, die Zigeunersauce, der Negerkuss, Mohrenkopf und unzählige andere Worte, die plötzlich einer politischen Korrektheit im Wege standen.

Die „falsche" Wortwahl kann heute darüber entscheiden, ob man zu „den Guten" oder „den Bösen" gehört. Es kommt nicht mehr darauf an, was inhaltlich gesagt wird, sondern einzig darauf, Schlüsselworte zu vermeiden, die von einer selbsternannten „moralischen Elite" auf einen imaginären Index gesetzt wurden. Diese „Elite" lebt Toleranz nur dann, wenn sie sie für sich einfordern.

Heute werden Menschen, die sich der neuen Sprachhygiene widersetzen mit brachialer Intoleranz behandelt. Aus diesem Grund halten sich viele aus allem raus. Nach dem Motto: „Ehe ich was Falsches sage, schweige ich lieber".
Exakt das möchte dieses verquaste System erreichen.
Die Sprache der meisten Politiker ist zwar hohl, ausdruckslos, beliebig und indifferent, aber dafür politisch korrekt und ausgezeichnet in ihrer subtilen Manipulation. Diese Sprache erreicht aber weder die Herzen des Volkes noch zeugt sie von wahrer Herzlichkeit oder gar Toleranz.

Lassen wir Toleranz in unser Leben und unsere Herzen. Das Bewerten, Verurteilen und Vergleichen bringen niemanden weiter. Im Gegenteil! Intoleranz schafft Spannungen, Spannungen führen zu Konflikten, Konflikte führen zu Gewalt und Gewalt schadet zuerst den Opfern und dann der Seele des Gewalttätigen.

Lassen wir andere Menschen so, wie sie sind. Wenn wir mit ihnen nicht leben können, dann trennen wir uns von ihnen.

Ziehen wir unseres Weges. Schalten wir intolerante TV-Sendungen ab und beenden Gespräche mit intoleranten Gesprächspartnern.
Oft werden Menschen ihrer Einstellung Herkunft, Hautfarbe Arbeitstätigkeit oder Religion wegen schlecht gemacht. Hier gilt:

Verallgemeinerung ist die Philosophie der Einfältigen.

Von vielen wird Toleranz und Duldsamkeit mit Schwäche verwechselt. Hier gilt es, aufmerksam zu bleiben.

Weisen wir jeden mit Courage in seine Schranken, der meint, für sich Toleranz einfordern und mit Intoleranz erwidern zu dürfen. Die Fundamentalisten aller Religionen dürfen sich an dieser Stelle direkt angesprochen fühlen.

Frage: Wie tolerant sind Sie?

Schon sind wir beim letzten T Wort.

Träume

Wir alle träumen. Meist nachts und von unserem Bewusstsein unbemerkt. An viele dieser Träume können wir uns am nächsten Morgen nicht erinnern. Dabei senden unsere Träume Botschaften. Wir verarbeiten die Erlebnisse des Tages.

Menschen, die Visionen haben, an Großes glauben und vermeintlich unmögliche Dinge anstreben, werden gemeinhin als Träumer abgetan.

Doch es sind die Träumer, die unsere Welt vorantreiben.

Träumen Sie weiter nachts gemütlich in Ihrem Bett und erfüllen Sie sich dann Ihre Träume nach dem Aufwachen. Jeder Traum ist ein kleines Stück Sehnsucht und Unverarbeitetes vom Vortag. Lassen Sie Ihre Träume zu. Hören Sie auf die Botschaften Ihres Unterbewusstseins, führen Sie ein Traumtagebuch und nutzen Sie Ihre Assoziation, um Ihre Träume zu entschlüsseln.

Wenn Sie ein Traum immer und immer wieder verfolgt und Sie ihn nicht deuten können, dann gibt es unzählige Traumdeutungsbücher, die Erklärungen anbieten. Wiederkehrende Alpträume bedürfen gegebenenfalls professioneller, ärztlicher Hilfe. Für alle Träumer dieser Welt aber gilt der Satz Victor Hugos:

„Ein Traum ist unerlässlich, wenn man die Zukunft gestalten will."

Frage: Wovon träumen Sie?

Die größten Meisterleistungen aus Kultur, Architektur und Geschichte entsprangen den Träumen ihrer Schöpfer. Eines hatten wahrscheinlich alle gemeinsam. Sie wurden vor ihrer Realisierung von vielen als unmöglich abgetan. Es fehlte einigen Kritikern auch an Weitsicht, dem „kleinen" Wortbruder des nächsten wundervollen Wortes.

Umsicht

„Quidquid agis, prudenter agas et respice finem. "
(Was immer du tust, handle umsichtig
und denke an das Ende.)
Äsop Fabel 45

Das Wort Umsicht kommt unscheinbar daher und ihm wird oft nicht der Wert zugestanden, den es verdient hätte.

Dabei beinhaltet Umsicht Werte, derer wir uns im Miteinander gern öfter bedienen sollten: Achtsamkeit, Bedachtsamkeit, Besonnenheit, Gefasstheit, Gelassenheit, Gleichmut, Contenance, Ruhe, Selbstbeherrschung, Sorgfalt, Überblick, Gemessenheit, Mäßigung.

Umsicht ist dann erfreulich, wenn wir durch eine Tür schreiten und uns umsehen, um dem nachfolgenden Mitmenschen die Tür aufzuhalten. Umsicht hilft im Straßenverkehr Unfälle zu vermeiden.

Umsicht lässt Hundebesitzer eine Plastiktüte mitführen, um die Hinterlassenschaften ihres Hundes zu entsorgen und den Mitmenschen die Scheiße am Schuh zu ersparen. Dieselbe Umsicht darf der Hundebesitzer auch gern an den Tag legen, wenn es um die durchaus sinnvolle Leinenpflicht in der Stadt geht oder wenn der kleine Streuner mal wieder laut knurrend und bellend Joggern hinterhersetzt.

Umsicht in der Politik verhilft dazu Entscheidungen zu fällen, die Mehrheiten gerecht werden, ohne Minderheiten zu benachteiligen. Umsicht kann jeden Tag praktiziert werden und ist einer der Schlüssel zu einem harmonischen Miteinander.

Umsicht ist auch der Bruder der Achtsamkeit. Wer achtsam und umsichtig ist, achtet seinen Körper, seinen Nächsten und er achtet auch das Recht seiner selbst und anderer, Fehler zu machen.

Umsicht bedeutet nicht nur sich wahrzunehmen, sondern auch die Umwelt. Dazu zählen Menschen und alle anderen Lebensformen, sowie selbstverständlich auch Sachen und Dinge.

Mit Umsicht nutzen und trainieren wir unsere Sinne, verschaffen uns den Überblick, stehen einen Moment über der Situation oder der „Nur Sicht" - und Umsicht vereint uns mit der Welt und dem Universum.

Frage: Wo wünschen Sie sich mehr Umsicht und wo möchten Sie umsichtiger werden?

Manche Mitmenschen verhalten sich so „rüpelhaft", dass es unmöglich scheint, mit ihnen umsichtig umzugehen. Schon wären wir beim nächsten Wort.

Unmöglich

„Die Wissenschaftler bemühen sich oft,
das Unmögliche möglich zu machen,
die Politiker das Mögliche unmöglich. "
Bertrand Russel

Wer keine Möglichkeiten für sich sieht, verhält sich unmöglich.
Wer sich nicht gemocht fühlt, neigt dazu, auch andere nicht zu
mögen.

Unmöglich gibt es nicht (In diesem Falle sollten wir unserem Unterbewusstsein das Wort „nicht" keineswegs vorenthalten)! Alles
ist möglich!

Sie wären überrascht, was alles im imaginären Portfolio von
Menschen schlummerte, die mir erklärten, was alles unmöglich
ist und bleibt.

Warum weigern sich so viele Menschen, an das Mögliche in ihrem Leben und in unserer Welt zu glauben? Weshalb suchen wir
lieber nach den Unmöglichkeiten des Lebens als nach den Möglichkeiten, die unser Leben und unsere Welt für uns bereithält?

Eine Antwort könnte in unseren Glaubenssätzen zu finden sein.
Wir werden von Geburt an programmiert. – von unseren Eltern,

der Umwelt und vielen anderen Einflüssen. Alles, was wir erfahren, wird abgespeichert und bestimmt unser späteres Leben.

Wenn Eltern ihrem Kind sagen,

- „Dafür bist du noch zu klein"
- „Das schaffst du nicht"
- „Aus dir wird nie etwas",

dann kann es nicht verwundern, wenn das Kind als Erwachsener diese Glaubenssätze weiter beibehält.

Es ist bequem und gemütlich, an einmal übernommenen Glaubenssätzen festzuhalten. Anerzogene Glaubenssätze sind wie eine zweite Haut. Sie passen uns und schützen vor der Unbequemlichkeit, sich selbst in Frage zu stellen. Das Bezweifeln alter, liebgewonnener Gewohnheiten erschließt uns aber erst unsere wahren Möglichkeiten.

- „Ich kann Dich unmöglich lieben."
- „Für mich ist das unmöglich."
- „Das schaffst Du unmöglich."

Kommt Ihnen der eine oder andere Satz bekannt vor?

Natürlich sind oft am einfachsten die Dinge möglich, die ich mögen kann!

In diesem Zusammenhang hat die Behauptung „Alles ist möglich" eine ganz andere Aussagekraft!

Nicht selten halten wir Dinge bei anderen Menschen für unmöglich, weil wir es nicht mögen, wenn ein anderer etwas erreicht, wozu wir selbst nicht in der Lage sind bzw. glauben zu sein.

Wann haben Sie das letzte Mal einen anderen Menschen dazu ermuntert, etwas für ihn unmöglich Erscheinendes möglich zu machen?

Um bei sich oder anderen Menschen aus Unmöglichkeiten Möglichkeiten zu machen, finden wir am besten heraus, was wir mögen und was nicht. Warum wir es mögen und warum nicht. Schreiben Sie sich gleich heute Abend die Dinge in Ihrem Leben auf, die Sie nicht mögen und dann daneben all die Dinge, die sie gerne haben, die Ihnen Freude machen, die Sie wirklich mögen. Schnell werden Sie feststellen, dass es bei Ihnen einiges Unmögliches gibt und einiges, was Sie mögen.

Richtig spannend wird es - und jetzt sind wir bei einer der Herausforderungen des Lebens - die Unmöglichkeiten möglich zu machen. Das bedeutet jene Dinge, die wir bisher nicht mochten, mögen zu lernen oder sie – wenn möglich – aus unserem Leben zu verbannen.

An dieser Stelle höre ich häufig, dass dies schlechterdings unmöglich sei. Schön, nicht wahr? Hier schließt sich der Kreis. Sollte sich übrigens auf der Liste jener Dinge, die Sie nicht mögen, auch Ihr Partner befinden, ist dies kein Grund, sich zu trennen, sondern vielmehr eine Herausforderung,

mit Ihrem Partner darüber zu sprechen, was Sie beide aneinander mögen und was nicht. Um dann Gemeinsamkeiten und Möglichkeiten zu finden, anstatt die Unterschiede und Unmöglichkeiten herauszuarbeiten.

Nicht wenige von uns stoßen beim Überwinden ihrer Unmöglichkeiten auf ein noch bedeutenderes, für viele unüberwindbares Hindernis!

Das Hindernis, das viele beim Überwinden ihrer Unmöglichkeiten haben, heißt Glauben.

Wer nicht an sich selbst und an seine Möglichkeiten glaubt, kann auch schwerlich aus Unmöglichkeiten Möglichkeiten machen. Darum heißt es auch nicht, der Wille, sondern der Glaube versetzt Berge.

Es ist unglaublich, wie viele Menschen nicht einmal an sich selbst, geschweige denn an Ihre Ziele glauben. Wobei es Menschen gibt, die gar keine Ziele haben und sich wundern, dass sie dauernd nur auf Unmöglichkeiten stoßen (siehe auch „Ziele").

Nur wenn wir an die Ziele und Wünsche, die wir haben, glauben, werden wir sie mögen und auch erreichen. Das bedeutet, alles, was in unserem Bewusstsein als Möglichkeit enthalten ist, kann eintreten.

Im Umkehrschluss bedeutet das aber auch: Was nicht in unserem Bewusstsein als Möglichkeit vorhanden ist, dass kann auch nicht eintreten.

Schreiben Sie sich Ihre Ziele auf. Betrachten Sie das Niederschreiben als schriftliche Bestellung an das Universum.

Wenn wir an unsere Ziele glauben und sie aufschreiben, dann können sie auch in Erfüllung gehen. Bei einer solchen Zielfixierung ist es wichtig, dass wir konkret aufschreiben, was wir uns wünschen. So wie wir bei einer Versandhausbestellung ordern, was wir möchten und nicht, was wir nicht möchten. Nur so schickt uns das Versandhaus das Gewünschte und unser Leben die Erfüllung unserer Wünsche.

Wir ziehen mit unseren Gedanken das magnetisch an, woran wir denken.

Denken wir intensiv genug an Mangel, widerfährt er uns. Denken wir positiv, gelingt es uns, negative Gedanken aus unserem Bewusstsein zu verbannen. Dann werden aus unseren Unmöglichkeiten Möglichkeiten. Konzentrieren wir uns hingegen darauf, dass dies oder jenes nicht möglich ist, dann geschieht es entsprechend unseren Überzeugungen, unserem Glauben.

Woran wir glauben, bestimmt unser Handeln, unseren Charakter und letztlich unser Schicksal! Wer jetzt denkt: „alles Quatsch, das glaube ich nicht", der hat Recht! Denn, was er nicht glauben kann, was für ihn also undenkbar ist, das wird auch kaum wahr werden! Es ist eben unglaublich und damit unmöglich.

Als ich das erste Mal in der Ukraine war, fast 3.000 Kilometer von Berlin entfernt, habe ich viel zum Thema Unmöglichkeiten gelernt. Ich fand marode Straßen, alte, verfallende Häuser und Autos, die aussahen, als seien sie bereits zu Stalins Zeiten zugelassen worden.

Die Lebensumstände der Menschen dort waren alles andere als modern. Doch die Ukrainer waren optimistisch, fröhlich, energiegeladen und voller Tatendrang. Sie sprachen nicht von ihren Unmöglichkeiten, sondern von all dem, was sie sich für die Zukunft vorgenommen hatten. Ich war glücklich und beseelt, als ich dieses wunderbare Land wieder verließ.

Die Menschen dort haben mir wieder einmal gezeigt, dass äußere Umstände unwichtig sind und einzig der Glaube an sich und an die Zukunft entscheidend ist, um im Leben alles möglich zu machen. Zählen Sie all Ihre Möglichkeiten auf. All das, was Sie hier in unserem vereinten, friedlichen Europa an Möglichkeiten haben. Denken Sie positiv und gehen Sie zu Bett in dem unerschüt-

terlichen Bewusstsein, dass Sie mit Ihren Gedanken und Ihrem Glauben Ihr eigener Schöpfer sind: Für Sie gibt es dann keine Unmöglichkeiten mehr.
Frage: Was ist für Sie bis heute unmöglich gewesen?

Um die Möglichkeiten im Leben zu erkennen und uns unserer Unmöglichkeiten zu entledigen, bedarf es auch des Übernehmens der Verantwortung. Für alles, was uns in unserem Leben widerfährt.

Verantwortung

„Der Preis der Größe heißt Verantwortung.“
Winston Churchill

An dieser Stelle möchte ich ein wenig meine Verzweiflung mit Ihnen teilen.

Nein, keine dramatische, existenzielle Verzweiflung, nur die Verzweiflung darüber, wie schwer es sich viele machen, obwohl die Dinge nicht schwer sind. Der Ursprung liegt oft bereits in der Kindheit. Es macht mich traurig, mit ansehen zu müssen, wie „wir" unsere Kinder erziehen oder besser verziehen. Wie „wir" die Jugend, die Zukunft unserer Welt, programmieren. Fehlprogrammieren! Erziehen „wir" sie zu selbstbewussten, eigenständigen und mündigen Menschen? Menschen, die Verantwortung übernehmen? Geben wir unseren Kindern das passende Rüstzeug mit auf den Weg des Lebens? Ich behaupte, dass „wir" das nur selten tun! Dabei könnten, ja müssten wir gleich nach der Geburt unserer Kinder damit beginnen, sie mit der Wahrheit, dem Geheimnis des Lebens vertraut zu machen! Wer das Geheimnis des Lebens kennt, wird glücklich und erfolgreich sein.

Das Geheimnis lässt sich in nur einem Satz formulieren:

Du bist für Dein Leben verantwortlich.

Haben Sie an dieser Stelle mehr erwartet? Warum? Wir haben uns daran gewöhnt, für vermeintlich komplizierte Dinge komplizierte Lösungen zu suchen. So wie das Leben leicht und lebenswert ist, sind auch die Lösungen zu einem leichten und lebenswerten Leben einfach. Du bist Schöpfer und Dein Leben liegt in Deiner Verantwortung. Lassen Sie sich auf diesen Satz ein!

Vergessen Sie die Erfahrungen Ihrer Vergangenheit und all die Zweifel und Bedenken Ihres Verstandes.

Leeren Sie Ihre „mentale Schale", und seien Sie offen für die einfache Erkenntnis, dass Sie Schöpfer sind und alles erreichen können.

Wenn Sie jetzt einwenden, dass das nicht stimmt und überlegen, was alles unmöglich ist, dann ist Ihre „mentale Schale" noch ganz voll!

Nur in ein leeres Gefäß kann auch etwas gefüllt werden.

Laufen die Dinge gut, fühlen sich die meisten für ihr Leben selbst verantwortlich. Nur wenn es schlecht läuft, wird automatisch auf die, von außen kommenden, Einflüsse verwiesen.

Sie alle kennen Geschichten aus den USA, bei denen man nur den Kopf schütteln kann. Ich denke an die Geschichten von Amerikanern, die Firmen verklagen, weil auf Gebrauchsanweisungen von Mikrowellen nicht stand, dass man Kleintiere nicht in der Mikrowelle trocknen kann, ohne dass sie dabei Schaden nehmen. Oder von Menschen, die Hamburgerketten erfolgreich auf Schadensersatz in Millionenhöhe verklagen, weil auf dem Kaffeebecher nicht groß genug stand: Vorsicht, heißer Kaffee!

Dieser Trend setzt sich auch in Deutschland mehr und mehr durch. Was auf den ersten Blick wie ein Befreiungsschlag gegen skrupellose Großunternehmen aussieht, ist in Wirklichkeit ein Beweis dafür, dass sich viele lieber als ohnmächtige Opfer im Leben sehen, statt als verantwortungsvolle Schöpfer.
Sie erinnern sich bestimmt, wie schön es war, Märchen vorgelesen zu bekommen: Märchen aus 1001 Nacht, japanische Märchen, Grimms Märchen etc.

Die Botschaft der Märchen und Fabeln ist immer die Gleiche. Das arme Mädchen, das mit Fleiß, Mut, Großzügigkeit und dem Glauben an sich selbst alles erreicht. Der arme Handwerker, der mit seinen zwei älteren Brüdern sein Glück sucht und mit Mut, Hilfsbereitschaft und Offenheit, Tatendrang und dem Glauben an sich, sein Glück und seine Prinzessin findet.

Merken Sie etwas? Von „Suche die Schuld bei der bösen Hexe" oder „Wenn Du Deine Prinzessin nicht bekommst, verklage den König" war da nicht die Rede.

Die Welt der Märchen ist unserem wahren Leben näher als dem, was die meisten von uns tatsächlich leben.

Die Märchenwelt kennt keine Einschränkungen oder ohnmächtige Helden. Können Sie sich den Jüngling in seiner strahlenden Rüstung vorstellen, der den Drachen nicht besiegt, und dann die Schuld woanders sucht als bei sich selbst? Die Verantwortung von sich weist? Die Botschaft bleibt immer die Gleiche:

Glaube an Dich, sei treu, redlich, ritterlich, großzügig und mutig und das Glück wird dir hold sein.

Wie erbärmlich müssen uns Menschen erscheinen, die bei all ihren vermeintlichen Schicksalsschlägen und Fehltritten stets mit dem Finger auf andere zeigen.

Zeigen wir mit unserem Zeigefinger auf andere, zeigen drei Finger auf uns.

Lernen wir, zu unseren Fehltritten zu stehen, unseren Fehlern und den Dingen, die schiefgelaufen sind. All das sind wichtige Schritte auf dem Weg zur Vollkommenheit. Deshalb können wir stolz auf unsere Fehler sein und die Verantwortung für sie übernehmen. Wir können uns über alles freuen, was nicht funktioniert hat. Dann sagen wir: „Prima, dass es fehlgeschlagen ist. Jetzt weiß ich, wie es nicht geht und kann einen anderen Weg gehen." Wer Fehler begeht und nicht die Verantwortung dafür übernimmt, macht sich selbst zu einem ohnmächtigen, machtlosen Menschen. Wahre Schöpfer stehen zu ihren Schöpfungen, auch den fehlgeschlagenen.

Dies zeigt uns auch die Natur. Hier wird Fehlerhaftes ausselektiert, weil „die Natur immer aus ihren Fehlern lernt". Nur deshalb haben wir uns zu dem entwickelt, was wir heute sind.

Lassen Sie uns unsere Kinder im Geiste der Märchen aus 1001 Nacht und der Gebrüder Grimm erziehen.

Machen wir aus unseren Kindern mündige Menschen, die sich als allmächtige Schöpfer verstehen und danach leben.

Kinder, die Fehler machen dürfen und bereit sein werden, aus ihnen zu lernen. Kinder, die zu einer neuen Generation heranwachsen, die Verantwortung für sich und die Gemeinschaft übernehmen wollen und können. Kinder, die, wenn sie den Beruf des Politikers wählen, genauso zu ihren Fehlern stehen, wie wir es uns von unseren Volksvertretern wünschen. Erziehen wir unsere Kinder zu Mitbürgern, die nicht nach dem Staat schreien, wenn etwas fehlschlägt, sondern begriffen haben, dass wir der Staat sind! Deshalb ist jeder Einzelne für alles mitverantwortlich, was in unserem Land und unserer Welt geschieht.

Wenn wir unsere Kinder als Schöpfer erziehen, dann handeln wir verantwortlich. Unsere Kinder werden es uns durch verantwortungsbewusstes Denken und Handeln danken.

Frage: Übernehmen Sie die Verantwortung in Ihrem Leben?

Wer Verantwortung übernimmt, erfährt bald eine Veränderung, vom Opfer- zum Schöpferdenken. Wer als Schöpfer lebt und handelt, fühlt sich freier und unbeschwerter. Schon erreichen wir das nächste kraftvolle Wort.

Veränderung

„Veränderung ist das Salz des Vergnügens. "

Friedrich Schiller

Leben bedeutet Veränderung. Die folgenden Begriffe deuten auf die Allgegenwärtigkeit und damit Wichtigkeit von Veränderungen in unser aller Leben hin:

- Änderung, Abwandlung, Umgestaltung, Umwandlung, Modifizierung, Revision, Transformation, Novellierung, Neuerung, Neugestaltung, Neuregelung, Umbruch, Umkehr, Umschwung, Wechsel, Wandel, Wende, Mutation, Evolution

Das Leben besteht aus der permanenten Veränderung. Unsere Zellen sind diesem Gesetz ebenso unterworfen wie unsere Gedanken und die Umwelt, in der wir leben.

Die Jahreszeiten, das Wetter, Tag und Nacht, unser Gemütszustand, Gesundheit, Lebensgewohnheiten und Ziele – alles ist im Fluss, in Bewegung.

Sich dem Fluss der Veränderung in den Weg zu stellen, ist aussichtslos.

Er fließt mit und ohne uns immer in derselben Geschwindigkeit. Das bedeutet nicht, zu verharren und sich den Dingen, die da kommen, zu ergeben. Im Gegenteil. Sich dem Fluss der Veränderung nicht in den Weg zu stellen, bedeutet, mit allen Sinnen offen für Veränderungen zu sein, sie dankbar anzunehmen und aus ihnen das zu machen, was sie sind: Chancen zur Weiterentwicklung.

Veränderungen sind gut, solange wir uns auf sie einlassen. Viele Menschen fürchten sich vor Veränderungen. Altes, Bekanntes und Gewohntes wird nicht in Frage gestellt.

Doch, um im großen Spiel des Lebens mitzuspielen, bedarf es der Bereitschaft zu Veränderungen und des Willens, Unbequemlichkeiten in Kauf zu nehmen.

Die Wende in Deutschland ist ein großartiges Beispiel für den Fluss des Lebens. 16 Millionen Menschen konnten nach 40 Jahren Diktatur in der DDR von heute auf morgen ihr Land frei verlassen. Eine gravierende Veränderung.

Lager, in denen politische Gefangene über Jahre ihrer regimekonträren Ansichten wegen inhaftiert waren, wurden geöffnet.

Plötzlich gab es Reise-, Meinungs- und Pressefreiheit. Die westliche Welt freute sich für die Deutschen. Wie aber wurde mit dieser Veränderung innerhalb unserer Grenzen umgegangen?

Millionen verloren ihre Arbeit, Identität und, für viele am „tragischsten", ihre Feindbilder. Plötzlich stellte sich heraus, dass der Klassenfeind im Westen ebenso aus Fleisch und Blut war, wie die sozialistischen Brüder in der ehemaligen Sowjetunion.

25 Jahre nach der Vereinigung Deutschlands zetern und jammern noch immer viele in Ost und West ob der Veränderungen. Sie haben sich nicht darauf eingelassen und das für sie Beste daraus gemacht. Sie sind in der Vergangenheit steckengeblieben, blicken nur zurück und weigern sich, die Veränderung zu akzeptieren.

Ohne den, nach vorn gerichtetem, Blick strauchelten sie in ihrem rückwärtsgewandten Leben.

Das Motto dabei: Früher war alles besser. Diese ewig Gestrigen haben die Chance der Veränderung nicht erkannt und sie so an sich vorbeiziehen lassen.

Der Herbst verändert sich und wird zum Winter. Der Winter ist die beste Chance für gesunde Pflanzen im nächsten Sommer. Nur durch den harten Winter sterben die kranken Pflanzen ab und ermöglichen den Gesunden im folgenden Jahr bessere Wachstumschancen.

Die Angst vor Veränderungen löst bei vielen einen Reflex aus, der sie mit all ihren Sinnen nach den negativen Folgen der Veränderungen suchen lässt und so keinen Freiraum für das Erkennen der

Chancen gibt. Ein fataler Reflex. Wer so denkt, verbaut sich die Chance zum Erreichen des Ziels, weil er den Weg dorthin scheut. Das Festhalten an Altem und Gewohntem ist so natürlich wie verständlich. Ebenso natürlich ist der Wunsch zur Veränderung. Stellen wir uns diesem Wunsch nicht in den Weg. Wenn unsere Partnerschaft zu Ende ist, erkennen wir dies und lassen einander los, mit Dankbarkeit und Freude. Lassen wir uns auf die Veränderung ein und begrüßen wir den Weg, der sich uns dadurch offenbart.

Verlieren wir unsere Arbeit, lassen wir den Schmerz darüber zu. Nicht aber die Resignation. Machen wir das Beste aus dieser Veränderung. Erkennen wir die Chance. Bewegen wir uns vorwärts, ohne zurückzublicken. Gestern ist vorbei. Heute ist heute und dort findet unser Leben statt. Dank der unermüdlichen Veränderungen des Flusses des Lebens bleiben wir in Bewegung und auf dem Weg in die Zukunft. Sie zu gestalten, ist unser aller Ziel.

Veränderungen sind der Motor, der uns unseren Zielen näherbringt. Vertrauen wir darauf.

Frage: Welche Veränderung bringt Sie jetzt vorwärts?

Wer Veränderungen anstrebt, braucht auch Vertrauen.

Vertrauen

„Wer nicht genügend vertraut, wird kein Vertrauen finden.“

Laotse

Kennen Sie auch Menschen, die sagen, „Ich vertraue grundsätzlich niemandem“?

Wer sich so durchs Leben schlägt, wird oft betrogen und belogen. Kaum eine andere menschliche Eigenschaft erfährt in der Wirklichkeit so oft eine Bestätigung, wie das Misstrauen.

Vertrauen gehört zu den fundamentalen menschlichen Eigenschaften. Wir werden in eine Welt geboren, in der wir allein keine Überlebenschancen haben. Vertrauen in die Eltern und die Umwelt ist die Grundvorrausetzung für unser Überleben.

Unter Vertrauen wird die Annahme verstanden, dass die Dinge einen positiven und zu erwartenden Verlauf nehmen. Ein wichtiges Merkmal ist das Vorhandensein einer Handlungsalternative. Sie macht den wesentlichen Unterschied zwischen Vertrauen und Hoffnung aus.

Vertrauen wird durch Zuverlässigkeit, Authentizität, Glaubwürdigkeit und Konsequenz begründet.

Menschen, deren Vertrauen missbraucht wurde, werden gern als naiv bezeichnet. Tatsächlich kann Vertrauen auch mit Naivität gleichgesetzt werden. Im Wahrig Fremdwörterlexikon wird Naivität unter anderem wie folgt definiert: natürlich, ursprünglich, kindlich, unbefangen, harmlos, treuherzig.

Welches dieser Attribute wollte nicht ein jeder von uns für sich in Anspruch nehmen? Nun gut, kindlich wird als negative Charaktereigenschaft gelegentlich Erwachsenen zugeschrieben. Kindliches Vertrauen und Naivität sind aber durchaus wertvoll.

Wer führt Kriege - Kinder oder Erwachsene? Wer zerstört die Natur, unsere Umwelt - Kinder oder Erwachsene? Nur Erwachsene sind für Genozide verantwortlich, nicht die Kinder.

Bevor „wir" also unbefangene, harmlose, treuherzige, natürliche, ursprüngliche Mitmenschen, die anderen unbefangen Vertrauen entgegenbringen, als naiv diskreditieren, sollten wir uns erst einmal der wahren Bedeutung dieses wertvollen Wortes bewusstwerden.

Häufig allerdings wird Vertrauen mit dem Wunsch verwechselt, etwas für wahr halten zu wollen.

Ein Beispiel: Jemand möchte 20.000 Euro anlegen. Er wünscht sich eine hohe Rendite und viel Sicherheit. Ein nebenberuflicher Anlageberater bietet dem Anleger statt der banküblichen zwei

Prozent Verzinsung neun Prozent an. Das Geld wird angelegt und ist nach einem Jahr verspekuliert. Der Anleger läuft nun durch die Welt und verkündet: „Ich vertraue niemanden mehr!"

Wer an dieser Stelle kurz innehält, erkennt aus der Distanz des nicht betroffenen Lesers, dass hier keineswegs ungerechtfertigtes Vertrauen die Ursache für den Totalverlust des Geldes war. Vielmehr waren es mangelnde Informationen über die Sicherheit der Anlage, Ignoranz den Risiken gegenüber und die tief verwurzelte Gier, an die offensichtlich unwahrscheinliche Rendite glauben zu wollen. Zwei der vier Grundmerkmale, die Vertrauen rechtfertigen, wurden bei diesem Beispiel ignoriert: Glaubwürdigkeit (das Versprechen, mehr als viermal so viel Rendite wie marktüblich erzielen zu können) und Authentizität (der Berater war nur nebenberuflich Geldberater).

Zunächst sollten wir uns und dem Leben vertrauen. Wer jedoch schon immer dem Leben misstraut hat, kann nicht erwarten, dass das Leben ihm traut und Gutes für ihn tut.

Jeder fremde Mensch hat unser Vertrauen verdient, ebenso wie wir von anderen Menschen nicht mit Misstrauen und Argwohn betrachtet und behandelt werden möchten. Bei allem Vertrauen darf unsere Intuition nicht zu kurz kommen. Wenn wir auf einen Fremden treffen und unser Gefühl sagt „Vorsicht", dann sollten wir darauf hören. Jeder hat schon einmal seine innere Stimme gehört, die zur Vorsicht mahnte, auf die wir aber nicht gehört haben. Im Nachhinein stellte sich dann heraus, dass die Mahnung nur zu berechtigt war. Darum: Vertrauen Sie sich als Person. Trauen Sie sich Dinge zu! Trauen Sie auch Ihrer Intuition.

Menschen mit Selbstvertrauen vertrauen auch anderen. Nicht blindlings, sondern intuitiv.

Wer sagt, er vertraue niemandem, darf nicht mehr zum Arzt gehen und keine Operation über sich ergehen lassen, ein Flugzeug besteigen, U-Bahn fahren, Geld überweisen, über eine ampelgesteuerte Straße gehen, in einem Restaurant essen, Sex mit dem Partner haben etc., all das wäre ohne Vertrauen undurchführbar.

Vertrauen ist die Basis des menschlichen Miteinanders.

Vertrauen wir einander. Machen wir unseren Kindern klar, dass Menschen anderen Menschen vertrauen können und dürfen.

Dies bedeutet keinesfalls, dass wir ihnen nicht vermitteln sollten, Fremden gegenüber Vorsicht walten zu lassen, nicht mit Ihnen zu gehen und sich nicht anfassen zu lassen. Es bedeutet aber unbedingt, dass wir unsere Kinder nicht zu feigen und verkorksten Individuen erziehen, die sich selbst und entsprechend ihrer Umwelt misstrauen.

Frage: Wo fehlt es Ihnen an Vertrauen?

Das nächste Thema ist getragen von Vertrauen.

Verkauf

„Wer nicht ständig mit seinen Kunden im Gespräch bleibt, wird bald nichts mehr zu sagen haben."

Matthias Scharlach

Verkauf ist ein Synonym für Veräußern. Der Verkäufer, der sich nicht äußern kann, wird nur schwerlich etwas veräußern. Wer etwas veräußert, bringt auch ein Stück seiner Persönlichkeit, seines Wesens mit ein. Ein möglicher Grund dafür, dass sich viele Menschen für schlechte Verkäufer halten. Ihr Wesen ist von Selbstzweifeln und mangelndem Selbstvertrauen geprägt (siehe auch „Selbstbewusstsein" / „Vertrauen").

Im Verkauf gibt es einiges zu beachten. Eine Regel, um sich erfolgreich von seinen Marktbegleitern abzusetzen, ist die Regel der fünf A's. Machen Sie es

angenehm anders als alle anderen!

Wer nach dieser Regel handelt, unterscheidet sich und schafft Alleinstellungsmerkmale. Wer das verkauft oder anbietet, was alle anderen auch verkaufen und anbieten, wird einer von vielen sein und so beliebig und austauschbar wie die „Konkurrenz".

Seit 1997 habe ich weltweit etwa 700 Verkaufsschulungen durchgeführt. Ich hatte das große Glück, in all den Jahren mehr als 120.000 Gäste zu begrüßen. Von Oslo über Moskau, Kiew, Berlin, Paris, Barcelona und Nashville. Ich konnte die unterschiedlichsten Kulturen, Sprachen, Gewohnheiten und Ansichten studieren und habe unzählige großartige, offene und fröhliche Menschen getroffen.

Selbstverständlich habe ich auch einige Male in das erschreckende Antlitz der Dummheit und Ignoranz geblickt. Die Essenz des Gehörten und Gesehenen möchte ich in einem Satz zusammenfassen:

Jeder Mensch ist ein guter Verkäufer, wenn er das will.

Die meisten halten sich für schlechte Verkäufer. Sätze wie „Ich bin kein Verkäufertyp", „Ich bin kein Klinkenputzer" oder „Ich kann nicht verkaufen", höre ich beinahe täglich. Diese Menschen könnten Verkaufsweltmeister sein, wenn sie wollten. Es stellt sich die Frage, weshalb so viele Menschen vor allem dort, wo es darauf ankommt, im Verkauf, von sich behaupten, nicht verkaufen zu können. Die Antwort ist einfach. Viele wollen nicht verkaufen. Sie haben Angst vor einem „Nein", fürchten sich vor Ablehnung und trauen es sich nicht zu, auf einen Menschen zuzugehen. Ein „Nein" von einem Kunden wird als eine persönliche Niederlage verstanden. Das ist es aber nicht.

Sagt ein Kunde nein, liegt es daran, dass er keine oder zu wenig Informationen über das Produkt erhalten hat. Oder dass er den Vorteil des Kaufs nicht erkennen kann. Dass er das Produkt einfach nicht benötigt, möglicherweise auch an mangelnder Zeit oder Geld oder dem gängigen Unwillen, offen für Neues und Anderes zu sein. In den meisten Fällen liegt es aber nicht an einer Antipathie dem Verkäufer gegenüber.

Symptomatisch für viele Verkäufer ist, dass sie den Grund für den mangelnden Verkaufserfolg immer woanders, als bei sich selbst suchen. Dabei sollte klar sein, dass die Ursache häufig im eigenen Verhalten liegt. Die Änderung könnte hier ansetzen.

Um erfolgreich zu verkaufen, bedarf es einiger weniger Regeln:

* Fragen Sie zuerst nach den Wünschen des Käufers. Was ist sein Ziel?
* Verkaufen Sie nur Waren oder Dienstleistungen, die dem Käufer dienlich sind.
* Sagen Sie die Wahrheit! Ehrlichkeit ist die stärkste Kraft im Verkauf.
* Diskutieren Sie nicht mit Kunden und Gästen.
* Sie sollten Ihre Produkte und Dienstleistungen genau kennen. Nur was Ihnen zu 100 Prozent vertraut ist, können Sie auch zu 100 Prozent verkaufen. 99 Prozent Leistung ist im Verkauf zu wenig!
* Verkaufen Sie nur Waren und Dienstleistungen, die sie auch selbst kaufen würden.

- Lassen Sie den Käufer entscheiden, was er sich leisten möchte und was nicht. Der Kunde ist König und wünscht sich keinen Vormund, der ihm vorschreibt, wie viel Geld er auszugeben hat.

Wer von sich selbst meint, er könne nicht verkaufen, will unbewusst diesen Glaubenssatz bestätigt sehen. Er wird in jedes Kundengespräch mit der Vorgabe gehen, dass er sowieso nichts verkaufen kann. Mit dieser Einstellung verkauft er dann auch tatsächlich nichts.

Verkaufen ist wie Sex.

Wer mit seinem Partner guten Sex haben möchte, denkt an seinen Partner und wünscht, dass dieser Freude und Erfüllung beim Sex findet. Handelt der Partner ebenso, hat man guten Sex. Verkauf funktioniert genauso. Denkt man zuerst an den Kunden und seine Erfüllung, wird er die positive Energie reflektieren, kaufen und wiederkommen.

Ein Autoverkäufer, der einem werdenden Familienvater einen Zweisitzer verkauft, ist ein schlechter Verkäufer. Ein guter Verkäufer empfiehlt seinem Kunden einen Kombi oder Van.

Ein guter Verkäufer rät von dem hochpreisigen Wagen ab und macht zu Gunsten eines zufriedenen Kunden lieber weniger Umsatz. Die Frau des Kunden wird es ihm zuerst danken, das Universum später. Ehrlichkeit im Verkauf sollte die Grundeinstellung eines jeden Verkäufers sein.

Ehrlichkeit wird aber nicht zwangsläufig durch zielorientierten Erfolg honoriert. Mit anderen Worten: Der ehrliche Verkäufer findet gelegentlich auch kein Gehör und verkauft nichts, weil Ehrlichkeit bedeutet, die Wahrheit zu sagen und nicht wenige sich der Wahrheit lieber verschließen, als sie mit offenen Armen und offenem Herz anzunehmen.

Täglich kaufen Kunden Autos, Versicherungen, Wohnungen oder Sonnenbänke, die sie sich nicht leisten können, leisten sollten oder die unwirtschaftlich oder gar mangelhaft sind. Sie tun dies selten nur aus Dummheit oder Unwissenheit. Sie kaufen, weil sie ihrer Intuition beim ehrlichen Verkäufer misstrauen und lieber den Lügen des Geschäftemachers glauben möchten. Die Schuld für einen Fehlkauf wird später bei den bösen Verkäufern gesucht, obwohl sie sich selbst als Schöpfer ihres Lebens gegen ihre Intuition entschieden haben und damit selbst verantwortlich sind. Doch Ehrlichkeit im Verkauf sollte trotzdem Leitwort eines jeden Verkäufers sein denn:

Verkauf ist immer gut, wenn wir uns an die Regeln des Erfolges halten (siehe auch „Erfolg").

Verkauf lässt sich weder in wenigen Worten definieren noch nach Schema F praktizieren. Verkauf ist immer eine Frage der Harmonie (siehe auch „Harmonie") zwischen Käufer und Verkäufer. Ist die Harmonie gestört, wird der Verkaufserfolg gestört. Verkaufsharmonie kann dann zustande kommen, wenn sich der Verkäufer um den Käufer bemüht, sich für ihn und sein Interesse engagiert und sich immer der folgenden Tatsache bewusst ist:

Nicht der Chef, sondern der Kunde zahlt das Gehalt.

Obwohl dieser Satz jedem Verkäufer klar sein müsste, handeln viele nicht danach. Es gibt sogenannte „Premium-Autoverkäufer", sie sitzen am Schreibtisch und gewähren dem Kunden gnädig eine Audienz, anstatt auf ihn zuzugehen.

Hier kommt das Gehalt tatsächlich noch vom Chef. Fragt sich nur, wie lange.

Ich habe in meinem Leben viele gute und schlechte Verkäufer getroffen. Resümierend lässt sich feststellen, dass Verkaufen von Mensch zu Mensch einfach sein kann, wenn man sich für Menschen, ihre Wünsche, Bedürfnisse, Ängste, Hoffnungen und Ziele interessiert. Verkauf als bloßer Selbstzweck mag in der DDR oder im heutigen Nordkorea funktioniert haben bzw. funktionieren. Bei uns funktioniert Verkauf so nicht.

Wer keine Lust hat, auf Menschen zuzugehen, sich vor deren „Nein" fürchtet, der hat das Recht dazu und findet seine berufliche Erfüllung irgendwo auf der Welt, jedoch nicht im Verkauf.

Jeder Verkäufer ist immer auch ein Käufer. Deshalb sollte man sich selbst beobachten:
Wo wir gerne kaufen. Wie uns ein Verkäufer zum Kauf motiviert. Oft ist es unser Bauchgefühl (siehe auch „Intuition"), das uns zum Kauf rät. In einem solchen Fall spüren wir als Käufer intuitiv, dass uns der Verkäufer ehrlich berät, dass uns der Kauf guttut oder umgekehrt.

Verblüffender weise sind Kunden neugierig. Sie sind offen für Neues, neue Produkte, neues Design oder neue Technik. Die Werbeaussage, dass etwas „neu" ist, garantiert den Erfolg. Zum einen, weil Menschen, wie festgestellt, gierig auf Neues sind, zum anderen, weil in unserer konsumgesteuerten Welt viele dank der medialen Gehirnwäsche am Tropf der permanenten Unzufriedenheit hängen und unentwegt nach Neuem lechzen, wie die Biene nach dem Nektar.

Trotz der Neugierde der meisten Konsumenten und der Tatsache, dass jeder Verkäufer auch irgendwann und irgendwo Käufer ist, scheint bei der Mehrheit der Verkäufer die Lust auf Neues zu schwinden, sobald es darum geht, selbst etwas Neues anzubieten.

Ich habe von 1997 bis 2003 für ein amerikanisches Kosmetikunternehmen Verkaufsschulungen veranstaltet und traf dort auf unzählige Verkäufer, die die Kosmetikserie für unverkäuflich hielten. Zu teuer, zu viele Produkte und auch das Drei-Stufen-Verkaufssystem der Firma wurden kritisiert. Zudem komme das

Design bei den Kunden nicht an. Innerhalb von sechs Jahren war die Firma in Europa Marktführer in ihrem Segment.

Zahlreiche Verkaufsschulungen und das permanente Wiederholen der Produktbotschaft, vor allem aber engagierte und offene Verkäufer brachten den Erfolg. Als das Unternehmen für 88 Millionen Dollar an eine Investmentgruppe verkauft wurde, änderte sich die Verkaufs- und Produktphilosophie. Gute Qualität und Kundenservice wurde zugunsten niedrigerer Produktionskosten aufgegeben. An dieser Stelle beendete ich mein Engagement. Kurz darauf baten mich die ehemaligen Manager der verkauften Kosmetikfirma, ihnen beim Produktstart einer neuen Marke in Europa behilflich zu sein. Ohne komplizierte Produktstufen und das zuvor von vielen Verkäufern kritisierte große Produktsortiment.

Dieselben Firmen und Verkäufer, die Jahre zuvor die Produktstufen, den hohen Preis und das zu große Sortiment kritisierten, glaubten nun, dass eine Serie mit nur sieben Produkten und ohne Stufen unverkäuflich sei. Im Übrigen seien die Produkte zu billig.

Nach fünf Jahren und etwa 300 Verkaufsschulungen in Europa hatte die Firma sich auf den dritten Platz ihres Marksegmentes vorgearbeitet. Wieder waren es offene Unternehmer und Verkäufer, die Neues wagten und mit Engagement zum Erfolg führten. Die Neinsager und Zauderer wollten am Erfolg des Wachstums erst teilhaben, als der Kuchen bereits verteilt und die Verkaufslizenzen vergeben waren.

Der Ablauf ist immer und überall der Gleiche. Neue Produkte erscheinen auf dem Markt und nur einige wenige haben den Mut, Kunden Neues zu verkaufen und sich mit ihren Produkten weiterzuentwickeln.

Oft werden von Unternehmen Produkte mit Potential nicht aufgenommen, weil sie noch keine Marktdurchdringung haben. Hier wird erst auf das sprichwörtliche Pferd gesetzt, wenn es bereits durch die Ziellinie gelaufen ist. Doch Erfolg im Verkauf setzt permanente Offenheit (siehe auch „Offenheit") für den Markt und dessen Bedürfnisse voraus. Nur wer ständig Neues ausprobiert und vergleicht, kann im Verkauf das Optimale im Sinne der Kundenzufriedenheit anbieten.

Der Verkäufer, der 1997 das beste Mobiletelefon verkaufte, würde heute mit demselben Gerät keinen Erfolg mehr haben. Zum einen, weil er keine Käufer fände, zum anderen, weil er mit seiner unoffenen Verkaufs- und Einkaufseinstellung bereits 1999 pleite gegangen wäre.

Alles ist im Fluss, in ständiger Bewegung. Das Leben besteht aus permanenter Veränderung (siehe auch „Veränderung"). Wer seinen Kunden Innovationen vorenthält, nur weil er der Meinung ist, die Produktphilosophie von gestern sei auch morgen noch erfolgreich, der wird sein Verkaufspotential bestenfalls im Traum realisieren. Erreichen wird er es nicht.

Gerne möchte ich Sie noch einmal auf eine Reise in meine Vergangenheit mitnehmen. Als ich 15 Jahre alt war, machte ich meine ersten Erfahrungen in der Arbeitswelt. Neben der Schule arbeitete ich montags bis donnerstags von 18 bis 21 Uhr als Inventurzähler in Supermärkten. Hier unternahm ich meine ersten Schritte in die Welt des Verkaufs. Ich lernte, dass in Supermärkten die Regale immer randvoll zu sein haben. Ein leeres Regal war – neudeutsch – ein „No go"! Wer von Ihnen mit offenen Augen durch den Supermarkt läuft, wird auch heute feststellen, dass die Regale immer voll sind. Leere Fächer werden sofort nachgefüllt.

Warendruck schafft Verkauf.

Jeder gute Friseur hat ein volles Regal mit Shampoo und im Obstgeschäft um die Ecke werden die Schütten für Obst und Gemüse immer nachgefüllt.

Niemand möchte gerne die letzten drei Tomaten kaufen. Häufen sich die Tomaten, greift jeder zu. Das Gleiche gilt für Schokolade, Duschgel, Wein, Toilettenpapier etc.

Verkauf ist wie ein lebender Organismus. Verkauf muss praktiziert, geübt, geliebt und mit Leben erfüllt werden.
Gute Verkäufer lieben zuerst ihre Kunden, dann ihre Produkte und zuletzt sich selbst. Wer sich selbst nicht liebt, wird sein Verkaufspotential nicht ausschöpfen.

Im Übrigen ist ein Verkäufer nicht nur der, der eine Ware an Kunden verkauft. Auch ein Vermieter ist ein Verkäufer. Er verkauft bzw. vermietet Wohnraum. Manche Vermieter leben allerdings noch immer in den 50er oder 60er Jahren, als der Wohnraummangel das Geschäft einfach machte, und ignorieren bis heute jede Form von Kundenbindung. Wer von Ihnen hat von seinem Vermieter schon einmal eine Weihnachtskarte oder einen Gruß zum Geburtstag erhalten? Von einem freundlichen Anruf hin und wieder ganz zu schweigen (Ich habe übrigens das Glück so einen großartigen Vermieter zu haben!).

Ein Lehrer verkauft seinen Schülern die Idee vom Lernen, ein Politiker seinen Wählern die Vision seiner Politik und jeder von uns verkauft sich mehr oder weniger erfolgreich bei der Jobsuche und Partnerwahl.

Verkauf bewegt die Welt.

Stellen Sie sich vor, Sie sind Single, männlich und auf der „Jagd". Eines Abends lernen Sie eine Frau kennen und nach einem angenehmen Abendessen und einem Drink in einer Bar erzählen Sie ihr von Ihrer DVD-Sammlung

Die Dame kommt mit zu Ihnen nach Hause, sie besichtigen gemeinsam Ihre Sammlung, sie heuchelt Interesse an Ihrer Sammelleidenschaft. Schließlich finden Sie sich mit ihr auf dem Sofa wieder, in der einen Hand ein Drink und in der anderen die Hand ihrer Angebeteten. Sie möchten sie nun küssen. Also sagen Sie: „Lass uns mal probieren zu küssen!"

Möglicherweise kommt es zum Kuss. Aus Mitleid, aufgrund übermäßigen Alkoholkonsums oder einer Mischung aus beidem. Wahrscheinlich aber ist der Abend schlagartig zu Ende.

Ein guter Verkäufer zweifelt nicht und probiert nicht. Er macht oder er lässt.

Das gleiche gilt für die Sofa-Situation! Küss mich, ohne „wenn" und „aber" und vor allem ohne den geringsten Selbstzweifel.

Sie sind der beste Küsser der Welt, zumindest der Stadt, und deshalb fragen Sie nicht und zögern Sie nicht. Tun Sie es einfach.

Verkauf funktioniert nach demselben Grundsatz. Machen oder lassen. Wer ein Produkt in sein Sortiment aufnimmt und sagt: „Ich kann's ja mal probieren, ob meine Kunden das kaufen", der sollte es gleich sein lassen. Wenn es keine eierlegende Wollmilchsau ist, wird sich das Produkt nicht verkaufen. Der Verkäufer glaubt nicht an den Verkaufserfolg. Er ist ein Probierer. Probierer sind die „Unterlasser" im Verkauf! Macher sind die Unternehmer im Verkauf.

Niemand möchte Küssen probieren. Schon gar nicht probiert werden.

Kein Kunde, kein Käufer will als Versuchskaninchen oder Testkäufer agieren. Niemand kauft gerne etwas, wovon der Verkäufer nicht begeistert ist.

Sind Sie von sich nicht begeistert, dann probieren Sie zu küssen. Sind Sie von Ihren Produkten nicht begeistert, dann probieren Sie zu verkaufen. Beides wird scheitern.

Nehmen Sie sowohl den Verkauf als Verkäufer als auch den Kauf als Kunde locker und entspannt. Trauen Sie sich beim Kauf, nein zu sagen und haben Sie ebenso den Mut, sich für den Kauf zu entscheiden. Vor allem dann, wenn Ihre Intuition Ihnen sagt: JA!

Frage: Was macht für Sie einen guten Verkäufer aus? Bei wem kaufen Sie gerne?

In kaum einer Branche ist die gute Qualität des Verkäufers so wichtig wie in der Versicherungsbranche. Eine schöne Überleitung.

Versicherung

„Es ist besser, eine Versicherung zu haben
und nicht zu brauchen,
als eine Versicherung zu brauchen
und nicht zu haben."
Weisheit der Versicherungswirtschaft

Die Idee, den Begriff Versicherung hier einfließen zu lassen, kam mir, als ein Freund seine Leichtfertigkeit beim Autofahren mit dem Argument rechtfertigte, er sei ja gut versichert.

Mit Versicherung wird das Grundprinzip der kollektiven Risiko-übernahme bezeichnet. Viele zahlen einen Geldbetrag (die Versicherungssumme) in den „Topf" der Versicherung, um dann beim Eintreten des abgesicherten Schadensfalls aus diesem den Schadensausgleich zu erhalten.

Voraussetzung für das Angebot bestimmter Versicherungen ist die statistische Abschätzbarkeit und damit die Kalkulierbarkeit des Risikos.

In unserer Zeit werden viele Risiken versichert. Es gibt sinnvolle und weniger sinnvolle Versicherungen. Entscheidend ist, wogegen sich der Kunde versichern will, also dessen Bedarf. Als Faustregel gilt: Alle nicht kalkulierbaren Risiken sind wichtige

Absicherungen und alle kalkulierbaren Risiken sind Luxusabsicherungen.

Kaum eine Branche hat ein derart schlechtes Image und wird diesem so konsequent gerecht wie die Versicherungswirtschaft.

Trotz umfassender gesetzlicher Bestimmungen und einer immer strengeren Kontrolle der Anbieter von Versicherungen wird täglich zu Lasten der Kunden verkauft, „was das Zeug hält". Dabei geht es vor allem darum, Umsatz um jeden Preis zu machen.

Der Kunde mutiert zur Gelddruckmaschine. Provisionsorientiert wird das verkauft, was dem Verkäufer „am meisten bringt". Die adäquate Absicherung des Versicherungsnehmers bleibt nicht selten auf der Strecke.

Dabei können Versicherungen gut und wichtig sein. Zudem ist es, zum Beispiel bei Krankenversicherungen, im Sinne der Solidargemeinschaft selbstverständlich, dass wir nicht immer das Eingezahlte restlos zurückbekommen.

Gleichwohl werden viele Versicherungen ihrem Namen nicht gerecht und sollten umbenannt werden. Die deutsche Arbeitslosenversicherung beispielsweise oder die staatliche Rentenversicherung.

Am Markt gibt es eine Vielzahl guter Produkte und hervorragender Berater. Wichtig ist, sich vor dem Abschluss einer Versicherung sachkundig zu machen, welche Leistungen zu welchem Preis angeboten werden.

Die suggestive Frage der Werbung: „Zahlen Sie auch zu viel für Ihre Krankenversicherung?" klingt zwar launig und erregt bestimmt Aufmerksamkeit. Im Interesse des Versicherten aber kommt es auf den niedrigen Betrag allein nicht an. Was nützt die billige private Krankenversicherung, die im Versicherungsfall nicht zahlt?

Neben den vielen schlechten Versicherungsmaklern und Verkäufern gibt es unzählige Versicherte, die neben Lebens- und Rentenversicherungen auch Sachversicherungen vor allem als gewinnbringende Geldanlage verstehen.

Der Versicherungsbetrug hat sich zum Volkssport entwickelt. Hier spielen viele ein gefährliches Spiel mit dem Staatsanwalt und der guten Energie des Universums. Wer von seiner Versicherungsgesellschaft fair behandelt werden will, sollte nach dem bekannten Motto handeln:

Was Du nicht willst, dass man Dir tu, das füg' auch keinem anderen zu.

Unabhängig davon, welche Versicherung man meint zu benötigen, ist keine Versicherung auf der Welt ein Ersatz für Eigenverantwortung (siehe auch „Verantwortung"). Die beste Krankenversicherung kann ein ungesundes und maßloses Leben nicht ersetzen, und wer mit dem Fahrrad ohne Licht und Helm nachts unterwegs ist, mag für den daraus resultierenden Unfall und dessen Folgen versichert sein, querschnittsgelähmt im Rollstuhl aber kaum Freude an seiner Absicherung haben.

Die beste Versicherung in allen Lebenslagen ist eigenverantwortliches Denken und Handeln.

Also seien Sie umsichtig und vorausschauend im Straßenverkehr, bei der Arbeit, im Umgang mit den Mitmenschen und der Wahl des Partners.

Frage: Sind Sie gut versichert?

Das nächste Wort ist einer der Triebkräfte unserer Zivilisation.

Vergeben

„Wenn Ihr den Menschen Ihre Verfehlungen vergebt,
so wird Euch der himmlische Vater auch vergeben."
Matthäus 6, Vers 14

Zu Ostern habe ich den Film „Die Zehn Gebote" gesehen. Im Stil des alten Hollywoods wurde in vier Stunden die Geschichte Moses erzählt. Gott metzelte alles nieder, was nicht an ihn glaubte.

Was für ein Gott. Ein griesgrämiger und gnadenloser Mann, der mal als Stimme, mal als brennender Busch erschien. Die Geschichte nahm ich zum Anlass, den Buchstaben V um das Wort Vergeben zu ergänzen.

Mit zunehmendem Alter gehen viele Menschen immer gebeugter. Sie werden kleiner. Ihr Kopf sinkt mehr und mehr gramgebeugt zu Boden. Das liegt daran, dass sich der Körper abnutzt, die Muskeln sich zurückbilden und viele Ältere dem nicht ausreichend mit Sport und Bewegung entgegenwirken. Es hängt auch mit einem anderen Phänomen zusammen. Manche schleppen unnötigen Ballast mit sich herum.

Wir streiten uns und selbst, wenn es nach dem Streit ein klärendes Gespräch gab, vergeben wir einander nicht.

Doch Vergebung ist wie Wasser in der Wüste.

Wer anderen nicht vergibt, vertrocknet wie eine Pflanze ohne Wasser. Vergebung ist das Lebenselixier glücklicher und aufrechter Menschen.

Wer sich über die unfreundliche Verkäuferin beschwert, findet schon in dem Wort die Erklärung dafür, weshalb er spätestens im Alter Rückenprobleme haben wird. Er hat sich beschwert. Nicht die Verkäuferin wurde beschwert. Die Last trägt derjenige, der sich beschwert.

Beschweren Sie sich nicht! Entlasten Sie sich und andere! Vergeben Sie!

Glauben Sie, dass Ihnen eine Beschwerde menschlich und gesundheitlich etwas bringt? Der Andere diese Last tragen müsste? Natürlich ist es sinnvoll, einer unfreundlichen Verkäuferin zu sagen, dass man gerne freundlicher bedient werden möchte. Sicher kann ein Brief oder Gespräch mit dem Vorgesetzten nützlich sein. Beides sollte von Güte, Verständnis und Vergebung und nicht von Wut und Rache getragen sein.

Die deutschen Gerichte sind überlastet, weil viele Nachbarn oder Eheleute nicht mehr miteinander, sondern vor Gericht übereinander sprechen. Hier wird gerichtet und belastet, beschwert und geklagt. Alles Taten, deren Worte Bände sprechen:

- belastet
- beschwert
- geklagt

Wer glauben Sie, leidet unter diesen Prozessen am meisten?

Die Kläger. Die Beschwerdeführer. Diejenigen, die sich beklagen und klagen und derjenige, der nicht miteinander sprechen, sondern übereinander klagen will.

Vergebung ist eine universelle Kraft. Vergeben Sie und es wird Ihnen vergeben. Das hat nichts mit Religion oder Kirche zu tun. Es ist ein universelles Gesetz.

Da einer der Grundzüge der Menschen die Fehlbarkeit ist, lässt sich daraus schließen, dass jeder von uns Fehler macht. Die Qualität des Fehlers hängt vom Betrachter ab. Ehebruch wird von vielen als schwerer Fehler betrachtet. Dem Gesetzgeber ist das nicht mal ein Wimpernzucken wert. Dafür wird bei Schwarzarbeit oder Raserei auf der Autobahn mit einem anderen Maß gemessen.

Steuerhinterziehung wird vom „System" mit fanatischer Diktion verurteilt und bestraft, Steuerverschwendung nicht.

Jeder hat andere Wertvorstellungen, andere Werte. Zu sagen, „das hätte ich aber niemals so getan", ist legitim, aber keine gesellschaftlich anerkannte Richtlinie.

Vergebung ist ein Zeichen von Stärke und Souveränität. Wer schwach ist, vergibt nicht und ist nachtragend. Wer hat daran zu tragen? Hier schwächt sich der ohnehin schon Schwache noch mehr durch das, was er sich aufbürdet.

Begnadigung, Versöhnung und Großmut sind starke und positive Worte und lassen auf Herzlichkeit und Menschlichkeit schließen. Wer uns betrügt oder belügt, dem können wir das nicht vergessen und wir müssen mit demjenigen auch keinen Kontakt pflegen. Vergeben wir ihm, dann befreien wir uns wenigstens von der Last, der Wut und Traurigkeit und können unbeschwert leben.

Wer nicht vergibt, kann nicht loslassen. Auch nicht die vermeintliche Macht, die er über den anderen hat. Es ist ein Irrglauben, moralisch über dem anderen zu stehen.

Wer nicht vergibt, weidet sich an dem trügerischen Gefühl, als Opfer etwas Besseres zu sein. Doch weder das eine noch das andere stimmt.

Vergeben sollten wir vor allem uns selbst. Weil wir nicht unfehlbar sind, sollten wir an uns keine göttlichen Ansprüche stellen. Vergeben wir uns menschliche Schwäche und Inkonsequenz. Stehen wir zu unseren Fehlern, ohne sie zu kultivieren. Glauben wir an uns und vergeben wir uns, wenn wir feststellen, dass wir

etwas hätten besser machen können oder schon wieder den gleichen Fehler gemacht haben.

Frage: Mit welchem Ballast sind Sie beschwert? Wem möchten
Sie noch heute vergeben?

Das nächste Wort steht oft am Anfang eines Satzes, der mit einer
Lüge endet.

Wahrheit

„Wahrheit ist wie die Sonne,
Du kannst sie eine Zeitlang ausblenden,
sie wird aber immer da sein!"
Elvis Presley

Wie bereits festgestellt, sind die Politiker die unbeliebteste Berufsgruppe in Deutschland. Stets wird ihnen nachgesagt, sie würden uns, ihren Wählern, nicht die Wahrheit sagen. Obwohl die Wahrheit die höchste Priorität zum Erreichen unserer Ziele hat. Ohne Ehrlichkeit und damit der Wahrheit gibt es keinen nachhaltigen Erfolg und keine Verwirklichung unserer Möglichkeiten. Nun wird es bei den Politikern ebenso viele Idealisten und wahrheitsliebende Mitmenschen geben wie in anderen Berufsgruppen. Doch woher kommt dann das schlechte Image?

Den Wählern wird von den Politikern das gesagt, was sie gerne hören möchten. Das ist aber nicht immer das, was man ihnen sagen sollte. Leider gilt:

Die meisten Menschen wollen die Wahrheit nicht hören und die Realität nicht sehen.

Wahrheit bedeutet, dass wir in der Vergangenheit Fehler gemacht haben (siehe auch „Fehler") und dass wir in der Zukunft etwas verändern sollten (siehe auch „Veränderung"). Sowohl beim Eingestehen eigener Fehler als auch bei dringend anstehenden Veränderungen haben viele von uns ihre Schwierigkeiten. Lieber in der Sicherheit des Gewohnten weitermachen, glauben an das, was immer war, als sich der Wahrheit der Veränderung zu stellen.

Vermeintliche Sicherheit wird der Wahrheit vorgezogen.

Die Krebsvorsorge ist ein treffliches Beispiel für das Verschließen der Augen vor der Wahrheit.

Der Begriff Vorsorge ist dabei mit Vorsicht zu gebrauchen. Denn der Vorsorge folgt die Hauptsorge. Beides führt nicht zwingend dazu, dass wir ausgesorgt haben. Danach kommt dann die Nachsorge, die nichts anderes als erneute Vorsorge bedeutet. Sorgen über Sorgen.

Da der Begriff Vorsorgeuntersuchung im Bewusstsein vieler Menschen negativ besetzt ist und sie sich intuitiv keine Sorgen machen wollen, betreiben sie auch keine Vorsorge. Wer möchte schon Krebssorgen haben.

Gleichwohl ist es klug, sich der medizinischen Möglichkeiten unserer Zeit zu bedienen. Sehr wohl wissend, dass beim Mann ab dem 40. Lebensjahr eine Prostatauntersuchung angebracht ist und sowohl Männer als auch Frauen ihren Enddarm begutachten lassen sollten, verschließen sich viele Zeitgenossen diesen Präventionsmaßnahmen. Hier wird die Angst vor der Entdeckung einer lebensbedrohlichen Erkrankung zum Spiel mit dem Tod. Häufig einem langsamen, schmerzhaften und qualvollen Tod. Weshalb werden die modernen Untersuchungsmethoden so wenig genutzt? Nur aus Angst vor der Sorge? Kaum! Hier herrscht Angst vor der Wahrheit.

Die Angst vor der Wahrheit tötet jährlich mehr Menschen als der Straßenverkehr.

Durch eine kurze Untersuchung beim Facharzt lassen sich zum Beispiel die, zu diesem Zeitpunkt noch harmlosen, Enddarmpolypen erkennen und entfernen. Ein paar Jahre später können sie zu gefährlichem Darmkrebs mutieren. Dasselbe gilt für den kleinen, vermeintlich harmlosen Knoten in der Brust vieler Frauen. Frühzeitig erkannt und entfernt wird eine Amputation vermieden. Aus Angst vor der Wahrheit einer „positiven" Diagnose verweigern sich Millionen Menschen den möglichen Untersuchungen.

Angst vor der Wahrheit negativer Nachrichten lässt Briefe verschlossen bleiben, die besser geöffnet und beantwortet worden wären. Und die Angst vor der Wahrheit lässt so manche kaputte Ehe länger halten, als es beiden Partnern guttut.

Wenn wir uns der Wahrheit stellen und uns auf sie einlassen, können wir unsere Möglichkeiten ausschöpfen. Wer die Wahrheit nicht hören will, für den wird sie unmöglich. Wer sich ihr nicht stellt, der entfremdet sich von der Realität.

Manche Menschen lesen die Wahrheit und finden keinen Gefallen an ihr. Sie suchen nach Wegen sich dieser unbequemen Wahrheit nicht stellen zu müssen. So wird ihr Überbringer lieber diskreditiert, als sich der Wahrheit und den daraus resultierenden Konsequenzen zu stellen. Findet sich beispielsweise die ungeliebte Wahrheit in Schriftform wieder und hat der Schreiber einen Schreibfehler gemacht, wird sofort die ganze Wahrheit negiert. Motto: „Der soll erst einmal schreiben lernen!"

Obwohl auch richtig ist, dass es nicht immer DIE eine Wahrheit gibt und oft jeder, zu Recht, seine eigene Wahrheit sieht.

Wer sich nicht anpasst, stirbt aus. Wahrheit bedeutet die Anpassung an veränderte Bedingungen.

Der Neandertaler starb in Ermangelung seiner Fähigkeit zur Anpassung aus.

Nun gibt es böse Zungen, die behaupten, der Niedergang vieler Wirtschaftsbranchen habe damit zu tun, dass sich Wissensstand und Kompetenz der betroffenen Unternehmer vom Intellekt des Neandertalers kaum unterscheide, das Aussterben der Branchen also nur zwangsläufig sei. Ich glaube, es sind andere Gründe.

Der Hauptgrund ist, dass diese Unternehmer in Wahrheit Unterlasser sind. Sie unterlassen es, ihr Personal zu motivieren, zu schulen, zu kontrollieren und gegebenenfalls auch zu entlassen, wenn es nicht kunden- und marktorientiert arbeitet. Sie unterlassen es, den Markt zu beobachten. Damit meine ich nicht zu beobachten, wie der Mitbewerber die Preise senkt, um es ihm gleich zu tun. Marktbeobachtung bedeutet wahrzunehmen, wie und wohin sich eine Branche entwickelt, und zu erkennen, wenn es nicht mehr, wie gehabt, weitergehen kann.

Dies gilt für Unternehmen und Märkte ebenso wie für Wählerbewegungen oder zwischenmenschliche Beziehungen.

Viele Unternehmen haben sich der Wahrheit verschlossen und zahlen einen hohen Preis dafür. Sie gehen in die Insolvenz.

Einst war „Wienerwald" die größte Restaurantkette der Welt, „Woolworth" die größte Kaufhauskette, Karstadt ein Megakonzern. Nokia, Märklin, Pan Am, Salamander, KPM, Quelle, Kirch Media, Dornier, Holzmann, Hertie und Schiesser waren Global Player. Sie alle ereilte das gleiche Schicksal. Konkurse sind nicht gottgegeben. Sie haben selten nur einen Grund. Oft sind es viele kleine Fehler, die zum Niedergang ganzer Branchen führen.

Der Hauptgrund von Pleiten aber ist das Ignorieren der Wahrheit.

Viele kopieren lieber (oft bereits erfolglose) Konzepte der Konkurrenz und ignorieren dabei Gesetze und wirtschaftliche oder zwischenmenschliche Notwendigkeiten. Wer den Markt und dessen Gesetze nicht versteht und nicht nach den Grundsätzen des Marktes handelt, wird bald dem Gesetz der Selektion zum Opfer fallen und aussterben.

Die Berater der meisten Diktatoren der Vergangenheit brachten es nicht fertig, ihren Herrschern die Wahrheit zu sagen. Weil sie riskierten, ihren Kopf zu verlieren, und weil ihre Auftraggeber ihre eigene Wahrheit hatten. Beide Gründe führten erst zum Verlust von Schlachten, dann der Kriege und letztlich zum Verlust von Macht und Leben der Diktatoren.

Wahrheit ist ein so kostbares Gut, dass wir mit ihr vorsichtig und zurückhaltend umgehen sollten, vor allem um unserer selbst willen. Akzeptieren wir die Wahrheit dankbar als großartiges Geschenk. Selbst wenn die Wahrheit schmerzhaft ist und wir sie nicht gerne hören. Begrüßen wir sie und belohnen wir ihren Überbringer. Lehnen wir sie nicht ab, wenn wir ihr begegnen, sondern halten wir kurz inne und huldigen ihrem Überbringer.

Nur die Wahrheit führt uns aus dem Dunklen ins Licht! Wer sich der Wahrheit stellt, so unangenehm sie auch sein mag, kann Erleuchtung und Erkenntnis finden.

Frage: Können Sie mit der Wahrheit umgehen?

Wer sich der Wahrheit nicht stellt, vergeudet seine und anderer Menschen Zeit.

Wertschätzung

„Klagen sind die größte Wertschätzung,
die der Himmel empfängt."
Jonathan Swift

Das Wort Wertschätzung darf auf unserer Quest keinesfalls fehlen. Wertschätzung bezeichnet laut Wikipedia die positive Bewertung eines anderen Menschen. Sie gründet auf eine innere, allgemeine Haltung anderen gegenüber.

Wertschätzung betrifft einen Menschen als Ganzes. Sie ist eher unabhängig von Taten oder Leistung, auch wenn solche die subjektive Einschätzung einer Person und damit die Wertschätzung beeinflussen.

Wertschätzung gehört zum engsten Familienkreis von Respekt, Wohlwollen und Anerkennung.

Wertschätzung zeigt sich im Interesse am anderen, an Zugewandtheit, Aufmerksamkeit und Freundlichkeit. „Er erfreute sich allgemein hoher Wertschätzung" meint umgangssprachlich: Er ist geachtet /respektiert. Es gibt eine Korrelation zwischen Wertschätzung und Selbstwert.

Menschen mit hohem Selbstwert haben viel öfter eine wertschätzende Haltung anderen gegenüber, werden viel öfter von anderen wertgeschätzt. Empfangene und gegebene Wertschätzung vergrößern das Selbstwertgefühl sowohl beim Empfänger als auch beim Geber.

Wertgeschätzte Personen sind, wenn sie ein offenes Wesen haben und kontaktfreudig sind, oft auch beliebt.

Wertschätzung ist auch Achtsamkeit.

Das Antonym von Wertschätzung ist die Geringschätzung, sie kann bis hin zur Verachtung reichen.

Wertschätzung scheint ebenso wie Loyalität, Ehrlichkeit, Liebe, Harmonie und so viele andere Worte des Miteinanders zu den vom Aussterben bedrohten Tugenden zu gehören. Dabei ist es doch die Wertschätzung anderer, die sich ein jeder wünscht und die uns, sowohl im privaten als auch beruflichen Leben erst zu Tatendrang und Engagement motiviert.

In einer Zeit und Gesellschaft, in der es schon lange nicht mehr ums Überleben geht, und die sich zu Recht der sozialen Absicherung aller rühmt, kann ein Wandel in der Wertschätzung – also die „aktualisierte" Sicht auf unsere Werte – nicht verwundern.

Hätte es vor 200 Jahren Laternen in den Straßen gegeben, die den Menschen des Nachts den Weg leuchteten, dann wären sie mit großer Wahrscheinlichkeit mit besonderer Wertschätzung betrachtet und behandelt worden.

Heute ist diese Errungenschaft so selbstverständlich, dass ihr Wert kaum mehr geschätzt wird.

In Großstädten war es noch vor 150 Jahren sehr beschwerlich von einem Bezirk zum nächsten zu kommen. Die Straßen waren schlecht gepflastert, voller Pferdedreck und die Luft häufig von giftigem Braunkohlefeinstaub verpestet. Das Wort „Feinstaubwerte" wäre bestenfalls den Hausfrauen beim Teppichklopfen in den Sinn gekommen.

Den Wert von asphaltierten Straßen, Fahrzeugen, die nicht alle paar hundert Meter Kotballen abwerfen und Fabriken, die nicht die Luft verpesten, erfährt heute praktisch keine Anerkennung.
Das wir seit 70 Jahren in Frieden leben, medizinisch rundum versorgt sind und niemand Hunger leiden muss, ist so selbstverständlich, dass es auf dem imaginären Wertschätzungszettel der meisten keine Erwähnung mehr findet.

Das Mangeldenken, das uns über Jahrzehnte dank medialer Gehirnwäsche einprogrammiert wurde, hat inzwischen möglicherweise bereits den Großteil der Menschen erfasst.

Das neue Mobiltelefon wäre vor 30 Jahren wie ein Schatz gehütet und behandelt worden. Heute landet es nicht selten achtlos beim

Suchen nach dem Autoschlüssel auf dem Autodach, wo es dann so lange liegen bleibt, bis die Fliehkräfte während der Autofahrt ihr Werk vollbringen und ein neues Telefon hermuss.

Je leichter uns Werte zukommen, desto weniger Wertschätzung bringen wir ihnen häufig entgegen. Hier sind es nicht selten die Kleinigkeiten, die vermeidlich kleinen Werte, derer wir habhaft und uns doch nicht bewusst sind.

Die meisten von uns sind so „satt", dass auch einfache, zwischenmenschliche Komponenten ohne die geringste Wertschätzung vonstattengehen.

Der Lehrer, dessen höchstes Gut fröhliche und begeisterte Schüler sind. Der Journalist, dem wahrheitsgemäße Berichterstattung mehr Wert ist als die Quote. Der Arzt, der nicht einfach nur Tabletten verschreibt und die Krankschreibung durchwinkt, sondern den Wert des Patienten schätzt und nach der Krankheitsursache fahndet. Der Politiker, der sich nach seiner Wahl des Wertes bewusst ist, gewählt worden zu sein und dieser Wertschätzung adäquates Handeln folgen lässt. Der Freund, dessen selbstlose Freundschaft nicht selbstverständlich ist und der es dem Freunde auch hin und wieder sagt und zeigt. Der Steuerprüfer, der den zu Prüfenden nicht als Feind und potenziellen Kriminellen behandelt, sondern als gleichwertigen Mitbürger, ohne dessen Existenz es nichts zu prüfen gebe. Der Unternehmer, dessen Lieferanten immer zuverlässig, preiswert und fair liefern und der es deshalb verstanden hat, dass Loyalität keine Einbahnstraße ist und Qualität ihren Preis hat.

Wertschätzung bedarf des regelmäßigen Innehaltens.
Es gibt beinahe unendlich viele Werte, derer wir dankbar sein können und die es zu schätzen gilt. Leider wird der Wert von Sachen oder Menschen erst dann richtig erkannt, wenn wir ihrer nicht mehr habhaft sind.

Wertschätzung für Verlorenes ist wie das Leben in der Vergangenheit, beides bringt uns nicht voran.

Manchmal schlägt uns so viel Geringschätzung entgegen, dass wir an uns selbst zweifeln könnten und an den anderen verzweifeln möchten. Hier spendet Arthur Schopenhauer Trost:

„Wer ein gutes Gewissen hat, der braucht sich um den Verlust der Wertschätzung der anderen nicht zu kümmern."

Frage: Wo mangelt es Ihnen an der Wertschätzung?

Mangelnde Wertschätzung für andere und anderes bringt uns zum nächsten Begriff, der fehlenden Wertschätzung und Wertigkeit der Zeit.

Wir

„„Du und ich - wir sind eins.
Ich kann dir nicht wehtun, ohne mich zu verletzen."
Mahatma Gandhi

Was für ein wundervolles Wort: Wir!
Stellen wir uns für einen Moment vor, wir wären ganz allein auf
der Welt. Also stünde das WIR für ICH. Kein weiterer Mensch
wäre mit uns. Abgesehen davon, dass wir dann niemanden
zu Fortpflanzung hätten, klingt dieser Gedanke für einige
möglicherweise auch verlockend: Kein Streit, keine Kriege, keine
Unstimmigkeiten, Missverständnisse und auch kein Mangel.
Alles auf der Welt gehörte uns ganz allein. Ohne mit anderen
teilen zu müssen, könnten wir aus dem Vollen schöpfen.

Doch ohne andere Menschen an unserer Seite wären wir weder
lebens- noch überlebensfähig!

Friedrich der II. wollte feststellen, welche Sprache Kinder zu sprechen
lernen, wenn sie ohne Ansprache und Zuneigung aufwachsen. Das
Resultat dieses Experiments war eindrucksvoll und aussagekräftig!
Die Kinder verstarben. Sie starben an fehlender sensorischer
Stimulation. Friedrich der II. stellte dazu fest:

„Sie vermochten nicht zu leben ohne das Händepatschen und
das fröhliche Gesichter-Schneiden und die Koseworte ihrer
Ammen".

An dieser Stelle wird bereits klar, dass wir Menschen soziale

Wesen sind, die einander brauchen. Babys benötigen neben der Muttermilch vor allem die Zuneigung und Nähe ihrer Eltern. Durch sie werden sie ernährt, gehegt, gepflegt, gereinigt und in der Regel so erzogen, dass sie zu selbstständigen Menschen heranwachsen können. Dabei sind die ersten Jahre eines Kindes die entscheidenden.

In den ersten drei Jahren ist einem Kind die Mutter durch nichts zu ersetzen, meint die Psychotherapeutin *Christa Meves*. Fremdbetreuung in diesem Lebensabschnitt wirke sich negativ auf die Entwicklung der Persönlichkeit aus.

Bei der sozialen und physischen Entwicklung brauchen Menschen andere Menschen. Ohne eine intakte Familie kann auch kein intaktes Kind heranwachsen. Dabei spielt der Zusammenhalt der Familie die entscheidende Rolle. Hier lernt das Kind neben elementaren Dingen wie sprechen, laufen, essen und die eigenständige Verrichtung der Notdurft auch seine soziale Kompetenz. Kinder sind, ähnlich wie Computer, zunächst frei und offen. Die Eltern und das Umfeld programmieren, prägen die Persönlichkeit der kleinen Menschen.

In der Familie erfahren Kinder zum ersten Mal das Gefühl für das ICH und die eigene Persönlichkeit und es ist auch die Familie, die dem Kind Werte wie Zusammenhalt, Solidarität, Loyalität, Miteinander und Füreinander vermittelt.

WIR sind eine Familie! WIR halten zusammen! WIR stehen zueinander! WIR vertrauen einander! WIR suchen Verständigung und finden gegenseitige bedingungslose Liebe!

Keine gesunde Mutter wird von ihrem Baby verlangen, etwas dafür zu tun, Milch zu geben, die Windeln zu wechseln oder dem Kind etwas vorzusingen und es zu streicheln. Eltern geben in einem gesunden sozialen Umfeld ihrem Kind

bedingungslose Liebe!

Kinder, die so heranwachsen dürfen, werden bedingungslose Liebe und das familiäre „WIR Gefühl" verinnerlichen und später als Erwachsene an ihre Mitmenschen weitergeben.

Doch in der sogenannten westlichen Zivilisation wird dieses Familienleben schon seit Jahrzehnten ad absurdum geführt. Arbeitete früher der Vater und die Mutter widmete sich den Kindern, so ist es heute fast schon sozial geächtet, wenn eine Mutter nach der Geburt nicht umgehend in den sogenannten Arbeitsprozess zurückkehrt. Unter dem Deckmantel der Emanzipation wird seit den 1970er Jahren eine Familie propagiert, die maximal ein bis zwei Kinder hat und in der beide Elternteile zu arbeiten haben. Parallel zu dieser Entwicklung stiegen die direkten und indirekten Steuern so massiv, dass es für Familien heute praktisch unmöglich ist, mit nur einem Einkommen über die Runden zu kommen. Zudem gelten Familien mit mehr als zwei Kindern in unserer Zeit fast schon als asozial oder schlimmstenfalls „rechts" und „völkisch".

Ich finde es gut, wenn sich eine Mutter dazu entschließt, nach der Geburt ihrer Kinder wieder zu arbeiten. Jeder sollte das für sich entscheiden. Gleichwohl darf eine Familie nicht dafür bestrafft werden, wenn sie sich für das als konservativ diskreditierte

Bild vom arbeitenden Vater und der Kinder behütenden Mutter entscheidet.

Doch sowohl politisch als auch medial wird seit Jahrzehnten an einem neuen Familienbild gearbeitet. Beide Eltern arbeiten, zahlen Steuern und die Kinder werden „dem Staat", also der Schule, überlassen, nach Schulschluss dann der Betreuung durch Fernsehen oder Spiele am Smartphone.

Das „WIR-Gefühl" der Familie wird sowohl direkt als auch ganz subtil zerstört.

Das „ICH" wird zum Sinnbild einer neuen vermeintlich besseren Gesellschaft. Seitdem die 1968er Bewegung mehr und mehr an Einfluss gewann, nahmen die Fähigkeit und der Wille vieler Eltern, ihren Kindern klassische familiäre Werte zu vermitteln, ab.

Dabei ist es ein kosmisches Gesetz, dass alles miteinander verbunden ist. Keine Pflanze, kein Tier oder Insekt existiert „Ich bezogen" alles ist im Fluss und lebt nur in Koexistenz mit anderem und anderen. Die Bäume benötigen CO_2 und Sonne für die Photosynthese. Die Pflanzen brauchen Sonne und Sauerstoff und alle Lebewesen suchen in der Regel die Nähe ihrer Artgenossen, um sich gesund zu entwickeln und harmonisch zu überleben.

Schon in Urzeiten hat sich der Mensch in kleinen Gruppen, den Sippen, zusammengetan, um gemeinsam, arbeitsteilig in einer oft lebensfeindlichen Umwelt zu überleben.

Man geht davon aus, dass die letzte Eiszeit, die vor 21.000

Jahren begann und tatsächlich über 11.000 Jahre andauerte nur vom Homosapiens überlebt werden konnte, weil sich die Menschen zu sozialen Wesen entwickelt hatten und ihr Zusammenhalt sie vorm Aussterben beschützte. Dabei brachten die Männer ihre genetischen Anlagen ebenso in den erfolgreichen Sippenfortbestand ein, wie es die Frauen mit ihren taten.

Die größeren, stärkeren und kälteunempfindlicheren Männer gingen zur Jagd, vertrieben wilde Tiere und feindliche Stämme. Die Frauen hüteten die Kinder, das Feuer und sorgten dafür, dass Beeren und Früchte gesammelt wurden. Dieses Familienbild hatte über Tausende von Jahren Bestand und prägte in allen Kontinenten die unterschiedlichen Menschenfamilien.

Vater, Mutter und Kinder in einer heterosexuellen Familie waren „normal" und sicherten das Fortbestehen der Sippen.

Wer an dieser Stelle aufschreckt und in meiner Ausführung die Behauptung wiederzufinden glaubt, dass Homosexualität nicht „normal" sei, der hat recht! Nicht damit, sich erschrocken zu haben, aber gewiss mit der Tatsache, dass es nicht „normal" ist, schwul oder lesbisch zu sein. Diese Veranlagungen tragen nicht zur natürlichen Vervielfältigung des Menschen-Geschlechts bei und entsprechen nicht „der Norm".

Kein klardenkender Mensch würde auf den Gedanken kommen, eine Schlitzschraube, die ihrer Norm entspricht, mit einem normgerechten Kreuzschlitz Schraubenzieher drehen zu wollen. Das funktioniert nicht. Es widerspricht der Norm.

Damit ist weder der Kreuzschlitz Schraubenzieher schlecht, falsch, böse oder kaputt noch die Schlitzschraube deplatziert. Die Kombination dieser genormten Gegenstände ist nur einfach nicht zielführend.

Ebenso verhält es sich mit der Vereinigung von gleichgeschlechtlichen Paaren. Es ist nicht „normal". Es ist im Sinne der Evolution nicht zielführend!

Dabei ist die „Anomalität" von Homosexuellen ein Fakt! Sie entsprechen nicht der Norm. Gleichwohl sind sie Teil der Natur, gottgewollt und ebenbürtig mit heterosexuellen Menschen. Auch sie sind soziale Wesen, suchen Nähe und haben den Wunsch nach einer intakten Familie. Einem WIR in einer harmonischen Partnerschaft.

Diese natürliche, aber nicht normale Beziehung wird aber niemals eine „der Norm" entsprechende Familie ablösen. Auch wenn man mehr und mehr den Eindruck gewinnt, dass

es schon fast en vogue ist, zumindest ein bisschen Bi zu sein und rein heterosexuelle Neigungen spießig und konservativ ja fast schon „rechts" sind.

Wie in diesem Kontext das Wort „normal" sinnentfremdet angewendet wird, dokumentiert erneut, dass unsere Sprache immer wieder auch zu Manipulation missbraucht wird! Wer die Sprache an dieser Stelle „normgerecht" anwendet, wird ruckzuck als homophob diskreditiert.

Um dem Wir in unserer Gesellschaft den Stellenwert zu geben, den dieses Wort, dieser Wert verdient, akzeptieren wir idealerweise jede Neigung und Lebenseinstellung, solange sie nicht auf Kosten oder zu Lasten anderer ausgelebt wird.

„Normal", also die Norm ist dann zielführend, wenn es um Kompatibilität geht. Also zum Beispiel bei Paarung zwischen unterschiedlichen Geschlechtern zur Fortpflanzung, dem passenden Kraftstoff bei Verbrennungsmotoren, genormten Tintenpatronen bei Druckern und Millionen anderer Lebenssituationen, wo Normen zielführend sind.

Dabei ist es nicht grundsätzlich kontraproduktiv und „falsch", nicht der „Norm" zu entsprechen. Normale Menschen können auch angepasste „Entwicklungsbremsen" sein, die mit ihrem Verhalten notwendige gesellschaftliche, kulturelle oder wissenschaftliche Evolutionen verhindern. Ein Blick in die Kunst und Kultur auf der Welt belegt, wie sehr schwule Künstler unser Kulturleben beleben und inspirieren. Wissenschaftler, die Normen hinterfragen und alte Denkstrukturen aufbrechen und Politiker, Lehrer, Beamte, Soldaten oder Medienvertreter, die gesellschaftliche Normen hinterfragen und deren scheinbare Normalität als Fesseln wahrer Freiheit und Weiterentwicklung entlarven.

WIR brauchen Normen im Umgang miteinander und ebenso Mitmenschen, die diese, nicht selten festgefahrenen Normen, in Frage stellen.

Wie sehr WIR durch Sprache manipuliert werden sollen, dokumentiert der 2020 eingeführte Begriff

Neue „Normalität".

Blanker Unsinn! Mit dieser Wortkreation wurde der Bevölkerung suggeriert, dass soziale Nähe, menschliche Kontakte, freies Atmen, freies Reisen, Meinungsfreiheit, Demonstrationsfreiheit, Berufsausübungsfreiheit und unzählige andere GRUNDRECHTE einer vermeintlich der Vergangenheit zugehörigen Norm entsprächen. Plötzlich waren das Grundgesetz und in ihm festgelegte Grundrechte nicht mehr normal. Menschenrechte wurden zur Anomalität! Die plötzlich viel zitierte „Neue Normalität" wurde dem Volk als Selbstverständlichkeit verkauft. Etwas absolut Unnormales wurde mittels Sprache zur Normalität. Dazu gesellten sich so lebensfeindliche Kürzel wie die AHA Regel (Abstand, Hygiene, Alltagsmaske) Wobei die Wortschöpfung „Alltagsmaske" geradezu „genial" war.

Mit Normen, Normalität oder einer vermeintlich neuen Errungenschaft hat all dies allerdings ebenso wenig gemein wie mit dem viel zitierten Schutz des Grundgesetzes. Immerhin einer Präambel, die das Fundament der viel gepriesenen Demokratie in Deutschland sein soll und zu dessen Schutz extra ein sogenannter Verfassungsschutz beauftragt ist.

Eine elementare Norm wird immer existenziell für die meisten Lebewesen sein. Sie brauchen einander. Vor allem WIR Menschen sind aufeinander angewiesen. Gleichwohl wird seit Jahrtausenden von den Herrschern genau dieses „WIR Gefühl" gezielt bekämpft oder manipulativ für die jeweiligen Herrschaftssysteme eingesetzt!

Divide et impera

(lateinisch für *teile (spalte) und herrsche*) ist eine Redewendung (im lateinischen Imperativ); sie empfiehlt, eine zu besiegende oder zu beherrschende Gruppe (wie z. B. ein Volk) in Untergruppen mit einander widerstrebenden Interessen aufzuspalten. Dadurch soll erreicht werden, dass die Teilgruppen sich gegeneinander wenden, statt sich als Gruppe vereint gegen den gemeinsamen Feind zu stellen.

Als starke Gruppe mit einem gesunden WIR-Gefühl sollen WIR uns nur dann fühlen, wenn es den Herrschenden in den Kram passt! Und wer diese Zeilen liest und dem widerspricht, kann an seinen Gedanken bereits erkennen, wie gut diese Spaltung funktioniert.

Denken Sie mal kurz darüber nach, wie schön es wäre, wenn WIR uns als ein großes, starkes, einiges Volk empfinden würden! Das deutsche Volk! Einig, solidarisch und stark!

Doch schon diese Zeilen lassen nicht wenige erschaudern. Hilfe! Das klingt ja schon nach „Nazi"-Diktion!

Genau das hat man den Deutschen vor allem in West- Deutschland seit 1945 eingeredet.

Ein „WIR-Gefühl" des deutschen Volkes wurde als „völkisch" diskreditiert. Wer Patriotismus oder Vaterlandsliebe kultivieren möchte, ist zumindest „rechts", ein Aussätziger. Dabei wird impliziert, dass ein einiges, deutsches Volk sich automatisch mit seinem „WIR-Gefühl", seinem Zusammenhalt über andere Völker stellen würde. Doch diese Schlussfolgerung ist in Wahrheit ein konstruiertes Instrument zur Spaltung des deutschen Volkes!

Wie perfide seit 1945 daran gearbeitet wird, ein „WIR-Gefühl" zu verhindern, kann man daran erkennen, dass sich viele schon beinahe entschuldigen, Deutsche zu sein. Daran, wie oft uns medial und in den Schulen und Universitäten die Definition unserer Nation auf 12 Jahre Nationalsozialismus reduziert wird. Wer hier den viel zitierten „Schlussstrich" verlangt, der möchte nicht die 12 Jahre dieser deutschen Geschichte negieren oder leugnen, sondern einfach „nur" die über 1.000-jährige deutsche Historie inkludieren und wertschätzen.

Die Zerstörung des „WIR-Gefühls" in Deutschland ist schon so weit, dass auf Demonstrationen Banner mit Texten „Deutschland, Du mieses Stück Scheiße" oder „Deutschland verrecke" oder „Nie wieder Deutschland" gezeigt werden. Politiker fordern offen, dass es nicht „Deutscher", sondern „Mensch mit Nazi Vergangenheit" heißen sollte.

Und so wird weiter gespalten. Das WIR subtil zerrüttet!

Radfahrer gegen Autofahrer

Veganer gegen Fleischesser

Moslems gegen Christen

Christen gegen Juden

Schwule gegen Heteros

Junge gegen Alte

Kinder gegen Eltern

Arme gegen Reiche

Nichtraucher gegen Raucher

Linke gegen Rechte

Schwarze gegen Weiße

Arbeiter gegen Unternehmer

Arbeitslose gegen Arbeitende

Mainstream-Medien gegen freie Medien

Frauen gegen Männer

Coronagläubige gegen Coronaleugner

Maskenträger gegen Maskenverweigerer

Bürger gegen Politiker (wobei beides Bürger sind)

Ostdeutsche gegen Westdeutsche

Die Auflistung könnte beliebig fortgeführt werden. Eindrucksvoll können WIR erkennen, wie sehr jeder einzelne von uns aus dem natürlichen Drang heraus, ein „WIR" zu erleben, sich kleinen Gruppen zugehörig fühlen möchte. Dabei wird das große Ganze häufig nicht nur außer Acht gelassen, sondern auch bewusst bekämpft.

Das WIR zu kultivieren, gilt es in den Familien, der Politik, den Medien & Kultur aber auch in den Unternehmen! Unternehmenslenker und Unternehmer, die nicht erkannt haben, dass sie ohne ihre Kunden, Gäste und Konsumenten ebenso wenig bestehen würden, wie sie es ohne ihre Mitarbeiter könnten, schöpfen bei weitem nicht ihr Potential aus.

Wer als Unternehmer ein WIR-Gefühl kreiert, um gemeinsam mit seinem Team für die Kunden bzw. Gäste und Konsumenten das Beste an Leistung zu generieren, wird immer seinen Mitbewerbern eine Nasenlänge voraus sein. Dabei ist der anständige Umgang mit Lieferanten, Handelspartnern, Angestellten, Käufern, Kunden, Gästen und involvierten Behörden der Anker des Erfolges!

Wer von oben nach unten denkt und agiert, missachtet die Gesetze des Universums, den gesunden Fluss des Lebens. Der Chef ist nicht wichtiger als der Mitarbeiter oder Kunde! ALLE haben ihre Bedeutung und sind wertzuschätzen.

Nur im WIR-Gleichklang kann ein Unternehmen oder ein Unternehmer 100% seines Erfolgspotentials ausschöpfen.

Wer Ich-bezogen mündliche oder schriftliche Zusagen nicht einhält oder aus Gier und Machtgelüsten Menschen gegeneinander ausspielt, der belastet möglicherweise nicht das eigene Gewissen, in Ermangelung eines Gewissens, er wird aber gewiss früher oder später mit seinem Karma konfrontiert.

An dem Tag, an dem WIR erkennen, dass WIR einander brauchen und unsere Verschiedenheit nicht nur wichtig, sondern auch die Bedingung für unseren Fortbestand ist, an diesem denkwürdigen Tag werden WIR zum ganz großen Sprung in eine bessere, friedvollere, prosperierende, harmonische und glückbeseelte Welt angesetzt haben.

Jeder Mensch ist wertvoll und einmalig. Jedes Lebewesen ist wertvoll und einzigartig! Nur miteinander und füreinander als große Menschheitsfamilie können wir unser wahres Potential ausschöpfen und in friedlicher Koexistenz leben.

Nur wenn die Völker dieser Welt ihre Einzigartigkeit schützen und kultivieren, hat die Menschheit die Chance ihre Verschiedenheit als Potential und Stärke zu nutzen.

Sehen wir nicht die Unterschiede im Miteinander sondern die Gemeinsamkeiten, hören WIR hin, wenn WIR mit anderen sprechen! Suchen WIR Verständigung und Harmonie! Gestehen WIR anderen auch eine andere Sichtweise und Meinung zu! Erkennen WIR, wenn man uns spalten möchte und aus einer gesunden, natürlichen „WIR-Gesellschaft" eine egomane ICH-Welt" werden soll.

Fangen WIR heute damit an!

Frage: Können sie auf andere Menschen mit anderen Meinungen und Sichtweisen offen zugehen? Wie fühlt sich der Gedanke für Sie an, Teil dieses Volkes zu sein?

Zeit

„Kein Schaden ist größer als vergeudete Zeit.“

Michelangelo

Bestimmt erinnern Sie sich noch an Ihre Kindheit. Das Spielen im Kinderzimmer und das Gefühl, in die Welt der Cowboys, Indianer, Ritter oder Puppen einzutauchen und alles um sich herum zu vergessen.

In unserer Kindheit gab es keine Zeit. Keine Uhr, keinen Zeitdruck und nicht die Gedanken an gleich, später oder morgen. Beim Spielen konnten wir ganz in uns selbst aufgehen und in uns ruhen.

Meine Kindheit war sicher ähnlich wie die der meisten.

Die Erinnerung an die Kissen, die zu Bergen wurden und an meine Lego-Eisenbahn, die durch Tunnel und über Brücken fuhr. Meine Cowboys und Indianer, mit denen ich so intensiv spielte, dass Zeit und Raum verschwanden. Ich war weit weg von zu Hause, meinen Eltern und der Zeit.

Das zeitlose Spielen steht in meiner Erinnerung gleichbedeutend für Glück und Zufriedenheit.

Wo ist für uns Erwachsene der Raum für diese wunderbare, zeitlose Welt? Bestenfalls beim Sex mit dem geliebten Partner.

Obwohl es in der Natur keine Zeit gibt, bestimmt sie doch unser Leben. Der Tag wird unterteilt, aufgeteilt, eingeteilt und stunden- und minutenweise abgearbeitet.

Viele bleiben in dieser von der Uhrzeit gesteuerten Welt auf der Strecke.

Der Satz „Ich habe keine Zeit!" wird zum Synonym für die Jagd am Leben vorbei.

Wie nutzen viele ihre knappe Zeit?

- 3 Stunden am Tag vor dem Fernsehapparat
- 8,5 Stunden bei der Arbeit
- 1 Stunde auf dem Weg von und zur Arbeit
- 7 Stunden schlafend
- 1 Stunde der Körperpflege und den sanitären Bedürfnissen widmend
- 1 Stunde essend

Das ergibt eine verbleibende Zeit von 2,5 Stunden. Da stellt sich dem kühnen Rechner die Frage, wo Zeit sinnvoller genutzt werden könnte. Hier mag jeder seine eigenen Prioritäten haben. Die Frage, weshalb ausgerechnet das Wochenende so sehr herbeigesehnt wird, darf gestellt werden.

Möglicherweise sagen Sie jetzt: Am Wochenende muss man in der Regel nicht arbeiten. Müssen wir arbeiten? Niemand zwingt uns zur Arbeit. Allerdings: Millionen Arbeitslose wären froh, wenn Sie arbeiten und selbst für Ihren Unterhalt sorgen könnten und nicht abhängig von der Allgemeinheit ihr Dasein fristen müssten.

Betrachten wir die Zeit der Arbeit als Lebenszeit, die unwiederbringlich abgelebt wird.

Fünf Tage in der Woche mindestens acht Stunden. Wir können aus dieser Zeit das Beste machen, sie gewinnbringend nutzen. Für unseren Arbeitgeber und das Unternehmen, in dem wir arbeiten. Machen wir aus unserer Lebenszeit auch bei der Arbeit das Beste. Müssen wir den ganzen Tag Tische im Restaurant abwischen, können wir das schnell und schlampig oder flink und gründlich machen. Wie ist unsere Lebenszeit besser genutzt? Wie dienen wir unserem Unternehmen am besten? Lustlos, schlampig und schnell oder mit Tatendrang, voller Energie und gründlich.

Sie sehen selbst: Ein und dieselbe Stunde Lebenszeit kann unterschiedlich ausgefüllt, also mit Sinn erfüllt werden. Die Zeit bleibt die gleiche.

Seit einigen Jahren macht der Begriff „Work-Life-Balance" in den Medien und Betrieben die Runde. Aha. Was bedeutet denn Work-Life-Balance? Die Balance zwischen der Arbeit und dem

Leben. Prima. Offensichtlich gibt es also doch die „twilight zone".

Stellen wir uns vor, es gäbe einen Himmel und wir würden dort am Ende unseres Lebens um Einlass bitten. Wie würde unser Lebenslauf aussehen?

Wollen wir zu denen gehören, die schnell und schlampig oder lustvoll und gründlich gearbeitet haben? Was klingt im Lebenslauf besser. Was fühlt sich besser an?

Die Zeit auf Erden ist knapp bemessen. Nutzen wir sie, als gäbe es nur einen Tag zum Leben. Nur diese wenigen Stunden.

Lassen wir nicht zu, dass unsere letzten Gedanken auf dem Sterbebett sind: Hätte ich doch...

Egal, womit wir unsere Zeit verbringen, ob mit Fernsehen, Sex, essen oder einem Telefonat. Widmen wir uns dem Moment, dem Jetzt, und leben mit aller Kraft in jeder Sekunde, derer wir habhaft werden.

Für diejenigen, die behaupten, sie hätten keine Zeit, habe ich eine kleine Geschichte:
Stellen Sie sich einen 67 Jahre alten Unternehmer vor. Er führt einen weltweit agierenden Konzern und macht über eine Milliarde Euro Jahresumsatz. Da er ständig unterwegs ist, hat er verständli-

cherweise wenig Zeit für seine Ehefrau und seine beiden Kinder. Eines Tages lernt er eine junge Studentin kennen. Er beginnt eine Affäre mit ihr und hat plötzlich jeden Tag zwei Stunden Zeit für sie. Seine Firma läuft weiter gut, er hat heißen Sex und wir können exemplarisch erkennen, wofür wir Zeit haben.

Zeit haben wir für Dinge, die uns wichtig sind.

Wenn Ihnen jemand sagt, er habe keine Zeit, dann wissen Sie, wo dessen Prioritäten liegen.

Unsere Zeit gehört uns, und wenn wir uns der prosozialen Lüge bedienen, keine Zeit zu haben, dann ist das ganz allein unsere Sache. Ungeachtet dessen sollten wir auch die Zeit anderer wertschätzen. Eines jeden Menschen Zeit ist begrenzt und so gilt:

Pünktlichkeit ist die Höflichkeit der Könige.

Trennen Sie sich von Menschen, die nie pünktlich sind. Diese Menschen wertschätzen Sie und Ihre Lebenszeit nicht.

Da wir der Natur die Uhrzeit geschenkt haben und sie im Alltag allgegenwärtig ist, kann voneinander verlangt werden, sich an abgemachte Zeiten zu halten. Wer unpünktlich ist, verhält sich respektlos und stiehlt dem Anderen Zeit seines Lebens. Honorieren sie Unpünktlichkeit nicht. Wer meint, von Ihnen die Toleranz des Wartens verlangen zu können, sollte auch tolerant sein, wenn

Sie nicht länger als 15 Minuten warten und dann gehen. Im Zeitalter des Mobiltelefons ist ein kurzer Anruf mit einer neuen Ankunftszeit ebenso zeitgemäß, wie es Pünktlichkeit schon immer war und ist.

Wenn Ihr Ziel das angenehme und respektvolle Miteinander ist, dann sind Sie pünktlich und achten die Zeit und das Ziel des harmonischen Miteinanders.

Frage: Wofür hatten Sie bisher keine Zeit?

Die größte Zeitverschwendung ist es, sich für das nächste Wort keine Zeit zu nehmen. Denn ohne Ziele wandeln wir ziellos durch unser Leben.

Ziele

„Umsonst bist Du von edler Glut entbrannt,
wenn Du nicht sonnenklar Dein Ziel erkannt."

Ludwig Uhland

Auf der Suche nach dem Sinn des Lebens könnte man auf den Gedanken kommen, der Sinn des Lebens liege in dem Wort Ziele.

Ziele machen das Leben spannend und treiben es voran. Stellen Sie sich vor, Sie würden unendlich alt werden. Niemals sterben. Wäre uns unsere Endlichkeit auf Erden nicht bewusst, würden wir in Untätigkeit erstarren. Warum heute etwas tun, was wir auch morgen, nächste Woche oder in hundert Jahren tun können. Ein unendliches Leben würde die meisten von uns zur Untätigkeit verführen.

Da wir wissen, dass wir vielleicht bestenfalls 100 Jahre auf Erden wandeln, ist es existenziell wichtig, sich Ziele zu stecken. Wir planen die Schulzeit mit dem Ziel guter Noten, durchlaufen unsere Ausbildung mit dem Ziel eines guten Abschlusses, suchen einen Partner für guten Sex und später vielleicht für eine feste Bindung oder eine Ehe. Ziele bestimmen das Leben der meisten von uns, große und kleine.

Erschreckend ist, dass es Menschen gibt, die weder Ziele haben, noch vermissen.

Sie leben in den Tag hinein und warten, was auf sie zukommt. Sie sind dabei weder glücklich noch zufrieden.

Ziele sind der Motor allen Fortschritts.

Ohne Ziele ist es unmöglich zu erkennen, wo man im Leben steht oder zu wissen, ob man dort angekommen ist, wo man hinwollte. Ich bin immer wieder verblüfft, wie häufig man bei sogenannten Unternehmern und Selbstständigen auf Ziellosigkeit trifft. Weder Umsatzplanungen noch Zielsetzungen wurden erstellt. Viele öffnen morgens ihre Geschäfte und Unternehmen und harren der Dinge, die da kommen werden.

Bei der privaten, wie der beruflichen Lebensplanung bedarf es der Zielsetzung und Zielfixierung. Wer mal eben mit dem Auto losfährt, ohne ein festes Ziel anzusteuern, mag eine schöne Autofahrt erleben. Er wird aber irgendwo ohne Benzin stehen bleiben und nicht weiterkommen.

Um Ziele zu erreichen, gibt es einige einfache Schritte:

- Schreiben Sie sich Ihr Ziel auf.
- Stellen Sie sich Ihr Ziel konkret vor.
- Lassen Sie etwas los.

Stellen Sie sich dabei Pfeil und Bogen vor. Zunächst spannen Sie den Bogen und setzen dabei Energie ein.

Dann zielen Sie genau, nutzen dabei Ihre Intelligenz, schließlich lassen Sie den Pfeil los und treffen ins Ziel.

Ebenso visieren Sie Ihre Ziele an, setzen Energie ein beim Erarbeiten Ihrer Ziele und lassen etwas los, zum Erreichen Ihrer Ziele. Genauer: Sie lassen den Ist-Zustand los, um den Soll-Zustand zu erreichen. Dabei kann das Loslassen des Ist-Zustandes sehr schmerzhaft sein (die Trennung vom Partner, der Arbeitsstelle oder vom Traumwagen). Nur wer Überkommenes loslässt, hat die Hände frei für Neues, Zielorientiertes.

Der Weg ist das Ziel, nur dank des Ziels gibt es den zu gehenden Weg.

Frage: Was ist Ihr Lebensziel?

Epilog

Im alten Ägypten vermutete man das Jenseits an drei verschiedenen Orten: in der Wüste, dem Himmel und unter der Erde.

Gleichgültig, wo das Totenreich nun tatsächlich lag, glaubte man, dass jeder Verstorbene vor seinem Einlass zwei Fragen beantworten müsse.

- **Bist Du in Deinem Leben glücklich gewesen?**
- **Hast Du in Deinem Leben andere Menschen glücklich gemacht?**

Stellen Sie sich vor, Sie wären allein auf der Welt. Schön, könnten Sie denken, endlich kein Verkehrsstau mehr, keine schreienden Kinder, keine bösen Nachbarn mehr, mit denen man sich vor Gericht streiten „muss" und nie wieder Steuern zahlen etc.

Jetzt würden Sie einen Partner vermissen. Einen Menschen, der an Ihrer Seite wäre. Für zärtliche Stunden, Sex, gemütliche Gespräche und ein gemeinsames Leben. Sie würden alles dafür geben, Ihren Partner glücklich zu machen, um harmonisch das Leben genießen zu können und nicht allein sein zu müssen.

Sie könnten Ihr Paradies gestalten. Ihre Welt, in der Sie niemand stören oder belästigen könnte. Die absolute Freiheit.

Ihre Freiheit könnte Ihnen allerdings zum Verhängnis werden, sollte einer von Ihnen schwer erkranken und eine Operation benötigen.

Dann müssten Sie schnell in das nächste Kraftwerk fahren, um für Strom zu sorgen, eine Ausbildung als Anästhesist und Chirurg machen und eine Ausbildung für die Medizingerätetechnik absolvieren. Dann wären Sie in der Lage, Ihren Partner zu operieren. Jetzt könnte der Gedanke in Ihnen aufkeimen, dass es besser wäre, nicht nur einen Partner, sondern noch einen dritten Menschen an Ihrer Seite zu haben. Einen praktischen Arzt. Und einen Zahnarzt. Vielleicht noch einen Augenarzt, einen HNO-Arzt und einen Frauenarzt etc.

Schnell würden Sie feststellen, dass Sie Ihr Paradies mit lauter Fachärzten teilen müssen.

Da die Ärzte nicht allein sein wollen, müssten deren Partner ebenfalls in Ihrem Paradies untergebracht werden. Wegen der vielen Ärzte benötigten Sie nun noch einige Krankenschwestern und zudem für die Versorgung mit Energie ein paar Fachleute im Kraftwerk und deren Partner und dazu noch Bergarbeiter für die Kohle zur Stromerzeugung und deren Partner.

Ihr Paradies brauchte bald einen Kindergarten nebst Erzieherinnen und deren Partner und bald eine Schule und Lehrer und wiederum deren Partner etc. Schnell lebten Sie in einer Welt mit Milliarden Mitmenschen.

Da Sie erlebt haben, dass Sie auf dieser Welt nicht allein oder zu zweit überleben können, wird Ihr Ziel jetzt möglicherweise sein, alle anderen Menschen glücklich zu machen, um harmonisch das Leben mit ihnen genießen zu können.

Wenn wir erkannt haben, dass jeder seine Aufgabe hat und wir einander brauchen, können wir uns dieser Aufgabe mit Hingabe widmen, um unsere Erfüllung zu finden.

Die goldene Regel lautet in allem Unternehmen und Unterlassen:

Behandle andere, wie Du selbst behandelt werden möchtest.

Nach vielen meiner Verkaufs- und Motivationstrainings kamen Menschen zu mir und strahlten mich voller Enthusiasmus und Tatendrang an.

Einige Wochen später waren bei etlichen die Euphorie und der Tatendrang erloschen. Sie haben das Training nicht als Wegweiser verstanden, sondern als Lift zum Erfolg.

Weder eine Schulung noch ein Buch führen automatisch zum Erfolg. Beide sind Wegweiser für einen möglichen Weg dorthin. Einem Weg von vielen. Gehen kann ihn jeder selbst.

Für Sie, lieber Leser, wünsche ich mir dauerhafte Energie! Ich wünsche Ihnen Tatendrang für Anstand, Ausdauer, Charme, Courage, Dankbarkeit, Demut, Ehre, Ehrlichkeit, Großzügigkeit, Hilfsbereitschaft, Idealismus, Liebe, Motivation, Offenheit, Optimismus, Toleranz, Vertrauen und Wahrhaftigkeit.

Wir brauchen einander! Gemeinsam gehen wir glücklich und harmonisch, zufrieden und ausgeglichen durch das Leben. Hören wir hin und nicht zu. Vergleichen und bewerteten wir weniger und sehen wir uns tolerant und mit offenen Augen um, wo und wie wir helfen können. Vergeben wir, wenn es möglich ist, und geben wir die Liebe, die auch wir uns wünschen. Dann können wir uns auf die beiden Fragen freuen:

- Bist Du in Deinem Leben glücklich gewesen?
- Hast Du in Deinem Leben andere Menschen glücklich gemacht?

Herzlich Ihr Claudius Fabig

Literatur

Neben Asterix, Micky Maus und Donald Duck, haben mich in meiner Kindheit vor allem Märchen begleitet und geprägt. Ihre wiederkehrende positive Botschaft hat auch die Botschaft für Deutsche inspiriert.

Ebenso wäre das Buch undenkbar ohne die folgenden Autoren und deren großartige Bücher, deren Einfluss meine Trainings und Moderationen ebenso maßgeblich beeinflusst haben.

An dieser Stelle meinen herzlichen Dank!

Franz X. Bühler: Vom Kopf ins Herz
Dale Carnegie: Sorge Dich nicht - lebe!
Horst Conen: Sei gut zu Dir, wir
                                         brauchen dich

Das große Märchenbuch
Der Talmud
Die Bibel
Rene Egli: Das Lola Prinzip
Herbert Fensterheim/Jean Baer: Sag nicht ja, wenn du nein
                                         sagen willst
Lillian Glass: Ich weiß, was Sie denken!

Burke Hedges:	You, Inc. Entdecken Sie den Aufsichtsratsvorsitzenden in sich selbst
Bas Kast:	Wie der Bauch dem Kopf beim denken hilft
Samy Molcho:	Körpersprache
Dr. Joseph Murphy:	Dein Recht auf Glück
Dr. Joseph Murphy:	Das Erfolgsbuch
Dr. Joseph Murphy:	Die Macht der Suggestion
Joachim Schaffer-Suchomel/ Klaus Krebs:	Du bist was Du sagst
Bodo Schäfer:	Millionär in sieben Jahren
Ruediger Schwache:	Das Geheimnis des Herzmagneten
Kurt Tepperwein:	Leben im höchsten Bewusstsein
Kurt Tepperwein:	Erfinde Dich neu
Kurt Tepperwein:	Ihr Leben als Meisterwerk
Kurt Tepperwein:	Verwirklichen - Vom positiven Denken zum positiven Leben
Ekhard Tolle:	Jetzt! Die Kraft der Gegenwart
Kurt Tucholsky:	Zwischen Gestern und Morgen
Bild der Wissenschaft	
Geo	

„Tatsachen hören nicht auf zu bestehen,
nur weil man sie ignoriert."

Aldous Huxley

Erleben Sie die ganze
WELT DER MOEGLICHKEITEN.

Welt der Moeglichkeiten – M – ist mehr als eine Audio-CD. Es ist das erste Album von Claudius Fabig für alle und alle, die ja sagen und nein meinen, die es danach sowieso immer besser wissen und ihre Sätze mit dem Wort „eigentlich" beginnen.

Welt der Moeglichkeiten schafft Raum, gibt uns die Lust, Freude, Kraft und den Mut zu entdecken, scheinbar Unmoegliches moeglich zu machen.

Claudius Fabig beschreibt dabei in einem Gespräch mit der Radiomoderatorin Julia Nogli sehr überzeugend, wie einfach es sein kann, die Welt der Moeglichkeiten für sich zu entdecken und zu nutzen.

Dabei bleibt er seiner Linie treu. Wir sehen nicht den erhobenen Zeigefinger, sondern hören durchweg Geschichten aus dem alltäglichen Leben, die Spaß machen und zeigen, was, wo, wie, wann und warum alles moeglich ist.

Ob wir dabei im Auto fahren oder dies entspannt bei einer Tasse Tee tun, einmal Claudius Fabig zugehört, bedeutet danach, das Leben zu leben – voller Energie, Wärme und Tatendrang.

Welt der Moeglichkeiten macht es uns moeglich.
„M" Die Audio CD (ISBN 978-3-9816828-0-9)
Alle Informationen auf: www.weltdermoeglichkeiten.de

Lesen Sie auch den spannenden Roman von Claudius Fabig
Der King lebt (ISBN 978-3-9816828-4-7)

Der King lebt. Glücklich im Paradies.

Erzählt wird die phantastische Geschichte von Elvis Presley. Dem erfolgreichsten Entertainer des 20ten Jahrhunderts.

Der seit dem 16. August 1977 tot geglaubte King lebt mit seinen beiden Freunden Jonathan und Guy glücklich und unbeschwert auf Hawai'i.

In autobiographischen Rückblenden erfährt der Leser Spektakuläres über Elvis.

Begleiten Sie den King und seine Weggefährten bei ihren Streifzügen nach Las Vegas, Los Angeles und durch die Inselwelt von Hawai'i. Lernen Sie dabei eine wundervolle Seite von Elvis Presley kennen.